受贵州财经大学 2021 年度第一批学术专著出版资助

中立帮助行为的
刑事责任模式建构

王　霖◎著

中国社会科学出版社

图书在版编目(CIP)数据

中立帮助行为的刑事责任模式建构 / 王霖著 .—北京：中国社会
科学出版社，2022.7
ISBN 978-7-5227-0207-0

Ⅰ.①中…　Ⅱ.①王…　Ⅲ.①刑事责任—研究　Ⅳ.①D914.04

中国版本图书馆 CIP 数据核字(2022)第 079481 号

出 版 人	赵剑英
责任编辑	梁剑琴
责任校对	刘　娟
责任印制	郝美娜

出　　版	中国社会科学出版社
社　　址	北京鼓楼西大街甲 158 号
邮　　编	100720
网　　址	http：//www.csspw.cn
发 行 部	010-84083685
门 市 部	010-84029450
经　　销	新华书店及其他书店

印刷装订	北京君升印刷有限公司
版　　次	2022 年 7 月第 1 版
印　　次	2022 年 7 月第 1 次印刷

开　　本	710×1000　1/16
印　　张	12.5
插　　页	2
字　　数	212 千字
定　　价	78.00 元

凡购买中国社会科学出版社图书，如有质量问题请与本社营销中心联系调换
电话：010-84083683

序

王霖博士是我指导的第一个博士研究生，在他的博士学位论文《中立帮助行为的刑事责任模式建构》即将出版之际，邀我作序，作为他的指导教师，我欣然应允。尽管博士学位论文出版在当下可谓"稀松平常"，但我仍然由衷地为他感到高兴和欣慰，不仅仅是因为他的博士学位论文曾经获得第四届"全国刑法学优秀博士论文奖"二等奖，得到学界的高度评价，更重要的是透过毕业论文写作所体现出来的学术追求。

众所周知，共犯理论问题在刑法学研究中素有"迷雾之章"的称誉，这不仅在于共犯教义学层面繁多的立场争议增加了学理共识达成的难度，也在于相较其他刑法智识，共犯体系的构建逻辑更为严谨，且构建方式直接关系着刑法构成要件论的合理性检验，在此意义上共犯理论又被学界誉为"犯罪论的试金石"。正是基于此种魅力，共犯领域向来不乏研究议题，且为诸多学者所关注。而随着信息社会、风险社会的到来，共犯理论的研讨价值已远超教义学层面的学理争议，其更为现实的意义在于合理廓清公众社会参与行为的刑事归责阈界。一方面，"双层社会"在信息技术形塑作用之下日渐形成，传统共犯触网异变与虚拟空间新型共犯迅速形成，这使得以现实社会为蓝本构建的传统共犯理论在网络空间中面临适用困境；另一方面，伴随着现代社会行业分工的专业化、精细化，中立帮助行为在承载社会参与活动联结功能的同时其伴生的刑事风险也与日俱增。此种社会变迁无形中牵引着共犯处罚边界的扩张，推动着共犯归责形态的虚化，从而使学界愈加注重共犯体系的规范性调整与实践问题的学理回应。在此意义而言，本书以中立帮助行为的刑事责任模式建构为议题具有理论研究与实践理性的双重价值。

本书是国内少有的对中立帮助行为刑事责任判定问题进行系统研究的

著作，本书系统地从中立帮助行为的概念内涵、共犯基础、学理争议、作为与不作为形态的归责模式构建方面进行了深入的论述。中立帮助行为的概念内涵关系到此类行为刑事归责路径的构建走向，本书在坚持事实性分析视角的前提下支持异质化概念构建思路，这不仅有助于保证研究视角的客观性、研究话语的一致性，也为后续从限制性立场之上建立限缩性的中立帮助行为归责路径提供了指引。在明确概念内涵之后，本书从入罪与出罪两个向度上对中立帮助行为的刑事责任判定困惑进行分析，指明引发困境的根源在于违法连带的共犯归责逻辑。有基于此，作者于共犯教义理论的基础层面反思共犯处罚根据的诸种立场与从属性困惑，倡导改良的纯粹惹起说立场之上的共犯违法相对性思维。此后，作者弃置学界通行的从行业分工视角构建中立帮助行为归责路径的研讨范式，主张回归共犯参与行为的规范归责层面，从作为犯与不作为犯两个向度构建刑事责任判定体系。此种研究视角的转换不仅使得本书构建的判定模式摆脱了传统视角下的研究局限，更有助于其获得风险社会、网络社会中的理论张力与实践性。在作为形态的中立帮助行为归责向度上，本书以折中模式为基本立场，通过正向判定与反向复检两个阶层解算行为人特殊认知情形下参与风险的客观归责；而在不作为形态的中立帮助归责向度上，本书以义务犯理论为基础，通过作为义务来源的体系构建以及参与类型的内部界定，具体划定不作为参与行为的刑事归责根据与归责类型。本书在篇章布局与论述逻辑上体现出了由总到分的论证思路，兼顾理论研讨与现实回应，从作为与不作为向度分别构建中立帮助行为的刑事责任判定路径，不仅体现出本书区别于其他既有研究成果的创新性，也从规范论层面使其获得更强的理论张力与实践可适性，对于解决当前网络中立服务行为的归责争议具有助益。

综上，《中立帮助行为的刑事责任模式建构》一书深化了我国刑法学关于中立帮助行为的理论研究。尽管其中的某些观点与论述尚有待完善，但仍体现出作者对此一议题的深入思考与创新，尤为重要的是，作者通过本书的写作选定了一个可以继续研究的学术领域。回想其在攻读博士学位时多次于我求教论文选题的确定、论文结构的安排、论证路径的把握、行文表述的完善，转眼已五年有余。作为老师，我希望他能在学术探索的道路上持续进步，勤耕学术，取得佳绩。在本书行将出版之际，特级数语，是为序。

阎二鹏

2022 年 5 月 7 日于海南大学

前　　言

　　现代社会的高速发展依赖并促进着社会分工的精细建立，人们再也无法像农耕社会一般过着田园牧歌、离群索居的生活。社会分工的建立要求特定的社会成员依照既定的行为规范、制度章程行事，同时这些反复发生的制式行为又成为其他行为得以正常进行的前提。正是借助社会分工的井然有序与责任领域的合理划分，现代社会才得以稳定存续。然而社会行为的分工性与依赖性使得部分具有制式特征、中立特征的社会行为可能偶然介入他人的犯罪行为之中，并且这种介入可能性会随着社会的日趋进步、分工形态的壁垒森严而持续增加。将此类外表无害的社会制式行为、日常中立行为偶然助力于他人犯罪的现象嵌入刑事归责判断的视野之下进行考察，即是中立帮助行为刑事责任的判定问题。

　　中立帮助行为的刑事责任判定问题在德、日刑法中获得了持续的研讨，相比之下，我国学者对此问题的学术研究起步较晚。但回归现实，社会转型的持续推进与风险社会的实态情境使得对此问题的研讨具有强烈的现实意义。如何在呵护科技创新带来的自由疆界拓延与法益保护的终极刑法目的之间维持动态的平衡，如何在推促社会发展与风险防控之间谋求张力的舒缓，无疑是当今我国刑法智识应予承载的时代课题与使命召唤。令人遗憾的是，与现实形成强烈的反差，中立帮助行为刑事责任判定机制的构建缺失与司法实践的规制欲求之间并未实现动态的供给平衡。诸多本应置于中立帮助行为视域之下进行先行判定的问题要么源于教义学理的研讨不足，要么源于司法实践的体悟缺失，并未得到充分的刑事判定机制的合理性检验。这种理论智识与规制诉求的供给失衡暗藏风险，立法者在法益保护与自由保障之间摇摆不定，偏向前者可能导致立法活动在缺乏刑法教义学合理性检验之下的冒进行动，产生矫枉过正的后果，侵蚀自由的疆界；偏向后者可能造成法益保护因中立帮助行为刑事责任认定机制的构建缺失而裸露于风险社会之中，形成保护的真空。特别是《刑法修正案九》出台后，部分具有典型代表性罪名的增设更是将此问题推至学界聚光灯之下，学界热议不止。如何构建合理的中立帮助行为刑事责任认定机制，并将其适用于此类行为的可罚性判定之中，同时对涉及中立参与行为的刑法新设罪名进行合理性检验，既是沟通中立帮助刑法教义研讨缺失与司法实践规制欲求之桥梁，亦是弥合转型社会情境之下法益保护与自由保障现实张力之纽带。

本书采用规范分析方法对中立帮助行为在法教义学与刑事立法规范两个向度上展开分析。利用比较分析方法借鉴德、日相关理论和实践，并结合我国现实语境具体建构中立帮助行为的刑事责任判定模式。同时为了避免规范分析抽象化可能带来的论理生涩，通过案例分析法对实践中发生的疑难个案具体分析，以对本书构建的中立帮助行为刑事责任判定模式进行可适性验证。在选定本书的研究核心之后，进行纵向与横向的双向研讨，力图实现中立帮助行为刑事责任的多维考察。纵向研讨包括三个层次，研讨之前提：概念范畴的划定与解题路径之困惑；问题的基底：中立帮助行为的共犯理论根基；问题的核心：中立帮助行为的刑事责任判定模式。上述纵向研讨的三个环节逐层递进，中立帮助行为概念的划定保证了话语交流的一致与讨论焦点的凝聚。承此继续推进，对于中立帮助行为共犯理论根基的研讨则是回溯至教义学层面，完成对中立帮助行为处罚根据的立场界定与因果关系的类型判断。处罚根据与因果关系的研讨保证了以此为基的中立帮助行为刑事责任判定机制的合理构建。此后在依赖纵向研讨的结论成果之下展开横向研讨，从作为形态的中立帮助与不作为形态的中立帮助两个向度分别展开。具体构建不同行为类型下中立帮助行为的归责模式，并运用实例进行可适性检测与合理性验证。以期通过对中立帮助行为刑事责任判定问题在纵向下潜与横向铺展两个维度上的研究，贡献理论智识的微薄增量，同时对实务困惑有所裨益。

目　　录

第一章

研讨之前提：中立帮助行为之
内涵界定与解题困惑

中立帮助行为问题虽然肇始于域外刑事法理与实践判例之中，但随着域外智识的不断引入与本土化丰富，特别是近年来典型个案的先后出现使其渐成学术富矿而引发国内学者关注。源于现代社会高度分工背景下中立帮助行为承载的参业协调机能，使其散现于现代社会的诸多领域。对其而言，刑事责任判定路径的构建方案决定着自由保障与法益维护的价值衡平，固然尤为重要，但行为内涵范畴的合理划定作为研讨之起点也无法回避。如何理解中立帮助行为本身，不仅涉及研讨目标的设定范围，更关涉与之衔接的刑事责任判定路径的构建走向。在此意义而言，不同的概念界定思路已经前提性地决定了中立帮助行为刑事处罚范域之宽严疏密。因此，有必要对目前学界关于中立帮助行为内涵范畴的观点分歧予以归置梳理，一方面有益于本书研讨目标的前提性限定，另一方面有助于通过概念本身的形式化差异洞悉其背后刑事责任判定思路的实质区别，从而定位学理与实践之现实困惑。

第一节　研究对象的划定：中立帮助行为的概念界定

"概念乃是解决法律问题所必需的和必不可少的工具。"① 在对中立帮助行为的刑事责任判定机制进行合理构建之前必须对研讨目标进行划定，同时对与之相对的解题思路存在的现实困惑予以梳理，从而保证研讨靶向的一致，避免理论探讨的对话错位，明确既存的困惑障碍，实现解题思路

---

① ［美］E. 博登海默：《法理学：法律哲学与法律方法》，邓正来译，中国政法大学出版社 2004 年版，第 504 页。

的对症下药。如何理解"中立帮助行为"一语，对此问题我国刑法学者在对中立帮助行为进行研讨之前似乎达成共识，一般普遍忽视。然而围绕中立帮助行为内涵范畴的研讨是否真如学界所呈现的"共识现状"而无争议，抑或价值有限而"无须赘言"？对此疑问笔者持否定态度。目前学界对中立帮助行为的研究精力主要投掷于刑事责任判定路径的探索上，也即如何构建合理的认定机制从而限定处罚范域。学界普遍跳过对中立帮助行为概念范畴本身的研讨而直接进入正题，虽显干脆利落但未免暗藏疑惑。概念内涵的界定承载着双重功能，一是为考察对象圈定研讨的范畴，避免论证的失焦；二是为解题路径的后续制定提供基点，避免初始方向的偏离。因此在研讨开始之前必须对中立帮助行为的内涵范畴予以界定，保证此后话语体系的一致。

一   同质化路径：中立帮助行为的二元概念构建思维

虽然目前学界对中立帮助行为的概念范畴基本形成共识，但仍有"异音"。共识未必正确，异音更需兼听，因此应首先对围绕概念范畴形成的学理论争进行评析。目前学界对此存在同质化概念构建思路与异质化概念构建思路两种立场，并以此为基形成不同的探索中立帮助行为的刑事责任判定路径。

同质化概念构建路径的支持者相对较少，马荣春教授对中立帮助行为内涵的解读与界定可以作为本立场的典型代表。"中立帮助行为，是指虽然主观上明知且客观上便利他人犯罪，但因业务正当性或生活正当性而不可罚的行为。"① 可以看出，同质化立场上的中立帮助行为从规范角度被先行贴上了"不可罚"的评价标签，这一判断结论的得出与其对中立帮助行为的理解路径具有关联。中立帮助行为的"中立"一语似乎已经征显出了此类行为区别通常刑事归责意义上的犯罪参与行为。如果对其进行可罚与否的差异分化，在同质化概念构建思路看来是对行为"中立"品质难以容忍的矛盾做法。既然中立帮助行为是隶属于中立行为的下位概念，那么中立帮助行为自然遗传了中立行为的一定内在特质。特别是在面对归责判断时，中立行为游离于刑事可罚性之外的规范评价结论自应一并适用于中立帮助行为这一范畴。如此搭建中立帮助行为的概念框架才能维

① 马荣春：《中立帮助行为及其过当》，《东方法学》2017 年第 2 期。

持其与上位概念的内涵一致，亦能在顾及"法感情"的同时还原"中立"一词的原初意义。因此，"中立帮助行为"在同质化概念构建思维之下被先期进行了规范纯化，"中立帮助行为是'清一色'的不可罚的正当行为，即所采用的是'定质'的中立帮助行为概念"①。法律概念的确定一方面划定了研讨靶标的内限外界，另一方面也奠定了解题路径的初始基点。同质化概念的建立不仅直接关涉学界在对此类行为进行学理研讨时的话语体系能否一致，亦决定了以此概念内涵作为研究基点的刑事归责路径的延伸方向。正是基于此种意义，有必要对同质化概念思维下的"中立帮助行为"与"中立帮助行为过当"两组概念予以必要的检视反思。

（一）同质化概念的内涵解构

基于对"中立帮助行为"中立价值的形式追求，同质化概念构建思维试图将中立帮助行为在概念构建阶段就赋予其刑事责任评价的规范色彩，将其解构为"中立帮助行为"与"中立帮助行为过当"两个平行范畴。从而实现中立帮助行为"中立"一语的词义还原，最大限度维护中立帮助行为与"法感情"体悟之下"正义直觉"的内在契合。"所谓'中性'，并非单纯的事实描述，而是体现了法律的价值评价，中性业务行为本身应当是对社会有益的行为，至少是无害的。"② 此时，经过同质化概念重构后的中立帮助行为已经获得可罚与否的规范评价意义。

1. 中立帮助行为：责任阻却事由的角色担当

在同质化概念思维之下，"中立帮助行为"完成了概念内核的规范纯化。经过概念重构后的"中立帮助行为"剔除了对其进行刑事归责的可能性。此时，中立帮助行为在法感情正义直觉的"庇护"之下演化为正当化的责任阻却事由，完全剥离了刑事可罚性的范畴，实现了规范评价的同质化、纯粹化。然而仅以"中立"一语的法感情解读来推行中立帮助行为的正当化未免欠缺逻辑层面的实质法理支撑，有自说自话之嫌。为了避免此种疑虑，同质化立场在对"中立"语义进行法感情契合的追求之外，还于刑法教义学层面构建了将中立帮助行为等同评价为有责性阻却事由的论证路径。在其看来，参与行为的可罚性在于与法益侵害结果之间的因果关联。因此，当中立帮助行为介入正犯行为且已造成法益侵害的实态

---

① 马荣春：《中立帮助行为及其过当》，《东方法学》2017 年第 2 期。

② 李怀胜：《中性业务行为的意义、标准及立场选择》，《河南司法警官职业学院学报》2010 年第 4 期。

后果之后，即具备了违法性存在的终极评价结论。那么在排除中立帮助行为刑事可罚性的目标设定之下，"中立帮助行为"就应构建为责任阻却事由。由于日常性、制式性地介入了他人的犯罪，"则其因便利了相关犯罪而始具法益侵害性，故其所形成的不可能是'违法性阻却事由'的属性，而只能是'有责性阻却事由的属性'"①。

可以看出同质化立场在对"中立"概念的解读过程中形成了"中立性＝正当性"的评价思维，正是基于对此种朴素法感情的持续追逐，中立帮助行为的存在范畴得以纯化，实现了刑责评价的无罪化。中性业务行为的意义"不需要取决于他人的犯罪行为，本身就具有独立的、积极的社会意义"②。持此立场的学者在将中立帮助行为等同评价为有责性阻却事由的同时，一并构建了包括起因要件、主观要件、客观要件的三项成立条件。虽然同质化立场将中立帮助行为作为责任阻却事由予以性质重构，但此类行为终究无法摆脱参与行为的原始基因。因此在承认"中立帮助行为"仍为帮助行为这一研讨前提之下，即便作为有责性阻却事由但仍需遵循"共犯从属性"这一教义信条的逻辑束缚。将此逻辑要求还原至同质化概念的"起因要件"之上即是必须存在得到客观助力的正犯行为。为了避免概念纯化后的中立帮助行为再次陷入传统帮助犯评价模式的全面处罚误区，同质化立场在主观成立要件上进行了技术限缩处理。区别于传统帮助犯的成立要件，作为责任阻却事由的中立帮助行为，其认识因素为行为认识到参与行为对正犯法益侵害的加功事实，意志因素则退守于"放任"以及"轻信可以避免"两种意志形式之上。也即只存在间接故意与过于自信的过失两种罪过形态，从而将直接故意与疏忽大意的过失排除在中立帮助行为的成立范畴之外。此外，同质化概念将"法益均衡"思维引入中立帮助行为客观要件的建构之中，力图实现对其违法性的实质性消解。也即将其所代表的行为自由法益与介入正犯行为所侵害的关联法益进行规范衡量，作为有责性阻却事由的中立帮助行为必须符合"均衡限度"抑或"比例原则"的规范要求。若以中立帮助行为所代表的自由法益高于关联正犯的侵害法益，则满足"均衡限度"的要求，从而釜底抽薪地排除了中立帮助行为的刑事可罚性。通过同质化概念下"中立帮助

①　马荣春：《中立帮助行为及其过当》，《东方法学》2017年第2期。
②　李怀胜：《中性业务行为的意义、标准及立场选择》，《河南司法警官职业学院学报》2010年第4期。

行为"的概念解读，可以看出在此立场之上的中立帮助行为已经演变为与正当防卫、紧急避险具有相似机能的正当化事由，其概念范畴被纯化缩限在有责性阻却事由的单一内涵内部。

2. 中立帮助行为过当：刑事可罚性的归责匹配

上述界定思路与学界对此类行为传统刑法意义上的理解有所不同。通常而言，中立帮助行为被理解为"在日常生活中，行为至少在外形上是中立的，即不存在犯罪的主观意思，但这种行为在客观上对正犯行为起到了促进作用"[①]。正是此类行为社会制式性、介入偶然性、共犯参与性的特征，使其在客观上既拥有日常制式行为的外化形象，又内含法益侵害加功的内在品格。因此学界围绕中立帮助行为的刑事责任评价问题才形成了是否处罚的前提争议以及如何处罚的技术追问。传统意义理解的中立帮助行为本身内含了可罚与不可罚的划分。但同质化的概念构建思维直接越过是否可罚的理论争议，在概念界定阶段就先行分割为"中立帮助行为"与"中立帮助行为过当"两组对应概念。前者被等同评价为责任阻却事由，后者则作为具有刑事可罚性的参与类型予以罪责评价。然而，回视学界对于中立帮助行为的学理争议，虽然热闹非凡、争鸣不止，但概莫脱离"是否可罚"与"如何处罚"这两个基本问题。暂且搁置"如何处罚"这一后续的刑事责任判定路径的精细研讨，"是否处罚"问题的抛出就已表明此类行为存在刑事可罚性的评价空间。同质化概念在将中立帮助行为进行正当化事由的概念纯化之后，那些原本在通识理解模式下应予以刑事处罚的范围如何归置必须得到正面回应。

为了解决此一问题，同质化概念构建思维将具有刑事可罚性的中立帮助行为划入"中立帮助行为过当"这一范畴，形成不可罚的"中立帮助行为"与可罚的"中立帮助行为过当"两组平行概念。中立帮助行为过当担负着刑事责任归属评价的任务，而其成立又包括主观限度过当与客观限度过当两项条件。主观过当从行为人的罪过角度入手并限定于直接故意之上，这与同质化概念立场之上成立不可罚的中立帮助行为要求的间接故意与过于自信过失的罪过形态形成存在范畴的界限弥合，同时也达到了此一立场缩限处罚范域的目标追求。除此之外，其将部分逾越法益均衡限度后的中立帮助行为递补进入可罚性领域，并将其意志因素适度扩散至间接

[①]　刘艳红：《网络中立帮助行为可罚性的流变及批判——以德日的理论和实务为比较研究》，《法学评论》2016 年第 5 期。

故意形态之上，从而在中立帮助行为的主观限度过当条件上，形成了直接故意形态与助力正犯侵害"重大法益"的间接故意两种类型。在客观限度过当层面，则试图引入客观归责理论解读中立帮助行为的不法存在。通过修正客观归责理论的部分条件，将"风险制造"标准更变为"风险增加"标准，降低中立帮助行为过当的风险创设程度。通过上述主观限度与客观限度的双项条件构建，"中立帮助行为过当"这一概念成为传统理解模式下具有刑事可罚性的中立帮助行为的兜底范畴。

（二）同质化概念内涵的逻辑障碍

在回归法教义学视野之下，法律概念本身承载着法教义学研讨对话的建立与展开，内涵的变动带来的不仅是话语体系的转换对接，更深层的影响在于以之为研讨基点的解题方案的重新设置。反观同质化概念的上述纯化路径，不可否认，在限缩处罚范域的研究方向之下此种路径构建颇具新意。但其在概念构建的逻辑自洽性、概念构建的实质合理性层面均存在值得反思的疏漏与隐忧。概念根基的逻辑障碍必然折损解题路径的合理性实现与机能的有效发挥，因此必须对同质化概念构建思维予以理性反思。

1. "同一律"的实质违反

在同质化概念支持者看来，中立帮助行为的存在范畴在传统刑法学理的通识理解之下存在逻辑困惑。通识理解下的中立帮助行为本身就内含可罚与不可罚两个对峙领域。也正是源于此种内部性质的差异，学界才展开了如何构建刑事归责路径的学理争论。但此种传统理解模式被同质化概念的支持者贴上了有违"同一律"逻辑信条的评价标签，认为这不仅使其与上位概念中立行为存在抵牾，而且"存在两者并列违背'同一律'这一形式逻辑学疑问"①。只有将中立帮助行为的刑事归责可能性彻底剔除，才能使其与"中立行为"在语义内涵以及概念范畴上保持一致，满足"同一律"逻辑信条的内在要求。同质化立场的此种概念纯化的做法真如其所标榜的是对同一律形式逻辑的坚守？其实，这一问题与将中立帮助行为内化分隔出可罚与不可罚两个对等领域是否有违"中立特质"是同一问题的两个面向，二者都能证伪同质化概念构建思维的合理性。为此，从两个面向分别出发回应上述疑问自应更具说服力。

首先，通识理解下的中立帮助行为被同质化立场脸谱化为"同一律"

①　马荣春：《中立帮助行为及其过当》，《东方法学》2017年第2期。

形式逻辑的违反，因此需要对"同一律"形式逻辑予以解明。同一律作为形式逻辑三个基本规律之首，是指在同一思维过程中，任何一种概念或命题与其自身是同一的。① 此种逻辑要求避免了在论证过程中讨论对象的无形偷换，保证了论理的一致性与延伸性。反观同质化概念的论理逻辑，其虽将中立帮助行为成立范畴纯化为正当行为，但完成性质重构后的正当行为又如何同时具有与其性质背反的过当性一面？既然已经承认中立帮助行为具有否定刑事可罚性的内在品格，为何还要予以刑事可罚性的学理建构，创立出"中立帮助行为过当"的评价空间？如此看来，同质化概念构建思维其实误解了"同一律"的形式逻辑要求，"同一律"其并非遣词表述的同一性而是逻辑内在的一致性。其次，对于将中立帮助行为内化分隔为可罚与不可罚两个领域的做法有违"中立特质"的攻讦批判也并非恰当。从概念位阶层次来看，不论同质化概念构建思维抑或通识理解都承认"中立帮助行为"被其上位概念"中立行为"所涵摄。如果中立行为本身即具备合法性的规范评价后果，那么基于形式逻辑一致性的要求作为下位也应排除刑事归责的可能性。然而，学界对于中立行为是否处罚以及如何处罚的立场争鸣已经从根本上排除了这一疑虑，中立行为并未被学界界定为免受刑事可罚性评价的行为类型。因此对作为下位概念的"中立帮助行为"内部进行可罚与否的内界分隔也就并非对其"中立特质"的悖反。可见，同质化概念构建思维也非如其标榜一般是对"同一律"形式逻辑的完全贯彻。

2. "法感情"的理解误差

在"同一律"的形式逻辑之外，同质化立场的支持者将"法感情"的"正义直觉"作为另一法理依据。在其看来，若将中立帮助行为内化分隔为可罚与不可罚的两项对等范畴，则"等于从根本上肯定了中立帮助行为的可罚性，于是我们的法感情便难以接受"②。然而，"中立性"特质是否真如同质化概念构建思维所意图阐明的具有"正当性""无罪性"的规范内涵？对于部分具有刑事可罚性的中立帮助行为进行必要的刑责评价是否意味着对中立内涵的实质弃离？上述疑惑只有回溯至中立帮助行为本身并对其予以实质解明才能获得合理的回答。

首先，中立帮助行为是否当然地内含了"正当性""无罪化"的规范

① 参见张瑾《试析同一律的地位及其运用》，《广西社会科学》2003年第3期。
② 马荣春：《中立帮助行为及其过当》，《东方法学》2017年第2期。

性评价结论，对此疑问可通过对此类行为内涵范畴的逻辑推演予以证明。其作为中立行为的下位概念，不论是外在的行为特征抑或内在的价值属性都在某种程度上隐性遗传了中立行为的种属特质。这不仅是概念范畴种属关系的当然结论，也是"同一律"形式逻辑的应然要求。沿着这一逻辑路径继续延伸，作为论证结论的前提预判，如果中立行为本身蕴含的"中立性"特质可以等同评价为刑事可罚性的阻却，那么中立帮助行为就应当一体遵循，肯定其正当性基因。然而如前所述，中立性所代表的仅是行为外观形态上的日常生活状态，并非当然意味着刑事责任评价的禁止涉入，也绝非表明其可成为刑法调整领域之外的"法外飞地"。"法秩序不拟规整的范围，法外空间即便存在但也受到极大的压缩。"① 既然中立行为无法等同评价为"合法性"，那么将中立帮助行为进行责任阻却事由的规范性包装便丧失了实质逻辑支撑。而其借以批判的将中立帮助行为进行处罚是对"中立性"内涵的实质背离也就无从谈起。"游离于法律规范之外的行为必然是少之又少，难以认定中立帮助行为是法律有意保持沉默而不予调整的行为。"② 其次，同质化立场执念于创建"中立帮助行为"与"中立帮助行为过当"两组概念，其初始动机就在于维护中立行为不可罚的朴素法直觉。虽然介入了他人的犯罪行为，"但是从朴素的法律观念出发，这些行为似乎又不应予以刑法规制"③。然而前述概念解读已经表明，即便与类型性的为社会公众所惯常理解的犯罪行为存在外观形态上的差异，也不能将中立行为当然的归属定位于合法性角色。"'中立性'既不是指行为因为法律的谦抑性、抽象性以及不周延性而处在法律调整范围之外的'法外空间'，也不同于'法律不理会琐碎之事'中的'琐碎之事'"④。将"中立性"特质与"合法性"规范评价予以同等对待也许只是同质化立场的一厢情愿，受其细心维护的法感情之"正义直觉"也非因对部分中立帮助行为进行必要的刑事科责就会遭到破坏。此外同质化概念使得本应解决中立帮助行为成立范围的概念内涵划定问题同时负载可罚性的判定任务。但前者有赖于对行为事实特征的客观把握，后者有赖于对行为规范属性的价值判断，本属不同性质、不同阶段解决的任务。将二者

---

① ［德］卡尔·拉伦茨：《法学方法论》，陈爱娥译，商务印书馆 2003 年版，第 250 页。
② 曹波：《中立帮助行为刑事可罚性研究》，《国家检察官学院学报》2016 年第 6 期。
③ 王鑫磊：《帮助犯研究》，博士学位论文，吉林大学，2014 年，第 127 页。
④ 曹波：《中立帮助行为刑事可罚性研究》，《国家检察官学院学报》2016 年第 6 期。

完全置于概念划定阶段解决可能是对概念构建的过度要求。"事实证明，如果一次司法判断过程承担了过多的使命，裁判结论出现偏差的可能性自然就会增大。"①

二 异质化路径：中立帮助行为域内分隔的概念构建思维

中立帮助行为的反复发生性、制式运作性特征使其与其他社会生活交往行为存在天然的近似与关联，此种中立表象投射于行为人主观内心层面即是正犯参与的中立弱化、精神助力的关联稀释。此种客观行为样态与主观内心意识方面的中立特质使得公众对其赋予了特殊的情感标签，中立帮助行为至少在行为类型上应有别于典型的犯罪行为。然而，行为客观样态的中立性并非等同于规范评价的正当性、公众对中立帮助行为"中立性"的理解也仅是一种暂时性的法直觉。即便司机的载客行为有别于乘客前往目的地的杀人行为，房屋出租行为不同于承租人员的毒品制造行为，但对日常行为应否予以刑事归责的评价涉入以及如何构建归责的判断路径都应与公众的朴素法感情保持理性的距离。正是忽略此种关系差异，同质化立场才陷入了将形式"中立性"等同为实质"正当性"的思维误区。因此，只有还原中立帮助行为客观特征的事实面貌，去除其规范外衣才能实现概念范畴的正本清源，也才能保证以此为基建立的刑事责任评价模式的合理性。而这正是异质化概念思维的基本立场。

（一）异质化概念的内涵解析：客、主观的双层异质

中立帮助行为的异质化概念构建思维是目前学界的主流态度。在这一立场之下，其被经典地表述为"是指从外表看通常属于无害的、与犯罪无关的、不追求非法目的的行为，客观上却又对他人的犯罪行为起到了促进作用的情形"②。可以看出，此类行为在客观层面具有参与正犯的性质，而在主观层面又具有欠缺非法目的的特征。似乎中立帮助行为的概念本身即是一个包裹着客观与主观异质对立的"矛盾体"。异质化概念构建思维并不刻意地对中立帮助行为进行先期的合法抑或非法的价值性评价，避免对"中立"特征强行附加"正当性"意涵，其任务只在于完成此类行为成立范围的限定。至于如何区隔出可罚与不可罚的内部界限并非概念界定应当抑或能够承载的功能，而应置于可罚性判定机制构建阶段解决。不过

---

① 周光权：《犯罪论体系的改造》，中国法制出版社 2009 年版，第 87 页。
② 陈洪兵：《中立行为的帮助》，法律出版社 2010 年版，第 2 页。

中立帮助行为纯粹从客观样态来观察与可罚的帮助犯并无区别，"没有何种行为是不证自明的本质上中性行为"①。这样若坚持异质化概念立场，就必须在概念范畴划定之后承接构建可罚与否的区分标准。

1. 客观层面的异质化属性

异质化概念思维引导下的中立帮助行为概念并不涉及此类行为刑事责任的规范性评价，行为同时涵摄应予刑事可罚性归属与阻却可罚性归属的两组范畴。从而实现中立帮助行为概念范围的前提性划定与归责路径后续建立之间的各司其职。从异质化概念构建角度对此类行为进行客观样态的分解检视，可以发现此类行为"中立性""制式性""日常性"的行为特质使其在客观样态上具有异质化属性。目前学界围绕中立帮助行为展开的问题研讨集中于如何确立此类行为的刑事可罚性范围，这一学理争鸣之所以能够持久不衰而未现定论，从深层角度而言在于刑事处罚范域的划定需要合理实现法益保护之刑法目的与自由保障之人权理念之间的价值衡平。衡平的前提源于价值追求的对立冲突，将其映射在中立帮助行为客观样态上即是"中立性"特征与法益侵害"关联性"之间的异质化抵牾。现代社会的存续发展有赖于社会分工的精致建立，以及与之匹配的责任领域的合理划分。"个人名义上是独立的个体，实际上不过是由社会编织的巨大网络上的一个小节点。"② 人们根据责任领域的规范性分配自主安排行为活动，中立帮助行为即是此种自主活动的典型运作形式。因此，"中立"特性不仅保证了现代社会交往活动的迅速建立与高效展开，其深层价值更在于有助于社会成员将有限的精力投注于自己的责任领域之内，而无须对因正常社会交往而偶然介入他人的行为是否违法殚精竭虑。"大多数日常行为是自动实施的，'意志'至多是一个有价值的旁观者，而不是行为人意向的实际执行者。"③ 然而，不可否认的是部分社会成员在进行日常生活行为、正常业务行为时因中立帮助行为的提供而偶然介入了正犯行为，并与正犯的法益侵害结果建立了因果联系。此时中立帮助行为在客观样态上就同时具备了"中立化"的外在特征与法益侵害"关联性"的内在本

---

① 蔡慧芳：《P2P 网站经营者之作为帮助犯责任与中性业务行为理论之适用》，《东吴法律学报》2006 年第 1 期。

② 李怀胜：《中性业务行为的意义、标准及立场选择》，《河南司法警官职业学院学报》2010 年第 4 期。

③ ［英］威廉姆·威尔逊：《刑法理论的核心问题》，谢望原等译，中国人民大学出版社2015 年版，第 113 页。

质，二者并立归属于同一客体使得"行为同时呈现有益性和有害性两种截然相反的社会意义"①。

2. 主观层面的异质化属性

异质化概念构建思维下的中立帮助行为不仅在外在模态上具有"客观中立性"与"法益关联性"之间的异质化差异，而且在主观形态上也存在着类似特征。传统社会源于生产资料的"自制自销"使得社会交往的建立与展开均局限在一定范围之内，"显名性"交往是其主流形式。而在现代社会生产、生活的高效展开的要求之下，社会交往范围在不断突破固有领域限制的同时必然形成参与主体的"隐名性"。这种从"显名性"交往模式向"隐名性"交往模式的转变过程反映在中立帮助行为之上形成了其主观形态的两种异质化属性。一方面，中立帮助的提供者与接受者之间分别处于"隐名性"交往活动的两端，双方均立于自己的管辖范围内对各自行为承担责任。因此中立帮助行为者无须对接受帮助者的后续行为予以检查探知，其在履行制式性的交往活动时主观认识上具有中立属性。然而，当中立帮助者因偶然介入正犯行为的法益侵害时，这种主观认知上的"中立性"便与客观法益上的"侵害性"产生了异质化冲突。另一方面，部分中立帮助行为人在其提供帮助行为时已经对他人可能进行的法益侵害活动有所认识，仍然提供帮助行为放任正犯制造法益侵害的结果。此时中立帮助行为人的主观形态便具有了法益保护的漠然态度，这种对法益侵害结果的放任态度与刑法的法益保护目的之间直接形成价值冲突。特别是当帮助者在进行制式性的中立活动时若具有促进正犯实行行为的内在意识，更难言是中立帮助行为主观中立性对客观中立性的一致反映。因此，帮助者主观认识层面的法益保护"漠然性"与行为客观形式的"中立性"之间的冲突错位成为中立帮助行为主观异质化的另一种典型表现形式。

（二）异质化概念的内在冲突

在异质化概念立场之上，通过结合行为外在的"中立性"特征与内在的法益侵害"关联性"本质，中立帮助行为被内化分隔为可罚与不可罚两个下位对峙范畴。的确，从行为类型角度而言可能给人带来一定的理解困惑，也即性质相异的两组下位概念为何能够并存于同一范畴之下？困

---

① 曹波：《中立帮助行为刑事可罚性研究》，《国家检察官学院学报》2016 年第 6 期。

惑的消解必须回溯至客观事实层面予以解答。中立帮助行为因其外在的中立特性与内在的法益侵害关联性使其在行为外观上具有异质化特征，同时中立行为提供者其内在的法益保护漠然意识与外在的中立属性也形成了异质化特征。这种主观与客观的对峙形态表现在概念建构上即是异质化概念立场之下可罚类型与不可罚类型的并立存在。因此，异质化概念构建思维正是对行为外在事实特征与内在本质属性予以同时关注之后的概念还原，是对行为客观异质化与主观异质化形态并列考量之后的逻辑归结。

1. 刑罚评价的归属冲动与学理限制

中立帮助行为的"中立性""制式性"特征使其与公众传统思维中的典型犯罪形态存在明显差别。在接受理性的刑事教义学罪责评价之前，很难让公众将五金店主的刀具售卖行为与持有该刀具实施的杀人行为建立罪责关联。然而，刑法教义学视域下的中立帮助行为自应区别于公众朴素法感情之下的直观感觉。刑法视角下中立帮助行为概念范畴的合理限定，只有在严格遵从此类行为客观特征的前提之下才能实现。异质化立场正是基于对中立帮助行为事实样态的遵循，否定将客观层面的"中立"实态等质评价为规范层面的"正当性"属性，才能实现成立范围的合理廓清。在此需要厘清的是，异质化立场上不可罚的"中立帮助行为"在性质上完全区别于同质化概念立场上的"中立帮助行为"，虽然立于刑罚归属的事后立场观察二者均未受到刑罚科责，但二者在行为属性、刑责评价路径上均判若云泥。回归异质化立场，如何构建合理的可罚性判定机制是其需要直面的问题。特别是在中立帮助者对正犯可能实施的侵害行为存在认识的情况下，不论学理研讨抑或实务操作均存在将其予以刑事处罚的原始冲动，此时行为"已不具有促进社会发展与公民交往之价值，欠缺'客观中立性'，就不能成立中立帮助行为"①。然而，应予理性认识的是上述被众多学者以及司法实务要求刑罚科责的中立帮助行为泛化存在于当今社会的各个角落。从客观层面而言，中立帮助行为的法益侵害关联属性本是其难以去除的行为特质，否则就从根本上丧失了对此类行为进行刑事可罚性归属判断的论证必要。从主观层面而言，间接故意抑或不确定故意形态下的中立帮助行为有别于直接故意罪过形态下的参与行为，后者更明显地征表出行为人对法益保护的漠然态度以及法规范破坏的背反心理。特别是在

---

① 曹波：《中立帮助行为刑事可罚性研究》，《国家检察官学院学报》2016年第6期。

当今网络社会之下，对于间接故意罪过形态下实施的中立帮助行为贸然进行刑罚归属可能导致诸多具有技术中立属性的网络服务陷入归罪风险，"无疑会将不具有实质可罚性的中立帮助行为作为帮助犯予以处理"①。因此，必须使中立帮助行为司法实务层面的刑罚归属冲动受到刑法教义研讨的理性限制，反观近年来"当传统的中立帮助行为遭遇信息网络时，德日刑法依旧秉持谨慎入罪的立场"②的确为我们提供了可资借鉴的思考方向。

2. 行为类型的模态划分与可罚性考量

在异质化概念构建思维路径之下，中立帮助行为概念构建层面的思考应尽量以中立帮助行为的客观实态为参考模型。承此而言，作为行为典型客观属性的"日常性""反复性""制式性"就应充分体现在概念描述层面。通过此种思考方式划定的中立帮助行为成立范畴实现了对此类行为刑事责任考量的规范评价与行为客观形态的事实素描的阶段分隔，避免了同时从存在论与规范论层面对中立帮助行为进行范畴界定的做法。中立帮助从外在样态上多表现为日常性、制式性的中立行为，社会公众对于中立帮助行为的朴素法感觉多与典型自然犯行为类型存在认同距离。诚然，中立帮助行为刑事处罚限缩立场的形成动因一定程度上得益于这种对中立帮助行为的"初始好感"，但更深层次的原因更赖于中立帮助行为在当今社会分工精细建立背景下所承载的现实机能。过于松弛的刑事入罪口径将使中立帮助行为背负沉重的刑罚评价压力，归责风险的升高将收紧国民自由活动的领域，最终有碍于既有社会分工机制的运行。然而，中立行为并非天然携带免除刑罚的"规范基因"，作为行为客观特征的"中立性""反复性"也并非当然等同于规范评价层面的合法性。若对中立帮助行为从客观角度进行审查，概念范畴建立之后划定的成立范围必将内含可罚与不可罚两个异质化领域。如此划定中立帮助行为的成立范围契合此类行为客观样态所表现的事实属性。当然，对于可罚类型与不可罚类型的评价标准则应置于中立帮助行为刑事责任模式之中进行探讨。中立帮助行为的刑事处罚标准作为规范性的判断准

---

① 刘艳红：《网络中立帮助行为可罚性的流变及批判——以德日的理论和实务为比较研究》，《法学评论》2016 年第 5 期。

② 刘艳红：《网络中立帮助行为可罚性的流变及批判——以德日的理论和实务为比较研究》，《法学评论》2016 年第 5 期。

则，一体两面地实现了中立帮助行为整体范畴之下可罚与不可罚类型的内部分隔。但是刑事责任模式构建作为目标的评价问题必须与作为评价目标的中立帮助行为分列考察，前者应是后者研讨路径的自然延伸与逻辑指向。在此意义而言，异质化概念构建思维通过还原中立帮助行为的客观属性，实现了从行为类型现实描述向概念范畴内涵界定转化过程中的样态保真，有益于维护学术研讨过程中话语体系的一致性，相较于同质化概念构建思维而言更具教义学层面的合理性。

三　事实分析视角下中立帮助行为的内涵界定

对比中立帮助行为的同质化概念构建思维与异质化概念构建思维，可以看出两种立场的本质区别在于是否允许将行为事实层面的客观中立特征等同为规范层面的合法属性。同质化立场通过关注国民对于中立帮助行为"中立"特征的朴素法感情，将"中立性"过度引申为"合法性"，从而完成将中立帮助行为限定为合法行为的规范纯化过程。与之不同，异质化立场剥离"中立"特质的法感情色彩，尽量从事实角度进行概念还原，使得为学界通识理解的中立帮助行为概念得以维续。而如何界定中立帮助行为的刑事可罚与否则应置于刑事归责模式构建阶段予以研讨。可以看出，异质化立场对中立帮助行为成立边界的限定厘清无涉此类行为可罚与否的规范性要素。以之为研讨方向，异质化立场实现了评价目标与对目标的评价问题的分立思考。

（一）概念范畴的划定准则：事实分析视角的坚守

如果以中立帮助行为的成立边界为评价指标，对比同质化概念与异质化概念的中立帮助行为成立范围，后者应比前者更为宽泛。在同质化立场之上，中立帮助行为被赋予了正当化的价值外衣，这一规范性包装使得刑法教义学通识理解之下的中立帮助行为被迫退缩至"不可罚的"单一领域之内。中立帮助行为虽有"中立性""制式性""日常性"的客观特质，但并非一定排除对其进行刑事归责的可能性。这正是在追求自由保障与法益保护价值平衡目标之下，刑法学界围绕如何构建中立帮助可罚性限缩路径争议不止的原因。异质化立场完全从事实分析视角切入，其成立范畴仅以行为的客观样态为划定指针。将中立帮助行为之中立特性与合法性评价结论进行绝缘，依此形成的中立帮助行为成立范围自然包括了可罚与不可罚两种类型。

若以刑事可罚性存在与否作为评价的归结，同质化立场上的中立帮助行为与异质化立场上的不可罚的中立帮助行为具有规范性质的一致性。但二者并非处于同一概念位阶之上。前者属于同质化概念立场的上位概念，后者却为异质化概念立场上中立帮助行为的下位概念。如此而言，异质化立场的中立帮助行为成立范围自然要比同质化更为宽泛。然而同质化立场对于处罚范围的此种缩限处理貌似并未获得过多实益，因为中立帮助行为概念范畴的建立并非当然等同于其入罪范围的划定。即便同质化立场将中立帮助行为等同评价为不可罚行为，其也必须提供实质性的法理依据与成立条件。这样，真正决定同质化概念处罚边界的不是其概念外延的大小，而是成立条件的严苛舒缓。因此内含可罚与不可罚类型的异质化立场虽然较同质化立场更为宽泛，但也不当然意味着入罪口径的过度松缓，更非必然导致刑事归责可能性的大幅增加。然而同质化立场将中立帮助行为等同评价为合法行为，此种概念纯化的做法必然要求对其进行成立标准的二元建构，也即分别搭建中立帮助行为与中立帮助行为过当的成立条件。值得反思的是，此种做法必然导致双重评价标准的产生。如果特定中立行为因介入正犯行为而侵害了相关法益，此时其具有了参与行为的客观形态。再立于同质化概念立场之上进行规范考量时，若既不符合中立帮助行为（合法行为）的成立条件，也不符合中立帮助行为过当（可罚类型）的成立条件，此时如何对该行为进行规范定位即成难题。然而，此时该行为也绝非能够游离于合法行为与非法行为之间而进入规范评价的真空地带。"'违法'与'不违法（合法）'之间根本就是一种形式逻辑的矛盾对立关系，二者间非此即彼，不存在居中的第三种可能。"① 依此反观异质化概念构建思维，通过还原中立帮助行为的客观特质而建立此类行为的整体范畴，其之下可罚类型与不可罚类型区分标准有且只有一个。区分标准的单一化避免了同质化概念二元成立条件可能引发的双重评价标准问题。因此在异质化立场之上，符合中立帮助行为的参与类型只能在可罚范畴与不可罚范畴之间进行归属判断，而判断的依据就是刑事责任的判定模式。

（二）概念范畴的划定方法：异质化概念立场的选择

异质化立场从客观视角审视中立帮助行为的外化特征，将此类行为事

---

① 王钢：《法外空间及其范围》，《中外法学》2015 年第 6 期。

实层面的"制式性""日常性"特征还原为其概念范畴的限定要素。异质化立场的上述构建方式显示了其于存在论层面对中立帮助行为进行范围划定的思考路径。与之不同，同质化立场在顾及社会公众朴素法感情前提之下将"中立性"特征予以"合法性"转化时就已然披上了规范化思考的外衣，因此也更倾向于从规范论层面对中立帮助行为的概念范畴予以边界厘定。然而某一法律对象之概念确定与该研讨对象的成立范围存在直接联动的关系，从规范论角度审视中立帮助行为的成立范畴无疑会先入为主地使其成立范域大幅缩限。中立帮助行为虽然拥有独特性的一面，但仍应与上位概念的中立行为保持最大限度的契合。反观学界主流态度并未采纳将中立行为赋予合法性的评价结论，而认为其"由于法律的抽象性、不周延以及谦抑性等原因，大量介于合法行为与违法行为之间"[1]。同质化立场将中立帮助行为的成立范围缩限在"责任阻却事由"之内的做法未免一厢情愿。其实，不论同质化立场抑或异质化立场，二者对于中立帮助行为概念范畴的确定终极目的在于为其寻求限缩处罚的合理路径，避免中立帮助行为宽泛，落入刑事归罪的法网。

以此观之，从客观事实角度切入，注重中立帮助行为的外在行为样态并将其还原为概念范畴限定要素的异质化构建思维更显合理。"中立帮助行为之所以是'中立'的，不是指法律对其态度不明，也不是法律将其评价为'中立'，而是由于行为尚停留在有待法律评价的阶段，是对行为事实特征的客观写照，行为从根本上属于'前构成要件行为'。"[2] 在异质化概念构建立场之上，通过对"日常性""制式性"特征的客观还原，中立帮助行为的整体成立范围得以维持。也即其客观存在范围本应由可罚与不可罚的两个对峙下位类型组成，而两者之间分隔标准的构建则有赖于刑事可罚性模式的构建。"中立行为的帮助理论所要解决的问题就是：如何在罪刑法定框架内，划分出不可罚的中立行为与可罚的帮助的界限。"[3] 此种借助单一分类标准区隔中立帮助行为下位范畴的做法避免了同质化立场双重标准的缺陷，而合理性的本源即根植于中立帮助行为概念范畴限定的事实分析视角。

---

① 孙万怀、郑梦玲：《中立的帮助行为》，《法学》2016 年第 1 期。

② 曹波：《中立帮助行为刑事可罚性研究》，《国家检察官学院学报》2016 年第 6 期。

③ ［日］丰田兼彦：《中立行为的帮助与共犯的处罚根据——关于共犯论与客观归属论交替领域的考察》，《神山敏雄先生古稀祝寿论文集》（第 1 卷），成文堂 2006 年版，第 533 页。

第二节 衔接路径素描：中立帮助行为的刑事规制模式

中立帮助行为作为现代社会形态之下的典型参与行为，其制式化、日常性特征使其泛化存在于社会生产、生活的各个角落。与此种现象交相呼应的是，中立帮助行为也愈加频繁地陷入正犯的法益侵害之中。如何限定中立帮助行为的成立范围，如何对其可罚与否设定合理的归责边界成为刑法学理亟须解决的当代课题，而这一课题在转型时期的中国当下更具现实意义。当今网络科技已经成为我国经济发展新的驱动引擎，在网络空间中泛化存在诸多具有技术支持角色的网络服务中立行为。此类行为维持着网络空间这一虚拟世界的存续，但这也使其被他人用于犯罪的可能性不断升高。"快播案"的产生以及其对刑法学界带来的热议与震荡即是体现。当然，个案的曝光只是单个事件的孤立上演，但其所代表的类型化现象却不容忽视。回归刑法领域，即是如何立于我国转型时期的现实背景之下为中立帮助行为构建合理的刑事责任判定路径提供智识支撑。对此不论在教义学研讨层面抑或受其牵引促推的国家立法层面均有积极回应，并形成了相应的规制路径。围绕中立帮助行为形成的对应规制路径是否合理、规制效果能否实现需要进行理性的检讨与验证。

一 教义智识层面的路径构建

作为研讨之前提，不同的概念界定思路为中立帮助行为的内涵范畴提供了限定标准。而作为逻辑的自然延伸，概念的确立也直接决定着与之承接的中立帮助行为规制模式的选择。同质化、异质化思路在各自划定中立帮助行为成立范围的同时，也分别构建出刑事责任判定的不同方案与延展方向。忽视中立帮助行为隐藏的法益侵害倾向固然属于掩耳盗铃，但罔顾其特殊性质而构建宽泛的入罪标准也难言是立法的妥适选择。立法模式的选择与司法实践的推进必须接受教义学理的充分检验与合理性支撑。因此，在承接前文立场的同时对与之衔接的规制路径予以分析，以期为后续刑事责任判定模式的构建提供理论基点，并对既有刑事规范进行实践化牵引与立法疏漏的补正纠偏。

（一）同质化概念下的规制模式分析

在同质化立场的支持者看来，"中立帮助行为毕竟是'中立行为'而本不应产生刑事责任这一法直觉或法感情"①。有基于此，中立帮助行为被等同评价为正当化行为、有责性阻却事由。通识理解之下此类行为的可罚性归属空间被彻底涤除，这无疑是对中立帮助行为概念范畴的大幅缩限。但不容否认的是，部分参业者在中立帮助"挡箭牌"的掩盖之下积极介入正犯侵害法益的现象仍然存在，完全否认可罚性的概念纯化难言是对刑法法益保护机能的周延顾及。为了避免归责疏漏的产生，同质化立场将具有可罚性的中立帮助行为纳入"中立帮助行为过当"范畴之下予以考量。但是概念立场的构建与选定直接限定了中立帮助行为的成立边界，也间接决定着与之承接的刑事责任判定路径的走向。将中立帮助行为之"中立性"特征等同评价为"合法性"并非没有疑惑。刑法学理并未当然对中立性特征予以正当化处理，通过字面解读抑或法感情捕捉而得出的无罚性评价结论难免一厢情愿，有欠实质法理的逻辑支撑。这也在一定程度上减损了与之衔接的刑事归责路径的合理性。不论是作为概念纯化之后"中立帮助行为"法理基础的有责性阻却事由，还是同质化立场与共犯教义学的对接关系，均存在值得检讨之处。

1. 责任阻却事由的定位困惑

同质化概念立场创立了"中立帮助行为"与"中立帮助行为过当"两组概念。此种概念的确立并非单纯文字表述的形式转化，其不仅在规范评价上对中立帮助行为进行了实质性改变，而且间接明确了其成立边界。当然，不论行为性质的转化评价还是成立范围的再次限定都需要实质法理的逻辑支撑。为此，同质化立场试图将中立帮助行为与有责性阻却事由进行挂钩评价，适用期待可能性理论迂回到有责性阻却事由上展开说明。

坦诚而言，援用期待可能性理论进行可罚性判定的做法的确具有创新意义。然而，这种思考进路却是以肯定中立帮助行为违法性恒存为前提的。"其因便利了相关犯罪而始具法益侵害性，故其所形成的不可能是'违法性阻却事由'的属性，而只能是有责性阻却事由的属性。"② 然而期待可能性理论对于中立帮助行为有责性判断的阐释能力并非一定要以违法性的存在为前提。围绕中立帮助行为的刑责判定，德国刑法教义研讨多从客观立场展开。作为有力观点，"违法性阻却事由说和利益衡量说认为，应当在法益侵害性与义务自由的保障性之间进行利益衡量，衡量的结果通

① 马荣春：《中立帮助行为及其过当》，《东方法学》2017 年第 2 期。
② 马荣春：《中立帮助行为及其过当》，《东方法学》2017 年第 2 期。

常应阻却中立行为的不法性。"① 笔者在此并非意在为中立帮助行为的违法性存否提供一个确切的结论，只是对同质化立场将中立帮助行为设定为违法性恒存的做法保有一定疑惑。中立帮助行为之所以以参与行为的初始样态进入刑事归责的考察范围，源自其介入正犯而与最终法益侵害具有因果关联。但因果共犯论视角下法益侵害关联的判定只是共犯归责的必要条件而非充要条件。更何况共犯行为因果关系之判定有别于独立的正犯形态，条件理论并非可以不加转化地嵌入参与行为归责的判断之中。这也是相当性因果关系在日本取得优势地位、客观归责理论在德国获得广泛支持的原因之一。因此，即便从中立帮助行为的客观样态观察，中立行为介入了正犯行为，但并非必然肯定法益侵害结论的导出，也并非必然承认共犯违法性的存在。而且令人疑惑的是，同质化立场的支持者认为："中立帮助行为所便利的关联犯罪所要侵犯的法益在性质与数量分别不能明显大于中立帮助行为所要维系的法益。"② 在笔者看来，这一观点与违法性阻却事由的本质具有契合性，"如果符合构成要件的法益侵害行为是为了救济更高价值的法益，则这种法益侵害行为就是正当的"③。因此，同质化立场虽然认为中立帮助行为属于有责性阻却事由而始终具有违法性，但又暗自将其视作违法性阻却事由而否定其违法性，存在前后抵触的逻辑矛盾。因此反观与其对应的刑事规制模式，虽然提供了一个全新视角，但违法性恒存的前提设定存在逻辑困惑。

2. 共犯理论逸脱的潜在危险

同质化立场在将中立帮助行为概念纯化为合法行为之后，责任阻却事由便成为其唯一的价值内涵。而沿着同质化立场对应的归责路径继续延伸还可能引发共犯理论逸脱的体系性危险。将中立帮助行为予以合法性等同之后，"则中立帮助行为的理论地位便不再依附于共犯理论，包括不可能依附于坚持共犯本质是'行为共同说'的共犯理论"④。上述理论定位并非空穴来风，其指明了同质化立场所衍生的中立帮助行为可罚性归属路径的指向，当然也为检视其逻辑隐忧提供了索引。

首先，对于同质化立场在将中立帮助行为概念纯化为合法行为、有责

① 陈洪兵：《中立行为的帮助》，法律出版社 2010 年版，第 9 页。
② 马荣春：《中立帮助行为及其过当》，《东方法学》2017 年第 2 期。
③ 张明楷：《外国刑法纲要》，清华大学出版社 2007 年版，第 152 页。
④ 马荣春：《中立帮助行为及其过当》，《东方法学》2017 年第 2 期。

性阻却事由之后，支持者更倾向于将其彻底从共犯教义体系的研讨话语中解放出来。改变过去对其可罚性判断借助共犯理论解决的惯常路线，从而将其转化为责任阻却事由并重新归置于犯罪论体系之下予以解决。对此，笔者认为同质化立场试图转化问题设定从而抛弃共犯归责视角的做法未免过于乐观，或者说有些徒劳。一方面，肯定中立帮助行为在行为样态上属于参与行为，如果对其进行刑事可罚性的归属判断必然需要置于共犯教义体系之下进行思考；另一方面，肯定中立帮助行为的共犯解决路径之后，仍然需要对其进行违法性与有责性的具体判断。换言之，责任阻却事由与共犯责任的判断并非不可并行，二者必然相互依赖、无法回避，存在兼容的可能性。其次，同质化立场主张摆脱以行为共同说为基础的共犯本质论研讨来为中立帮助行为的可罚性判断寻求新的论理支撑。对此，笔者并不想妄加揣测其如此设定归责路径走向的做法意在何为，只是认为行为共同说作为共犯本质论的一种立场，在解决中立帮助问题上具有工具论意义上的优越性与来自共犯教义体系的合理性。对于共犯本质论的研讨，学界存在犯罪共同说与行为共同说的立场之争。前者认为数人"仅就相同的犯罪（罪名）才肯成立共同正犯"[1]。与之不同，行为共同说认为"只要行为人实施了共同的行为，就可以成立共犯，不要求是同一或者特定的犯罪"[2]。此种学理差异体现了不同归责理念。前者将共犯形成定位在犯罪成立意义的共同之上，而后者则更倾向于将共犯之共同性解读为不法层面的共同。如果说共犯作为一种行为样态，那么共犯问题的本质则应旨在解决实然的法益侵害结果应归属于何种参与形态，如此而言，行为共同说更为合理。回视同质化立场宣称的跳脱行为共同说寻求中立帮助责任判断的观点就存在商榷之处。一方面，源于行为共同说所展现的解释张力与体系合理性，将其运用于中立帮助的责任判断上能够解决诸多现实问题。特别是能够有效应对中立帮助行为借助网络技术载体变形之后对传统帮助犯归责模式带来的判定困惑。另一方面，同质化立场弃置行为共同说的做法可能醉翁之意不在酒，实质的想法更倾向于脱离共犯问题视阈将中立帮助行为塑造为责任阻却事由。然而这又回到了前文论及的对其可罚性路径的合理构建需要进行犯罪论体系与共犯论体系的并行思考。摆脱行为共同说理

---

① ［日］山口厚：《刑法总论》（第二版），付立庆译，中国人民大学出版社 2011 年版，第303 页。

② 陈家林：《外国刑法通论》，中国人民公安大学出版社 2009 年版，第 507 页。

论之后，中立帮助行为的归责问题潜藏被同质化立场包装成正犯化问题的可能，而这将引发更多的理论困惑。因此经受教义学检验的共犯教义体系可能稍显繁复，但更能保证罪刑法定的实现。摆脱行为共同说后的中立帮助行为归责路径可能并不是一个理性的选择。

（二）异质化概念下的规制模式分析

异质化立场在中立帮助行为概念建构阶段就从纯然的事实角度审视行为的外在特征，实现了成立范围的划定与行为性质的价值判断分离。此种客观视角不仅还原了中立帮助行为的实然行为样态，而且保证了此后刑事可罚性判断路径的合理性。异质化概念保留了中立帮助行为刑责评价的归属空间，但也充分关注到其作为中立行为所具有的特殊性质。在高度分工的现代社会背景之下，如何为其构建可罚性判定路径以实现刑法法益保护目标与自由保障机能的协调平衡，具有教义研讨与司法实践的双重意义。对此问题学界亦是见仁见智、观点纷呈，大体形成了全面可罚说与限制处罚说两种承接路径的对立。

1. 全面可罚性立场

通过将中立帮助行为与传统的帮助犯归责模式予以比对分析，全面可罚归责路径将中立帮助行为分解为客观行为介入与主观罪过两个判断层面。在客观层面，中立帮助行为被还原为是否介入正犯行为而造成了法益侵害的结果；在主观层面，需要对中立帮助提供者的罪过形态予以确认以判断故意形态是否存在。经过主、客观层面考察之后如果均能得出肯定结论则可纳入帮助犯参与类型予以刑事归责。"传统观点认为，只要行为促进了正犯行为及其结果，即客观上具有因果关系，并且行为人对此明知而持希望或者放任态度，即主观上具有帮助的故意，就成立帮助。"① 德国学者魏根特也曾例示指出若行为人明知售卖的螺丝刀会被用于偷窃，此时其可能被认定为帮助犯。② 国内也有类似观点，满足了通说所承认的帮助犯的因果性或促进关系，因而作为帮助犯处罚似乎名正言顺。③ 不论是实例说明抑或规范性阐释，上述观点均表达出了全面可罚说将中立帮助行为等同为传统帮助犯归责类型的思考进路。只要客观层面中立帮助行为与正

---

① 陈洪兵：《论中立帮助行为的处罚边界》，《中国法学》2017 年第 1 期。
② 参见 ［德］汉斯·海因里希·耶塞克、托马斯·魏根特：《德国刑法教科书》，徐久生译，中国法制出版社 2017 年版，第 943—944 页。
③ 参见孙万怀、郑梦玲《中立的帮助行为》，《法学》2016 年第 1 期。

犯实行存在关联，主观层面具有故意罪过，那么中立帮助者就应作为帮助犯进行处罚。的确，从因果共犯论角度审查参与行为刑事归责的法理依据，处罚共犯行为源于其介入正犯实行行为间接侵害构成要件的保护法益。这不仅是对参与行为在因果流程层面的一种实态还原，也为处罚共犯在规范性层面提供了直接依据。然而立于共犯处罚根据立场得出的肯定结论只能作为共犯归责的一个前提性要件，即使肯定了因果共犯论层面中立帮助行为间接介入正犯行为引起了法益实害，也只是证明其可以作为共犯处罚的一个必要条件而非充要条件。因此即便回溯至作为共犯归责原点的处罚根基角度，事实层面的正犯介入并非当然得出参与归责的必然结论。

如此反观全面可罚说的思考路径与逻辑结论便存在有待商榷之处。首先，全面处罚说将中立帮助行为类比为传统帮助犯参与类型并非妥当。诚然，中立帮助行为与帮助犯参与类型在因果流程层面具有相似性，二者违法性的获得均需介入正犯行为才能建立与法益侵害之间的因果关联。但若将参与正犯的行为样态完全等同为法益侵害的规范性结论，无疑排除了中立帮助行为在不法层面的出罪可能。不容忽视的是，中立帮助的"制式性""日常性"特征必然使其区别于典型的帮助犯参与类型。当今社会泛化存在的中立帮助行为不仅维持着生产、生活活动的持续发展，也反向促进着社会效率的提高。直接将帮助犯归责类型适用于中立帮助行为将造成松弛的入罪口径。其次，回溯至因果共犯论立场，共犯处罚之前提在于介入正犯行为间接引起法益侵害的结果。这种来自因果关系层面的可罚性限定并不仅是对参与行为在法益侵害客观样态上的简单素描，更需要在规范判断层面进行价值解读。换言之，在因果共犯论立场之上参与行为的可罚性判断必须进行法益侵害客观流程的事实性考察以及客观归责的规范性判断。忽视规范性判断，仅当肯定客观层面的事实性参与时就予以可罚性归责，使得因果共犯论立场对于参与行为可罚性的缩限机能丧失殆尽。此种对因果共犯论立场原义的理解偏差也就不难解释全面处罚说的潜在弊端。在当今风险社会与网络时代双重叠加的背景之下，全面可罚性说并非面对中立帮助行为泛化存在的实然现象应有的理性选择。

2. 限制可罚性立场

为了避免全面处罚说下中立帮助行为松弛的入罪口径，学界进行了全面的反思。诸多学者立于共犯教义学理之下试图从不同视角为其构建合理的刑事责任缩限评价路径，从而形成了中立帮助的限制可罚性立场。梳理规整限制处罚立场上的各种学说，可谓观点纷呈、百家争鸣。但根据其对中立帮助行为刑事责任判定所秉持的切入视角差异，限制可罚性立场内部又形成了主观立场、客观立场以及折中立场的分立对峙。

主观立场重在考察中立帮助提供者的主观认知要素以及罪过态度，试图以此提供中立帮助行为可罚与不可罚类型之间的分界。此种立场"并不将日常行为排除到潜在的提供帮助的范围之外，而是将判断标准放在支持者的'知'和'欲'上"①。围绕主观要素的判断，该立场又形成了确定的故意说与促进的意思说两种观点。前者认为若中立帮助提供者明知他人将实施法益侵害行为仍然实施助力行为的，此时参与行为的中立性特质丧失殆尽，应予帮助犯归责。后者则在前者基础之上加入"促进意思"的限制性要素，主张只有当中立帮助者不仅对他人将要实施的法益侵害行为存在确切的认知，而且必须在促进该正犯行为的意思之下提供助力行为时才能作为帮助犯处罚。主观视角的考察路径源于其判断过程的简单明了在德国受到了判例立场的支持。然而行为人单纯的内心态度在现实司法实践中通常无法精准确证，而且抛弃中立帮助客观层面的违法性判断直接跃入主观层面与三阶层的构罪体系并非相符，被学者诟病为陷入心情刑法的沼泽无法自拔。

客观立场转变考察视角，通过把握此类行为的外观中立特质而试图在客观层面为其划定刑事可罚性的成立范围，获得了诸多学者的支持。以犯罪论的阶层体系为考察标准，可以将客观立场之上的诸种观点归置为构成要件阶层与违法性阶层两种研讨路径。前者更倾向于在构成要件阶层内部进行可罚性判定，具有代表性的学说包括社会相当性理论以及职业相当性理论。通过援引社会相当性理论，有学者认为"在历史地形成的社会伦理秩序的范围内，被这种秩序所允许的"②的中立帮助行为不应进行刑事处罚。然而该说并未对社会相当性的适用提供明确的标准，被学界批评为过于模糊。作为社会相当性说的一种改进理论，职业相当性理论依据中立帮助行为所隶属的参业领域进行分门考察，从而在一定程度上避免了社会相当性说的适用模糊。但是职业规范与刑法规范之间究竟存在何种对接关系，为何能将前者不加转化地直接嵌入构成要件符合性的判定之中不无疑

---

① ［德］乌尔希·金德霍伊泽尔：《刑法总论教科书》，蔡桂生译，北京大学出版社 2015 年版，第 453 页。

② 张明楷：《外国刑法纲要》，清华大学出版社 2007 年版，第 151 页。

问。违法性阶层论者则主张将中立帮助的刑事归责路径架设在违法性阶层内部。"将中立行为本身所确保的利益与因为提供这种'帮助'对他人法益所造成的侵害之间进行衡量"①，通过判定属于违法性阻却事由排除可罚性。也有学者援引义务理论进行违法性限定，"故意引起了不被允许的危险，就存在义务违反，有关共犯人的可罚性，义务违反也是考量的要素"②。可以看出，通过追溯违法阻却事由的成立本质抑或援引义务犯理论的构罪要件，违法性阶层论者的刑事归责判定路径更为实质。然而违法阶层立场存在一个无法避绕的前提性疑惑，若将中立帮助行为的可罚性判断留置于违法性阶层解决，则等于间接承认了此类行为构成要件的合致性，而这本身已经是对其在刑事规范意义上的否定性评价。

　　为了有效克解上述缺陷，折中立场应运而生。该立场以罗克辛教授所倡导的客观归责理论为典型代表。依据参与者的主观认知程度将中立帮助行为区分为确定的故意与不确定的故意两种参与类型，"在支持性行为中认识所计划的犯罪的，就完全压倒性地可以得出对有刑事可罚性帮助的认定"③。前者重在对中立帮助行为客观层面的正犯关联度予以实质考察，以解决中立帮助法益侵害性的有无问题；后者则考虑适用信赖原则以阻却对中立帮助者的刑事归责。将客观法益侵害关联与主观故意并联判断的确为可罚性限定提供了一个正确的研讨方向。然而，此种折中模式并没有实现中立帮助主、客观要件的有效结合，机能性互动，这从其对中立帮助行为的归责类型的界定中可窥一斑。折中立场根据中立帮助提供者对他人犯罪计划的认知程度区分为确定故意与不确定故意两种参与形态。然而故意犯罪的成立从来都是包含了确定的故意与不确定故意的双重罪过形态，刑法并未因此对故意形态下的帮助犯归责作何种差异性处理。其实上述困惑出现的根本原因在于折中模式并未合理安排客观归责与主观因素的内部关系。将主观罪过层面的故意类型作为归责的前提设定，然后反向进行客观归责层面的法益侵害关联性判断，与客观归责立场的思维路径存在抵牾，因而被诸多学者批评为重陷主观归责的思维窠臼。

　　虽然异质化立场之上的刑事责任判定路径都存在一定的理论弊端，但

---

　　① 陈洪兵：《中立行为的帮助》，法律出版社 2010 年版，第 83—84 页。
　　② 陈洪兵：《中立行为的帮助》，法律出版社 2010 年版，第 90 页。
　　③ ［德］克劳斯·罗克辛：《德国刑法学总论》（第二卷），王世洲译，法律出版社 2013 年版，第 157 页。

经过理论纷争所形成的中立帮助行为限缩处罚的研讨方向却是需要我们予以肯定与遵循的。主观立场虽有陷入心情刑法的理论弊端，但其借助主观罪过要素进行归责判断的方法具有合理性。客观立场回归行为刑法的思维范式之下，具有逻辑基点的正确性。但不论援引社会相当性理论抑或对其加以改进的职业相当性说均存在标准模糊的适用困境。相较而言，折中立场将客观立场与主观立场予以结合，试图通过客观归责层面与主观归责层面的双向推动限定中立帮助的刑事归责范围，更具判定方法的合理性。在此意义而言，为主观立场、客观立场、折中立场提供研讨根基，并为中立帮助行为勾勒出限制归责路径延展方向的异质化概念构建思维立场始应具有逻辑基点的优越性。回归转型时期我国社会的实态情境，在网络社会与风险社会双重叠加的现实背景之下，宽泛处罚中立帮助行为固然不妥，否定其可罚性空间亦非理性。合理划定中立帮助行为的成立范围，并以之为基构建紧缩的刑事责任判定模式即是教义学理与司法实践的正确探索方向。同质化立场难言是对中立帮助行为概念范畴划定的合理方法。异质化立场通过回归事实性考察视角阻隔了对行为"中立性"特征的规范性渗透，从而实现了中立帮助行为成立范围之划定问题与可罚性评价模式之构建问题的分立。保证了参与形态的教义学评价类型，避免了正犯化归责路线引发的处罚范域不断扩展的危险。而且，客观事实性视角下建立的异质化概念保证了学理研讨话语体系的一致对接，有助于可罚性判定模式构建的持续深入，具有理论研讨之长远意义。

二　刑事规范层面的路径构建

中立帮助行为从外表上看通常属于无害的、不追求非法目的，但客观上却又对正犯行为具有推动效果的情形。[①] 此一概念界定在一定程度上解明了中立帮助行为的社会意义，也揭示了对其予以刑事规制的现实难度。一方面，中立帮助行为一体"遗传"了中立行为外观无害的行为特质，使其享有免受刑法目光反复打量的归责优待；另一方面，中立帮助行为又存在与其无害外观相异化的内在本质——正犯行为的关联性。特别是在我国转型时期与风险社会双重叠加的现实背景之下，在市场经济领域、网络技术领域，大量日常的金融交易行为抑或虚拟的网络服务行为都存在介入

---

① 参见陈洪兵《中立行为的帮助》，法律出版社 2010 年版，第 2 页。

法益侵害行为的归责风险。如何控制此种刑事归责风险进而切断法益侵害的间接关联，是刑事立法活动无法回避的问题。而围绕同质化立场与异质化立场形成的概念界定分歧，以及与之衔接的规制思路均在不同程度上影响着中立帮助行为的刑事立法活动，并呈现出不同的立法规制进路，这在近年来我国陆续出台的多项立法、司法解释规范中得到体现。通过对此类规范性文件的爬梳整理，可以将刑事规范层面的应对机制归属于两个向度之上，也即共犯规制模式与正犯化规制模式。

（一）共犯归责向度的刑事规制模式

从行为模态上对中立帮助行为进行解构分析，其并非自身具有法益侵害的属性，只是由于介入了正犯实行行为而形成了法益侵害的间接因果关联。从因果共犯论立场来看，"共犯只要与其他犯罪参与者的行为引起的结果之间具有因果关系，那么对于结果就要承担罪责"①。可以看出，立于因果共犯论的基本立场之上审视可罚的中立帮助行为与帮助犯参与类型，二者在法益侵害关联属性之上具有重叠性。正是基于此种重叠关系的存在，将中立帮助行为通过帮助犯处罚路径予以刑事规制的方法为刑事立法与司法解释所采纳，并逐渐形成共犯形态的刑事责任判定路径。由于共犯形态判定路径通过类比传统帮助犯成立条件予以实现，因而简化了刑事归责的条件设定，降低了刑事责任的判定难度而为诸多刑事规范所采纳。

通过对涉及中立帮助行为共犯责任判定路径的刑事规范进行梳理，上述规范主要分布在经济犯罪、网络犯罪等领域。在经济领域，由于市场经济的快速发展推动的行业分工日趋专业细化，过去完整的经济活动基于运作效率的提高而被逐渐分解为相互依赖的若干独立参与行为。参业行为之间此种紧密依赖而又相对独立的特性维持了生产高效的现实要求，但同时也隐藏着成立帮助犯参与类型的可能性。2001 年"两高"联合出台的《关于办理生产、销售伪劣商品刑事案件具体应用法律问题的解释》第 9条规定："知道或者应当知道他人实施生产、销售伪劣商品犯罪，而为其提供贷款、资金、账号、发票、证明、许可证件，或者提供生产、经营场所或者运输、仓储、保管、邮寄等便利条件，或者提供制假生产技术的，以生产、销售伪劣商品犯罪的共犯论处。"可以看出，司法解释通过对大量实务个案的归纳而将具有典型意义的中立帮助行为类型化为生产、销售

---

① ［日］西田典之：《共犯理论的展开》，江朔、李世阳译，中国法制出版社 2017 年版，第31 页。

伪劣商品罪的共犯处罚，实则是将中立帮助行为等同评价为帮助犯参与类型。从客观角度分析，司法解释所列举的上述行为具有日常性、中立性。诸如提供资金、许可证件、运输等行为均属于日常经营活动中经常涉及或者必然涉及的附随行为。即便对于从事生产、销售合格产品行为而言，正常经济活动的展开也无法全然回避上述行为。从主观角度分析，司法解释将入罪的主观条件限定为参与者对正犯实行行为"知道或者应当知道"。我国刑法分则罪状体系的设置以"处罚故意犯罪为原则，以处罚过失犯罪为例外"①。解释规范中的"知道"其所代表的认识程度与故意犯罪的"明知"要求具有规范相当性，而"应当知道"所代表的认识程度则可与过失犯罪予以等同评价。如此而言，司法解释对于生产、销售伪劣商品犯罪的共犯行为则同时包含了故意与过失两种罪过形态。姑且不论在我国既有共犯参与立法体例之下是否存在过失共犯的成立空间，② 将在经济领域中具有"中立性""制式性"的过失参与行为作为帮助犯予以刑事可罚性承认，已然扩张了帮助犯的入罪口径。

如果说上述立法活动是对共犯归责路径的实践认可与运用先河，那么随后陆续出台的诸项司法解释规范则是此种归责路径运用的扩大化。诸如2004年"两高"《关于办理侵犯知识产权刑事案件具体应用法律若干问题的解释》第16条规定："明知他人实施侵犯知识产权犯罪，而为其提供贷款、资金、账号、发票、证明、许可证件，或者提供生产、经营场所或者运输、储存、代理进出口等便利条件、帮助的，以侵犯知识产权犯罪的共犯论处。"类似对中性参与行为的列举性规定也见于2005年出台的《关于办理赌博刑事案件具体应用法律若干问题的解释》（下文简称为《赌博案件解释》）第4条规定中。对比分析上述法律规范，司法解释虽未对"应当知道"情形下的参与行为进行明文规定，貌似否定了过失形态之下帮助行为的可罚性，但参与行为的类型化列举仍然包含了诸多经济活动中的常态行为。特别是《赌博案件解释》开创性地将网络领域支持

---

① 张明楷：《刑法学》，法律出版社2016年版，第281页。

② 我国《刑法》第25条规定"共同犯罪是指二人以上共同故意犯罪"。对于法条的此种规定，学界历来存在是否将共犯限定于故意形态领域的争议。传统观点认为应严格遵循法条关于"共同故意"的文理规定，将其理解为犯意联络的共同性，因此共犯的成立仅为故意形态。近年来随着德、日共犯教义学理的持续引入，诸多刑法学者回归共犯本质的立场分别从（部分）犯罪共同说与行为共同说阐释过失共犯的成立可能性，肯定过失犯成立可能性的立场已为学界主流。

性的技术服务行为作为共犯归责，进一步拓展了共犯归责路径的适用范围。上述司法解释尽管主要集中于经济犯罪领域，但其体现了刑事规范层面将中立帮助行为予以共犯归责的路径选择。诚然，借用帮助犯归责模式可以将中立帮助行为的可罚性难题化繁为简，但二者在主、客观样态上毕竟有别，等同评价的简化处理方式看似明快利落，却是以抹去中立帮助行为的"中立性"特质为代价的，无形扩张了共犯处罚范域。将此种日常性的参与活动"一概作为帮助犯处罚是否不当扩大了帮助犯的处罚范围，是否会妨碍正常的业务交易和日常生活交往的进行，值得叩问"[1]。

（二）正犯化归责向度的刑事规制模式

共犯归责路径直接援用传统教义学帮助犯处罚模式，虽然可以应对部分中立帮助行为的归责问题，但随着风险社会、网络时代的到来，中立帮助行为在介入条件风险化、参业载体信息化的现实情境之下逐渐显现出其有别于传统帮助犯归责类型的异化特征。一方面，风险社会之下为了避免潜在危险向法益实害的递进转化，整体的生产、生活行为经常被拆解为愈加精细的诸多下游参与行为，以实现风险规模的分解稀释，但也变相增加了下游参与行为的介入风险。诸如为了控制金融行业资金流转的过程风险，完整的资金运作行为可能被分解为若干独立步骤分别进行，这使得中立性的资金业务行为介入金融类犯罪的潜在风险有所增加。另一方面，网络时代的到来催生了大量技术性中立服务行为，信息接入、服务器托管、网络存储、通信传输成为维持网络空间稳定运行的必要组成。但随着线下犯罪的网络化渗透以及新型网络犯罪的兴起使得技术性服务行为面临可罚性判定的现实考量。为了积极应对此种实态异化，在传统帮助犯归责路径之外又逐渐形成了一条帮助行为正犯化的刑事责任判定路径。此时介入正犯的参与行为无须借助共同犯罪理论予以刑事规制，"而是将其直接视为'正犯'，直接通过刑法分则中的基本犯罪构成对其进行评价和制裁"[2]。

如果说共犯归责路径的构建根基在于比对中立帮助行为与帮助犯参与类型的相似性，从而将符合传统帮助犯成立条件的中立帮助行为一并纳入共犯范围，那么正犯化归责路径的本质特征则表现为从参与类型归责向正犯归责的模式转型，形成中立帮助行为共犯归责与正犯化归责双轨并立的

---

① 陈洪兵：《质疑经济犯罪司法解释共犯之规定——以中立行为的帮助理论为视角》，《北京交通大学学报》（社会科学版）2010 年第 3 期。

② 于志刚：《网络犯罪与中国刑法应对》，《中国社会科学》2010 年第 3 期。

刑事责任判定格局。正犯化的归责路径因契合了风险社会与网络时代之下中立帮助行为的模态变化而为刑事规范所积极采纳。《刑法修正案七》第9条增设的提供侵入、非法控制计算机信息系统的程序、工具罪即是体现。提供侵入、非法控制计算机系统的程序、工具，与侵入、非法控制计算机信息系统并不相同，前者具有间接性、协助性。将本应属于参与形态的程序、工具提供行为独立构罪，无疑体现了立法模式对参与行为正犯化归责路径的运用认可。然而此种归责路径在技术处理上并非全然合理。本罪包括两种罪行样态，二者分别从客观、主观两个角度对参与行为进行正犯化定位。如果说客观角度是通过对参与行为进行用途的"专门性"限定而与正犯建立了客观关联，使得"可罚的"程序、工具提供行为从中立网络服务行为中剥离而出具有合理性，那么主观角度仅借助参与者的"明知"进行可罚性判断则使得客观角度的"专门性"限缩前功尽弃。忽视提供程序、工具的参与行为背后的网络服务中立行为的特殊性，仅依赖参与者对正犯行为的主观认知进行可罚性的判断难免陷入心情刑法的泥沼，而更深层的隐患在于松弛了中立网络服务行为的入罪口径，抑制了信息技术的创新活力。

上述罪名的增设作为中立帮助行为正犯化归责的立法尝试还进一步推动了司法解释层面的泛化运用。这在2010年"两高"《关于办理利用互联网、移动通讯终端、声讯台制作、复制、出版、贩卖、传播淫秽电子信息刑事案件具体应用法律若干问题的解释（二）》（以下简称《解释二》）第3—6条中得到体现。《解释二》第3、4、5条将网站建立者、管理者与淫秽信息的传播者一并作为传播淫秽物品牟利罪的正犯进行处罚。然而与直接实施传播淫秽物品牟利罪的正犯行为不同，网站建立者与管理者的参业行为主要在于维护网络平台的正常运行，二者均为日常性、中立性的技术支持活动。《解释二》第6条则使中立帮助行为的入罪范域进一步扩张，该条将介入正犯行为的互联网接入、服务器托管、网络存储、代收费等服务行为进行正犯化处理，直接以传播淫秽物品牟利罪处罚。没有对具有可罚性的网络犯罪帮助行为与中性支持行为提供客观层面的甄别标准，单纯依靠参与者的明知态度提供刑事可罚性归属依据。如果主观的明知认识能够规范还原为参与者的故意罪过形态，那么本条实质上仍然延续了共犯归责的解题模式。但在归责样态上本罪却采用了正犯化处理模式，这样不仅留存了共犯归责路径之下的判定缺陷，还会衍生出新的理论困惑。一方面,正犯化路径使得共犯入罪范围不当扩张。将原来作为共犯类型进行归责评价的参与行为提升为正犯处罚。这意味着以参与行为为圆心重新划定了新的共犯边界,将原本存在理论争议的帮助行为之帮助直接纳入共犯处罚范围。"从立法技术上看显得过于草率,不符合现代刑事法治发展的基本精神。"[1] 另一方面,正犯化路径消解了原本清晰的参与行为类型界限。在限制正犯概念立法体系之下正犯与共犯基于引起法益侵害的样态而予以区分。正犯化的归责路径将具有法益侵害间接性的参与行为作为正犯归责,"共犯和正犯的区分逐渐模糊,由此导致的进一步结果是,区分共犯和正犯所具有的限制处罚范围的功能也逐步被侵蚀"[2]。在此意义而言,归责主体与入罪行为的范围扩张不仅体现了刑事政策层的收紧趋势,而且从本质上映射出中立帮助行为可罚性标准的构建缺位。

在正犯化归责路径之下,中立帮助行为依据其参与样态又被分解为作为类型与不作为类型分别考察,并搭建了不同的归责条件。《刑法修正案九》对于部分网络犯罪罪名的增设即采纳了此种规制进路。暂且搁置正犯化归责路径存在的教义缺陷不谈,结合中立帮助行为的客观形式而将其分化成为作为与不作为两种形态,匹配构建不同归责标准的立法进路具有合理性。相较于过往笼统对整体中立帮助行为进行正犯化归责而言,作为与不作为形态的区分契合了中立帮助行为形式层面的参与特征与实质层面的成立要件,更能经受刑事教义的智识检验。就作为形态而言,《刑法修正案九》通过增设帮助信息网络犯罪活动罪对作为形态的中立帮助行为进行了类型限定。从罪状表述可知,法条列举的诸项行为均属于中立性的网络服务支持活动,具有法益侵害的间接性、参与性。借助技术服务参与者对正犯实行行为的主观明知态度的判定,本条实现了作为形态参与的正犯化转化。与此罪名相对,拒不履行信息网络安全管理义务罪则是不作为中立帮助行为正犯化的典型体现。本罪将法律、行政法规规定的信息网络安全管理义务嫁接进入本罪作为义务的实质来源,为保证人地位寻求实质的法理支撑。诚然,中立帮助行为作为与不作为归责类型的划分不论在犯罪样本的设定抑或归责条件的设置上均具有一定合理性。但在法教义学层面未对中立帮助行为可罚性判断标

① 刘艳红:《网络帮助行为正犯化之批判》,《法商研究》2016 年第 3 期。
② 于改之、蒋太珂:《刑事立法:在目的和手段之间——以〈刑法修正案(九)〉为中心》,《现代法学》2016 年第 3 期。

准予以充分检讨之前就贸然进行正犯化立法推进，可能带来入罪范围的不当延展。"将本来还存在理论争议的中立帮助行为，一下子立法提升为正犯处罚"①，这种做法未免矫枉过正。

第三节　中立帮助行为的刑事责任判定困惑

风险社会与网络社会的双重叠加型构出当下中国转型时期的实态面貌，刑事规制对象的演化要求刑法调控模式的联动调整。然而以自然犯为主要规制样本的传统刑法调控模式仍存运行惯性，规制策略的转型滞后使其面对规制靶标异化变形时存在应对疲力，遭遇多方冲击。这一现象在网络犯罪领域尤为明显，"目前网络帮助违法行为的普遍存在正是与法律缺位与调控手段的不力息息相关的"②。在此背景之下，网络中立服务行为作为承载网络空间运行与维护的基础条件，也因普遍介入他人犯罪而面临全面归责的刑事风险。如何在保证业务自由领域的同时为其构建出妥适的刑事责任判定路径，需要转型时期背景下刑法学理与立法实践谨慎的思考与选择。刑事规制路径的合理建立取决于制裁目标的准确锁定与全面解析，网络中立服务行为虽然只是中立帮助行为整体范畴之下的单个样本，但其所隐含的刑事责任评价困惑却具有普适性。特别是借助信息载体获得的异化属性使其更具典型样本的研究价值，对其归责障碍的有效消解亦能辐射至其他中立帮助行为类型之上，从而获得普适效益。而这有赖于对部分共犯教义智识的反思扬弃。因此下文通过把脉网络中立帮助行为的刑事规制困惑，以期以点带面地为中立帮助行为归责模式的合理建构提供有益经验与学理支撑。

一　入罪向度上的现实困惑

第三网络代际的"互通"性使得现实社会与网络空间的界限被彻底打破，取而代之的是线下、线上社会的全面融合。传统犯罪的网络化迁徙以及新型网络犯罪的泛化生成都使其呈现出异化面目，不仅直接表现在对刑法保护法益造成侵害的正犯行为，也反映在参与行为之上。此种变化使得以传统共犯为规制样本的刑事责任判定模式在入罪与出罪两个向度上面

---

① 车浩：《谁应为互联网时代的中立行为买单？》，《中国法律评论》2015 年第 5 期。
② 于志刚：《共同犯罪的网络异化研究》，中国方正出版社 2010 年版，第 228 页。

临评价障碍。前者体现为如何合理构建中立帮助行为刑事责任判定模式，厘清中立帮助行为可罚与不可罚的内部边界；后者表现为如何整合共犯归责模式的内部结构，避免传统共犯教义思维可能造成的"入罪粘连"容易，"脱罪评价"困难的失衡困局。只有准确定位中立帮助行为归责困局产生的本源，才能为构建具有普适意义的中立帮助刑事责任判定模式扫除障碍。

（一）易客为主：参与侵害作用的凸显

传统共犯归责模式下帮助犯通常被"屈居"于从犯地位进行罪刑评价，"所谓从犯，或称帮助犯，是指故意帮助正犯实行犯罪行为者"[①]。而在网络空间之下这一观念受到颠覆，网络共犯能够"喧宾夺主"地产生比正犯更大的法益侵害结果，从犯评价标准已无法对其法益侵害属性进行全面、客观的评价。[②]网络中立服务行为承载着网络空间运作与维护的基本功能，源于服务对象的体量巨大、服务内容的制式日常，监管技术与巡视精力的局限性使其陷入他人网络犯罪的潜在风险有所增加。网络载体也改变了传统犯罪的行为模态，现实社会中的传统犯罪行为基于行为实施、犯意联络的时空局限性往往不会形成逸散效果。而在网络内部这种时空局限性被打破，体现在网络共犯参与主体的瞬时聚集、犯罪意思的无缝联络、危害结果的泛化扩散等诸多方面。现实社会中共犯行为基于时空限制在法益侵害的样态上多表现为"一对一"的线性关系，而随着网络化演变，这种法益侵害对应关系被重新塑造。"网络空间中的犯罪则多表现为'一对多'的侵害方式，侵害对象具有不特定的特点，其侵害后果具有很强的叠加性。"[③]这种叠加效果使得网络犯罪参与行为的社会危害急剧升高。此时，仍然固守传统共犯的帮助犯归责模式，将帮助行为评价为从犯地位而予以归责的判定模式无疑不合时宜，导致"在缺乏正犯的情况下要么无法评价、要么评价不足"[④]的罪刑失衡困局。因此将帮助犯等同评价为从犯的思维方式其合理性需要反思。共犯区分制立法体例受限制正犯概念促推形成，限制正犯概念认为"以自己的身体动静直接实现构成要

---

① 马克昌：《比较刑法原理——外国刑法学总论》，武汉大学出版社2006年版，第653页。
② 参见王霖《网络共犯归责模式新构——以改良的纯粹惹起说为视角》，《西部法学评论》2017年第1期。
③ 于志刚：《网络犯罪与中国刑法应对》，《中国社会科学》2012年第3期。
④ 于冲：《帮助行为正犯化的类型研究与入罪化思路》，《政法论坛》2016年第4期。

件的人就是正犯，此外的参与者都是共犯"[①]。相较于放弃"共犯形式的区别将导致评价标准的粗杂化"[②] 的扩张正犯概念而言，限制正犯概念因维护构成要件类型特征更为契合法治国框架下罪刑法定理念的要求。这也是共犯区分制立法体例在大陆法系被广为采纳的原因。于区分制共犯立法体例而言，确立教唆犯、帮助犯归责类型的首要意义在于实现构成要件的定型机能，而同参与行为法益侵害程度的高低强弱并无直接关联。"正犯并非一定是主犯，而教唆犯、帮助犯亦非一定是从犯"[③]，将帮助犯等同评价为从犯非但误解了限制正犯概念的理论意蕴，还会造成网络共犯罪刑评价的失衡困局。面对网络共犯违法性逸超正犯的现实镜像，扭转此种思维惯性势在必行。

（二）从属困惑：违法连带框架下的入罪尴尬

借助信息技术"一对多"现象，传统共犯样态被完全颠覆。受限于现实社会中的时空，参与行为不会逸脱于正犯的实行从属，呈现出"一对一"的内部关系，参与行为在正犯法益侵害的流程中扮演着从属依赖的间接加功角色。因此共犯行为的成立必然需要依附于正犯，通过介入正犯行为间接实现法益侵害的结果。可以看出，区分制下正犯与共犯的此种概念定位不仅关涉构成要件的内涵解读，也与作为共犯处罚根基的立场选择存在暗合关联。回归因果共犯论基础之上，"共犯也与单独正犯一样，处罚的根据是引起了法益侵害或法益侵害的危险"[④]。因此参与行为的从属设定既符合限制正犯概念的体系性要求，又满足因果共犯论的立场原义。然而对于共犯行为的此种法益侵害因果流程的从属却被刑法教义学长期解读为"违法连带"内涵，并被奉为不容更变之教义信条。共犯只有介入具有构成要件符合性、违法性的正犯行为才能成立，从而形成共犯对于正犯"不法"的从属结构。然而共犯行为的网络化变异使得这一信条受到挑战。诸如行为人直接上传一部淫秽视频于网络平台之上，后该淫秽物品被大量网络浏览者观看下载。将此种情形置于"违法连带"关系之

---

① 张明楷：《外国刑法纲要》，清华大学出版社 2007 年版，第 301 页。

② ［日］高桥则夫：《共犯体系和共犯理论》，冯军、毛乃纯译，中国人民大学出版社 2010 版，第 15 页。

③ 阎二鹏：《从属性观念下共犯形态论之阶层考察——兼议构成要件符合形态论之提倡》，《法学论坛》2013 年第 4 期。

④ ［日］佐伯仁志：《刑法总论的思之道·乐之道》，于佳佳译，中国政法大学出版社 2017 年版，第 310 页。

下予以分析，便会出现网络中立帮助行为刑责评价的归属困境。虽然行为人上传一件淫秽物品因符合传播淫秽物品罪的构成要件而被评价为正犯行为，但因为上传数量没有达到刑法为本罪设置的罪量要素而不具有实质违法性。然而借助网络空间"一对多"的特有扩散机制，网络中立服务平台将正犯法益侵害效果急剧放大。此时若固守共犯对于正犯行为的限制从属，无疑有碍于对网络中立平台运营者进行有效的刑事归责，这也回答了为何近年来频繁出现部分网络中立服务商以"技术中立无害"为幌子从事犯罪的现象。可以看出，"正犯合法，共犯违法"的违法相对现象于网络空间之下已成常态。而传统共犯归责模式仍为奉行"违法连带"教义诫命的体系搭建，这无疑扩张了网络共犯的处罚间隙。"在单独的被帮助者可能由于行为过于轻微而无法构成犯罪的情况下，根本就无法评价帮助者行为的刑事责任。"[1] 网络空间违法相对现象的凸显，迫切要求对共犯教义智识框架内的违法连带思维惯性予以理性反思。而这一命题只有回溯至共犯处罚根据这一本源问题上进行探讨始能获得实质解明。

(三) 联络弱化：犯意联络弱化下的归责障碍

"信息网络的技术力量与商业模式创新拉近了犯罪实行者与帮助者之间意思联络的距离，改变了两者之间传统意思联络的模式。"[2] 网络犯罪参与者仅需介入正犯行为并对之存在利用认识即可实现法益侵害，网络犯罪参与者之间的犯意联络被稀释弱化。对于网络共犯而言，"行为人之间的意思沟通通常是单向的和不明确的"[3]。这一现象广泛存在于网络黑客活动中。信息技术的"平民化"发展在便利大众生活的同时也使得"黑客犯罪"大量涌现。部分黑客人员利用技术优势搜罗网络漏洞并进行攻击以实现"炫技"目的。然而近年来此种单纯出于炫技目的而实施的网络攻击行为逐渐减少，取而代之的是"逐利型"黑客行为。通过寻找解析大型网站、平台系统的潜在漏洞并高价售出以牟取暴利。至于被其出售的系统漏洞会被他人如何使用，是及时反馈给开发者以提醒其将漏洞补正避免潜在危险，还是被购买者利用实施犯罪并非出售漏洞的黑客所关心。可以看出，在上述从漏洞寻找到贩卖出售再到被他人用于犯罪的过程之

---

[1] 于志刚：《网络犯罪与中国刑法应对》，《中国社会科学》2012 年第 3 期。

[2] 刘宪权：《论信息网络技术滥用行为的刑事责任——〈刑法修正案（九）相关条款的理解与适用〉》，《政法论坛》2015 年第 6 期。

[3] 于志刚：《共同犯罪的网络异化研究》，中国方正出版社 2010 年版，第 238 页。

中，逐利型黑客行为具有犯罪参与性质。然而其与正犯之间并没有就实施何种犯罪、如何实施犯罪进行犯意联络沟通。特别是单纯出于"炫技"目的而将漏洞公布于网络平台而供他人随意使用的行为，本无犯意联络的内容。可以看出，网络犯罪特有的参与机制已经改变了传统共犯犯意联络的固有规则。然而与此种现实样态形成反差疏离，传统共犯归责视角更关注参与主体之间对实施特定行为所形成的共同犯意。以之为样本构建的即是犯罪共同说的认定路径，"除了彼此分担行为的实施之外，还必须具有共同实施特定犯罪的意思联络。"[①] 这种现实样态与归责模型的反差造成部分网络犯罪参与行为因不能确定犯意联络而无法入罪，形成处罚疏漏。因此面对网络共犯犯意联络弱化的异动变形有必要于共犯教义学智识框架下对传统共犯归责模式进行协同调整。

二　出罪向度上的思维困惑

网络共犯关系结构呈现出的参与作用凸显、违法连带解除、犯意联络弱化三个层面的异化趋势，给传统共犯判定模式制造了归责障碍。在这其中，网络中立帮助行为作为信息空间运行的基本技术支撑，在提供制式性的技术服务时也可能无差别地介入其他正犯行为之中而具有刑事归责的现实可能。但若适用传统共犯归责模式进行参与行为的罪责评价则可能陷入网络中立帮助行为的脱罪困境。在中立帮助行为入罪向度的归责障碍尚未排除的同时还存在出罪向度上的逻辑困惑，将引发共犯认定机制的进、出失衡，造成中立帮助行为处罚范围的不当扩张。为此，在对网络中立帮助行为特殊形态投以关注的同时必须对传统共犯归责模式予以检视，解析出罪向度的障碍结点，实现共犯认定机制的进、出平衡。

（一）帮助犯归责路径的出罪困境

源于中立帮助行为在现代行业分工精细建立背景之下所发挥的参业机能，不论刑法学理抑或司法实践始终对其刑责评价保持着警惕态度。宽泛归责机制必然使得"行为人在日常的交易过程中必须对于交易的对象进行事无巨细的盘问"[②]，从而增加交易负担。中立帮助行为源于其外在形态上的参与特性使其与传统帮助犯归责类型具有契合性，使得适用帮助犯归责路径似乎成为一种当然的经济选择。然而面对中立帮助行为在现代社

---

① 黎宏：《刑法总论问题思考》，中国人民大学出版社 2007 年版，第 466 页。

② 张伟：《中立帮助行为探微》，《中国刑事法杂志》2010 年第 5 期。

会所呈现的新型样态，特别是网络犯罪参与行为的异化形式，直接适用传统帮助犯归责模式可能引发中立帮助行为的脱罪困境。解构传统帮助犯归责路径，需要客观层面介入正犯并施以援助，主观上对此参与行为存在故意。① 然而不论将帮助犯定位为"是使正犯行为的实施容易进行的加工行为"②，还是将其解读为对"故意实施的违法行为故意实施了帮助"③，都无法完全实现中立帮助行为可罚类型与不可罚类型的筛检分离。因为一旦中立帮助者实施了客观层面的助力行为，并且主观层面对此参与效果存在认知，就会纳入帮助犯的归责范围。照搬传统帮助犯归责模式可能导致中立帮助行为的存在空间被挤压殆尽，封堵出罪可能。中立帮助行为可罚范围的合理限定有赖于共犯认定机制的内部协调，只有排除入罪向度与出罪向度的逻辑障碍才能实现处罚范围的合理限定。因此，如何以参与行为的异化样态为考察目标，整合优化传统共犯归责模式的内部结构，进而构建中立帮助行为可罚性判定模式，不仅存在教义研讨的必要性，亦是司法实践的内在需求。

（二）正犯不法的入罪粘连

传统犯罪的网络化迁徙以及新型网络犯罪的泛化出现不仅改变了共犯参与行为的内部结构，也使得以现实空间参与形态为样本的共犯智识受到冲击。从参与行为角度来看，借助网络空间的放大器效应，网络犯罪参与行为获得了更大的法益侵害潜能。而在这一过程之中，网络中立帮助行为发挥着推波助澜的作用。网络正犯及其参与行为在法益侵害能力上的上述变化已经改变了传统正犯—共犯的关系结构，这使得"违法连带"共犯认定逻辑在处理中立帮助行为责任判定时可能形成"入罪粘连"的结果。回归共犯参与体系的内部构造，因果共犯论的立场选定为参与行为的可罚性考察提供了前提条件。共犯行为只有介入正犯行为才能建立与法益侵害结果之间的因果关联，不论是修正惹起说抑或混合惹起说，均认为共犯成立还需要从正犯角度来考察违法性。作为逻辑延伸的"违法连带"俨然成为共犯判定的金规铁律。然而此种共犯从属关系设定使得网络犯罪参与

---

① 参见马克昌《比较刑法原理——外国刑法学总论》，武汉大学出版社 2006 年版，第654—655 页。

② ［日］野村稔：《刑法总论》，全理其、何力译，法律出版社 2001 年版，第 427 页。

③ ［德］约翰内斯·维塞尔斯：《德国刑法总论》，李昌珂译，法律出版社 2008 年版，第329 页。

行为面临出罪障碍。特别是在中立帮助行为介入正犯不法行为的情形下，违法性从属的共犯判定逻辑将产生参与行为入罪处罚的"磁吸效应"。即当网络正犯行为具有构成要件符合性、违法性时，若存在对其发挥促推加功的中立帮助行为，基于"违法连带"的共犯从属性逻辑也将产生参与行为具有违法性的当然结论。

其实，不论入罪向度上的障碍解析抑或出罪向度上的逻辑检视，二者终将归结为一个思考方向——中立帮助行为刑事责任模式的合理构建。入罪向度上的困局解析表明了传统中立帮助行为归责模式面对网络中立帮助行为存在的规制乏力。参与侵害作用的凸显不仅改变了违法性从属的固有共犯参与结构，而且可能造成共犯刑罚的失衡。犯意联络在网络空间之下的"重新定义"进一步加剧了中立帮助行为参与归责的逻辑障碍。出罪向度上的脱罪困局则体现了"违法连带"教义信条在网络时代中立帮助行为泛化情境之下遭遇的"信任危机"。共犯对正犯违法性层面的从属制造了中立帮助行为的脱罪困难。上述问题的现实存在和化解无力必然引发中立帮助行为责任评价机制的内部失调，导致入罪容易而脱罪困难的失衡局面。"网络犯罪的特有属性与传统法律的根本特征是完全对立的"①，因此在关注新型犯罪样本的同时"如何在这种对立之下，尽可能地寻找法律体系的完整性、稳定性"②，不仅具有教研智识层面的积极意义，而且对于构建转型时期背景之下具有普适性的中立帮助行为的刑事责任模式而言，更具实践价值。

---

① ［德］乌尔里希·齐白：《全球风险社会与信息社会中的刑法》，周遵友、江溯译，中国法律出版社 2012 年版，第 305 页。

② 于志刚、李源粒：《大数据时代数据犯罪的类型化与制裁路径》，《政治与法律》2016 年第 9 期。

第二章

问题的基底：中立帮助行为之
共犯理论基础

　　中立帮助行为入罪向度与出罪向度上的刑事规制困惑只是我国转型时期背景之下中立帮助行为刑事规制课题的一个剪影。围绕网络犯罪参与行为刑事责任判定障碍的解析与探讨，的确为我们提供了一个锁定困局生成根源的简便途径，但是在风险社会与网络社会叠加融合的现实空间之下，中立帮助行为泛化存在于社会参业领域的各个角落。此种泛化存在的现实情状既体现了对其进行刑事规制考量所需要的具体化视角，也决定了构建刑事可罚性判定模式应有的一体化思考。具体化视角要求在审视中立帮助行为刑责评价障碍时应进行问题式研讨；而一体化思考则需要把握共犯参与体系的内在逻辑，将中立帮助行为的具体归责问题置于共犯教义学整体框架之下进行系统化解决。立于共犯参与制度的话语体系之下，"共犯论的核心是共犯的因果关系问题和共犯的限定性问题。前者是指能否承认共犯行为（共同或间接）引起了法益侵害或法益侵害的危险。后者是指以因果性的存在为前提，在多大程度上承认共犯构成要件的框架对共犯成立范围的限定"①。通过这一阐述可以看出共犯问题的两个面向：法益侵害的参与引起解决是可罚性判定的前提条件；而共犯成立范围的确定则是参与行为因果关系在构成要件内部的延伸性思考。基于此种解读，上述两个面向都可归结至共犯因果关系的判定之上。回归共同犯罪的体系框架，共犯处罚根基作为参与体系的逻辑原点，为参与行为的可罚性判定提供了因果关系层面的法理依据。在秉持问题式思考与体系化视角并行推进的研讨方案下，必须将中立帮助行为可罚性判定问题落脚于因果关系之上，并回

---

　　① ［日］佐伯仁志：《刑法总论的思之道·乐之道》，于佳佳译，中国政法大学出版社 2017年版，第 309 页。

溯至共犯处罚根基层面，如此才能保证逻辑进路的一致性以及可罚性判定模式的实质合理性。

第一节　逻辑起点：共犯处罚根据的立场分界

在共犯参与体系之下，源于对正犯概念的解读差异存在单一制与区分制的体系区分。单一制共犯体系受单一正犯概念促推形成，"所有为犯罪的成立赋予条件者都视为正犯，并规定同一的法定刑"[①]。区分制共犯体系受限制正犯概念促推形成，只有以自己的身体动静直接实施符合构成要件行为之人才是正犯。基于此种正犯定义，区分制共犯体系形成正犯与共犯的二元分立格局。共犯行为并非直接实施了符合刑法分则构成要件之行为，如何解释其可罚性依据即成为学理研讨的重点。这也正是共犯处罚根据问题的核心，有基于此，学界形成了责任共犯论、违法共犯论、因果共犯论三种立场的分立。

一　责任共犯论与违法共犯论的立场评介

区分制下狭义共犯行为并非满足限制正犯概念的定义要求，如何将正犯的刑罚效果归属于参与行为，学界展开了共犯处罚根基的研讨。源于考察视角与论证路径的差异，有些学者主张以参与行为本身为基点进行判断，有些学者则支持将参与行为造成的法益侵害结果作为中心来考察。其中责任共犯论、违法共犯论立场的形成即是前种思维进路的体现。

责任共犯论的支持者主张在参与行为引起正犯行为的关系中寻求共犯处罚根据，从而摆脱参与行为对正犯法益侵害结果惹起的探讨，参与行为可罚性产生的源头在于"一方面实际上实施了活动，另一方面共犯者将自己的意思与有责的正犯者意思相结合，并使其决意充分地为援助行为的目的服务"[②]。在此，参与行为的可罚性归属来自参加者实施活动的本身以及对正犯意思的影响。在责任共犯论者看来，共犯与正犯的违法性具有实质差异，正犯直接侵害了刑法分则保护的法益，"而共犯则是由于

---

① 陈家林：《外国刑法通论》，中国人民公安大学出版社 2009 年版，第 483 页。

② ［日］高桥则夫：《共犯体系和共犯理论》，冯军、毛乃纯译，中国人民大学出版社 2010 年版，第 97—98 页。

具有'诱惑'正犯，使其'堕落'这种心情的、伦理评价的要素才受罚的"①。此种将共犯的违法性求诸主观心情要素的做法是行为无价值一元论的体现。正犯行为是共犯参与的"恶的结果"，也印证了本说经典表述的"正犯者实施了杀人行为，共犯者制造了杀人行为"。诚然，将参与行为作为考察视角寻求共犯的处罚根据具有研讨方向的正确性，但是忽视区分制体系下共犯行为的从属性逻辑、切断参与行为与法益侵害结果之间的因果关系并非正确做法。首先，责任共犯论认为处罚共犯的实质理由在于制造了正犯的犯罪行为，是对社会伦理秩序的破坏。此种将违法性的本质求诸社会伦理秩序的观点正是主观违法论的体现，割裂了参与行为与法益侵害之间的关系，隐藏着意思刑法的潜在危机。而这也是现代刑法所贯彻的行为刑法思想所坚决抵制的。其次，责任共犯论的支持者认为之所以处罚参与行为在于其将正犯引入了罪责与刑罚之中。部分责任共犯论者将共犯与正犯在犯罪参与意思层面进行联结，并认为这种犯罪意思支持促成了最终的正犯行为。如果将共犯从属关系与上述逻辑进行匹配，参与行为只能从属于应予刑罚处罚的正犯行为，是极端从属性、夸张从属性的体现。然而不论是德、日刑事判例抑或是学理研讨，均已抛弃极端从属性与夸张从属性的从属立场。在阶层论犯罪构造体系下，有责性结论的得出不仅需要经受责任能力与故意、过失要素的检验，还需要肯定违法性认识与期待可能性的存在。上述要素均应以行为人为中心进行个别考察，并无从属之必要。况且按照责任共犯论的伦理逻辑，正犯是共犯行为的恶害结果，共犯应为诱惑正犯犯罪而承担责任。如此正犯接受的刑法处罚就成为共犯可罚性的依据，但是没有任何国家的共犯立法采取了此种立法范例，共犯处罚的轻重只能以其介入的正犯行为所造成的法益侵害轻重为参考依据。

违法共犯论与责任共犯论在思考路径上具有相似性。二者均以参与行为本身作为考察视角，但在解明共犯处罚根基时，违法共犯论相比责任共犯论更向实质层面推进一步。区别于责任共犯论将"正犯陷入责任与刑罚"作为共犯可罚性的归属前提，违法共犯论认为处罚共犯的根本原因在于参与行为介入正犯并使其处于与法相敌对的违法状态，从而侵害了正犯应受刑法保护的"社会完整性"。将处罚共犯所要求的正犯状态从"陷

---

① 黎宏：《刑法总论问题思考》，中国人民大学出版社 2016 年版，第 444 页。

入罪责与刑罚"变更为"陷入违法行为"这一点上来看，违法共犯论缓和了参与行为对于正犯行为的从属关系，但仍然具有违法层面的连带属性。德国刑法学者勒斯（Less）作为本说的典型代表者，在其对教唆犯可罚性的论述中表达了此种观点，教唆行为使法共同体的成员"置身于敌对法的事实状态，并由此而侵害其社会的完全性"①。可以看出，违法共犯论主张应在法益层面上寻求共犯的可罚性根基，并基于法规范背后理念精神认为"人格的尊重和自由发展的权利受到宪法的保障，也是一种法益"②。不得不说，放弃责任共犯论诉诸"使正犯堕落"这种形式性的论证方式，将可罚性根基向法益概念靠拢的思考路径更为可取。但是法益应是具有实体性内涵的利益集合，"不可把握的抽象保护客体也不能认作法益"③。即便从法律规范体系背后的正义理念中归纳出"人格的尊重和自由的发展权利"，但是相较于以共犯介入正犯所侵害的为刑法分则构成要件保护的法益类型来说，违法共犯论构建的此种法益类型仍然过于虚化。如何判断共犯制造的他人社会完整性破坏的实然状态，如何揭示人格尊严与自由的实质根基，这不仅需要判断准则的合理构建，更涉及自然法与分析法论战层面的结论得出。遗憾的是，违法共犯论并没有沿着此种思考方向继续推进，而停留于对人格尊严与自由权利的法理宣誓难以达到法益明确性内涵的要求。即便承认"人格的自由发展等法益是不同于构成要件保护的法益……但是，如果选择使法益概念明确化道路，那么，就不得不使社会论理机能一面后退"④。

二　因果共犯论的理论分化

不论责任共犯论的"人格刑法"思考路径，抑或违法共犯论对"社会完整性破坏"的判断方法都忽视了参与行为本身对法益侵害状态的判断。源于上述理论局限，责任共犯论、违法共犯论仅具有学说史意义。为

---

① ［日］高桥则夫：《共犯体系和共犯理论》，冯军、毛乃纯译，中国人民大学出版社2010年版，第105页。

② ［日］高桥则夫：《共犯体系和共犯理论》，冯军、毛乃纯译，中国人民大学出版社2010年版，第107页。

③ ［德］克劳斯·罗克辛：《刑法的任务不是法益保护吗？》，樊文译，载陈兴良主编《刑事法评论》（第19卷），北京大学出版社2007年版，第156页。

④ ［日］高桥则夫：《共犯体系和共犯理论》，冯军、毛乃纯译，中国人民大学出版社2010年版，第109页。

了避免对限制正犯概念的立场偏离，因果共犯论跳脱出责任共犯论与违法共犯论，仅将参与行为自身作为判断素材的思考方法，通过对参与行为在法益侵害因果流程层面的分析实现了法益考察视角的理性回归。而源于共犯对正犯从属程度的理解差异以及共犯成立范围的宽严考量，因果共犯论内部又形成了三种分立立场。

（一）纯粹惹起说的立场分析

"将惹起说（因果共犯论）的理解原封不动地和共犯（教唆、帮助）的成立要件直接挂钩的见解即纯粹惹起说。"① 本说在坚持法益侵害视角的前提之下，通过判断参与行为是否建立了与法益侵害结果之间的因果关系以解明处罚共犯的实质理由。这种以因果关系作为考察样本的思考方式使得共犯违法性的判断应以参与行为为中心展开。在纯粹惹起说看来，共犯只是在侵害法益的方式上介入正犯行为，但违法性归属的考察仍应同正犯予以分离。"共犯不法不是由正犯行为不法所导致的，共犯行为自身具有固有的不法。"② 如果说因果共犯论立场相比于责任共犯论、违法共犯论最大的不同在于从因果流程层面探求共犯可罚性的实质理由，那么纯粹惹起说则是对此种思维路径的彻底贯彻。

在限制正犯概念的理解范式之下，正犯是指以自己的身体动静实施了符合构成要件行为的人，其余的参与行为皆应纳入共犯类型。基于此种定义，参与行为只有介入正犯行为才能建立与法益侵害之间的因果关联。因此，纯粹惹起说也认为处罚共犯的前提在于具有实施了符合构成要件行为之正犯的存在。诚如西田典之教授所言，"某个参与者的行为符合了构成要件，才是共犯的处罚根据。有人主张应称之为混合惹起说，为了更符合其实质，本书称之为构成要件惹起说。"③ 可以看出，限制正犯概念的内涵界定使得正犯与共犯之间的本质差异体现于不同的法益侵害方式之中。正犯的法益侵害流程具有直接性，共犯因依附于正犯行为而具有间接性。这也正是区分制共犯立法体例始终将共犯从属性作为体系内在约束的根本原因。因此，共犯处罚根据作为参与行为可罚性的解释根据，必须实现共

---

① ［日］山口厚：《刑法总论》（第二版），付立庆译，中国人民大学出版社 2011 年版，第 300 页。

② 杨金彪：《共犯的处罚根据》，中国人民公安大学出版社 2008 年版，第 52 页。

③ ［日］西田典之：《日本刑法总论》，王昭武、刘明祥译，法律出版社 2013 年版，第 304 页。

犯从属性的体系性贯彻。基于此种考虑，作为纯粹惹起说首倡者的德国学者吕德尔森（LÜderssen）试图在共犯处罚根基立场之上将共犯从属性予以最大限度的事实还原，"共犯从属性仅仅意味着必须存在共犯所参与的特定行为这种'事实的依存性'"①。通过将共犯行为在因果流程事实层面对正犯的参与介入还原为"事实的依存性"，纯粹惹起说实现了与限制正犯概念的体系性对接，也实现了纯粹惹起说立场下共犯违法性判断与正犯的分离，形成"违法相对性"的逻辑归结。诚如本说的支持者施米德霍伊泽（SchmidhaÜser）所言："共犯者并非只是参与其中，而是共犯者自身就侵害了（尊重）法益的要求。"② 回顾本书第一章对于中立帮助行为在网络时代与风险社会中异化形态的分析，传统共犯归责模式呈现的入罪向度与出罪向度上的逻辑困境均根源于共犯违法性的连带判断。因此破解上述逻辑困境必须进行"违法连带"的教义学反思，坚持"违法相对"的共犯思考，而这只有立于纯粹惹起说的立场之上才能获得实质解明。

（二）修正惹起说的立场分析

源于对共犯从属程度以及成立范围的不同理解，修正惹起说在延续因果共犯论法益考察视角的前提之下选择了共犯违法性的正犯连带判断思路。作为本说的支持者，德国学者魏根特指出："共犯并不是自己违反了犯罪构成要件中所规定的法规范，他的责任只是在于当正犯违反法规范时他起到了参与作用，因此该理论是与现行法律规定一致的。规范行为的不法性取决于正犯行为不法性的原因和范围。"③ 对于学者在此一论述前半部分所表明的共犯对正犯规范违反参与介入的观点笔者深以为然，但是由此推导出共犯不法性需取决于正犯违法性的判断结论笔者存有疑惑。的确，依据限制正犯概念的理解范式狭义共犯只有介入正犯才能造成法益侵害，区分制下刑法分则构成要件也是以正犯形态为蓝本建立的。因此从属

---

① ［日］高桥则夫：《共犯体系和共犯理论》，冯军、毛乃纯译，中国人民大学出版社 2010 年版，第 109 页。

② ［日］高桥则夫：《共犯体系和共犯理论》，冯军、毛乃纯译，中国人民大学出版社 2010 年版，第 115—116 页。

③ ［德］汉斯·海因里希·耶塞克、托马斯·魏根特：《德国刑法教科书》，徐久生译，中国法制出版社 2017 年版，第 929 页。

性并非指共犯行为的从属性，而是处罚共犯行为的法律规范的从属性。① 因为取景差异的缘故，从法律规范角度解释总则共犯的实质处罚依据固然有赖于分则正犯构成要件的规定，但是此种法律规范的从属结构仍然不能当然地解读为实质违法性层面共犯对于正犯的依赖。因为分则条文也只是对具体犯罪行为进行了构成要件阶层的类型化，实质违法性的判断需以参与人为中心独立进行。如果承认规范层面共犯对于正犯具有从属性，那么这种从属性也只能停留于构成要件阶层的从属。反观修正惹起说认为共犯因为对正犯行为具有促进作用即肯定其对正犯违法性连带，应是误解了区分制共犯立法体系的创制本意。在共犯违法性导源于正犯违法性的思考路径之下，修正惹起说还将此种违法连带加固为正犯与共犯之间的双向从属。"按照修正引起说，不仅没有正犯的共犯不可能存在，连没有共犯的正犯也必须予以否定。"② 由此观之，正犯与共犯的违法性互为存在前提，正犯与共犯任何一方违法性的存在都可以当然地印证另一方违法性的存在。然而因为坚持共犯与正犯的绝对违法连带使得修正惹起说面临学理研说与判解实践的诸多难题。特别是面对中立帮助行为在网络时代与风险社会之下所显现的违法相对异化属性，修正惹起说源于违法连带的逻辑本源将面临更大的适用困境。又如未遂的教唆（陷阱教唆）的可罚性判断以及必要共犯处罚范围的缩限依据等问题，源于对共犯违法连带的强硬坚持使得修正惹起说存在解释张力的匮乏，对此将在后文详述。

（三）混合惹起说的立场评析

较于纯粹惹起说与修正惹起说的共犯可罚性判定路径，混合惹起说试图将二者予以折中调和，从而实现共犯违法来源在参与行为与正犯行为之间的分摊。作为混合惹起说的支持者，德国学者罗克辛教授一方面将共犯定位为一个"次要概念"，认为："参加人以他不是实行人的类型进行参与为条件。在这个范围内参加人最终是一个次要的概念。"③ 这样共犯违法性的获得就必须从属于正犯违法性的判断。另一方面为了解释正犯与共犯所表现的违法性不一致现象，其又指出共犯违法性"仅仅独立地存在

①　参见［意］杜里奥·帕多瓦尼《意大利刑法学原理》（注评版），陈忠林译，中国人民大学出版社 2004 年版，第 282 页。

②　黎宏：《刑法总论问题思考》，中国人民大学出版社 2017 年版，第 449 页。

③　［德］克劳斯·罗克辛：《德国刑法学总论》（第二卷），王世洲译，法律出版社 2013 年版，第 100 页。

于这个范围之中：在对实行人构成行为的共同构成作用同时表现为参加人自己的法益被侵害时，这种归责才是成功的"①。通过将共犯定位为次要的参与角色，同时例外肯定共犯违法性归属的前提在于对其本身也有保护之意义，纯粹惹起说实现了因果共犯论的折中思考。与之存在类似思考方式的也见于日本学者山口厚的论述中，"为了追究从背后对这样的事态具有因果性的共犯的‘二次责任'，正犯行为具备构成要件该当性以及违法性这一点就是必需的要件"②。为了避免纯粹惹起说仅将共犯从属关系定位为"事实性依赖"可能导致的从属关系过于弱化，同时对违法连带判定原则之下例外存在的违法相对现象予以学理承认，混合惹起说采取的折中思考路径的确具有良好的初衷。然而"违法连带"与"违法相对"本是无法相融的互斥判定方法，强行将二者折中使得混合惹起说在立场根基之上存在逻辑困惑。有学者一语中的指出此说"在论证过程上，则还有许多模糊之处。如按照混合惹起说，共犯的违法性一半以共犯行为自身的违法性为基础，一半以正犯行为为基础，但是二者之间的关系如何则并不一定清楚"③。此外，因其既保留了修正惹起说"违法连带"的判定范式，又引入了纯粹惹起说"违法相对"的思考路径，这使得修正惹起说原本留存的部分问题对其仍然适用。而因折中立场本身的模糊性所引发的新的困境将进一步减损此说的合理性，对此将在后文详述。

第二节　逻辑的隐忧：修正惹起说与混合惹起说的立场检思

　　中立帮助行为刑事责任判定模式的构建不在于对归责障碍进行问题式的单项破解，不在于对学界固有的立场对峙进行朴素的选边站队，而在于透过理论纷争寻求系统性解决思路。在网络时代与风险社会双重叠加现实背景之下，中立帮助行为的泛化出现使得以帮助犯为蓝本的传统共犯归责模式面临可罚性判定障碍。特别是当网络犯罪参与行为异化转型与网络中立服务行为所承载的现实功能抵牾时，如何在实现法益周延保护的同时合

---

　　①　［德］克劳斯·罗克辛：《德国刑法学总论》（第二卷），王世洲译，法律出版社 2013 年版，第 101 页。

　　②　［日］山口厚：《刑法总论》，付立庆译，中国人民大学出版社 2011 年版，第 315 页。

　　③　黎宏：《刑法总论问题思考》，中国人民大学出版社 2016 年版，第 449 页。

理划定中立帮助行为的处罚界限，传统共犯归责模式力所不逮。而为教义学理以及司法实践所推崇的正犯化归责路径又可能引发处罚范围间接拓延、刑罚触角不当前伸的潜在危险。共犯处罚根据作为几乎渗透至共犯所有领域的本源性问题，其理论立场的合理选择关乎共犯问题的体系化解决。因此构建具有普适性的中立帮助行为刑事责任判定模式，唯有追本溯源至共犯处罚根据之上才能保证理论根基的初始合理以及体系框架的结构内洽。中立帮助行为入罪、出罪向度上的现实困惑使得传统共犯思维路径下"违法连带"教义诫命的合理性面临质疑。其实"违法连带"只是论理旨意的表层延展，其实质根基在于因果共犯论内部修正惹起说与混合惹起说的逻辑支撑。因此要实现对"违法连带"思维范式的合理性追问，必须回归至修正惹起说与混合惹起说立场之上进行检讨。

一　论理根基之逻辑隐忧

因果共犯论将考察目标移转至法益侵害之上，实现了与"刑法之机能和任务重在保护法益的旨趣相吻合"①。源于对违法性连带程度的理解差异，因果共犯论内部又形成了三足鼎立的局面。纯粹惹起说认为"共犯自身就侵害了尊重法益的要求"②，从而将惹起说立场予以彻底贯彻。与之有别，修正惹起说与混合惹起说虽存观点分歧，但认为共犯违法性应连带于正犯判断仍是其理论共识。但"违法连带"教义信条背后的立场支撑却存在无法解套的逻辑隐忧。

（一）修正惹起说：逻辑进路的倒因为果

修正惹起说认为："共犯行为的不法性取决于正犯行为不法性的原因和范围。"③ 可以看出，修正惹起说一面将共犯行为作为正犯违法性的生成原因，一面又认为共犯的违法性来源于正犯行为，此时共犯行为就同时具备了违法性的生成原因与推理结果的双重角色。这样倒置因果的论证逻辑未免令人感到困惑，被学界质疑为存在"根据需要随意地将惹起的侧

---

① 阎二鹏、吴飞飞：《帮助犯因果关系探讨——以共犯处罚根据论为视角》，《法治研究》2012 年第 8 期。

② ［日］高桥则夫：《共犯体系和共犯理论》，冯军、毛乃纯译，中国人民大学出版社 2010 年版，第 116 页。

③ ［德］汉斯·海因里希·耶塞克、托马斯·魏根特：《德国刑法教科书》（总论），徐久生译，中国法制出版社 2001 年版，第 829 页。

面与从属的侧面加以区分性运用的逻辑上的矛盾"①。问题的根源在于其没能合理解读共犯从属性的内涵，从而厘清共犯实行从属与要素从属之间的内部界限。当然，学界对于如何解读共犯从属性问题本身也存在一定争议。有观点认为"共犯的从属性，可以分为从属性的有无和从属性的程度"② 两个方面的内容。有学者指出从属性原本是指实行从属、要素从属、罪名从属三个面向，③ 少数学者将从属性分解为实行从属、要素从属、罪名从属、可罚性从属四个层次。如果说"共犯论的核心是共犯的因果性问题和共犯的限定性问题"④，那么共犯从属性问题范畴的合理划分也理应围绕这两个问题面向展开。

回归区分制共犯立法体系内部，共犯因果关系问题在回答共犯处罚根据的同时确定了共犯从属于正犯的基本前提，也即只有存在正犯行为才能进行共犯成立与否的后续讨论。因此，与共犯因果关系问题相对应的是解决共犯从属与否的"实行从属"问题。而承接共犯因果关系的理论轨线，共犯成立范围的合理限定则有赖于从属程度的进一步确立。这是在肯定从属性前提之后的细化讨论，与之对应的则是"从属程度"问题。如此而言，"实行从属"与"从属程度"二者相互区别而又前后承接，并列归属于共犯从属性问题的内涵之下，成为支撑共犯区分制体系框架的两大支柱。在此意义而言，将共犯从属性解读为"实行从属"问题与"要素从属性"问题更为合理。如此反观修正惹起说的违法连带思维就具有可待商榷之处。虽然本说将处罚共犯的实质理由归结为参与行为介入正犯造成法益侵害，延续了因果共犯论的基本考察模式，但这只能还原为"实行从属"的问题，从而实现对参与行为从属结构的重申。然而修正惹起说并不满足于从因果关系层面得出结论所能辐射的最大范围，将共犯对正犯的"实行从属"解读为共犯违法性的连带判断，而这本应隶属于"要素从属"问题范域之下的考察。"实行从属性是共犯独立性和共犯从属性之

---

① ［日］松宫孝明：《刑法总论讲义》，钱叶六译，中国人民大学出版社 2013 年版，第240 页。

② ［日］大谷实：《刑法总论》，黎宏译，中国人民大学出版社 2009 年版，第 368 页。

③ 参见 ［日］西田典之《日本刑法总论》，王昭武、刘明祥译，法律出版社 2013 年版，第347 页。

④ ［日］佐伯仁志：《刑法总论的思之道·乐之道》，于佳佳译，中国政法大学出版社 2017 年版，第 309 页。

间的问题，而要素从属性属于共犯从属性内部的问题。"① 暂且搁置要素从属性所涵摄的四种从属程度的学理争议，修正惹起说将"实行从属"与"要素从属"两个性质各异的问题混同评价就已经无法为"违法连带"提供充分的法理支持。因此对于学界评判本说存在一面将共犯行为作为正犯违法性惹起之原因，一面又将其作为正犯违法性的连带判断结果的倒置因果问题就不难理解。

（二）混合惹起说：立场根基的暧昧不清

与修正惹起说不同，混合惹起说试图将纯粹惹起说与修正惹起说进行折中融合，在保留共犯违法性从属的同时又体现其独立于正犯的一面。"共犯人通过正犯的实行行为间接地侵害了法益"②，"共犯的违法性由来于共犯行为自身的违法性和正犯行为的违法性"③。但违法独立性与从属性原本即是泾渭分明的两种立场而无折中调和之余地，强行将二者缝合只会引发理论机体的互异排斥、论理根基的暧昧不清。诚如学者所言："强调前者的话就会导致共犯违法的个别性、相对性，强调后者的话就会导致共犯违法的连带性、普遍性，在二者之间发生冲突时何者优先就成了问题。"④ 混合惹起说之所以选择此种折中的研讨路径，主要原因在于试图通过调和纯粹惹起说与修正惹起说的基本立场来获得论理解释的张力以及个案结论的妥当。然而对于本说支持者所提出的主要论据，不论是违法相对现象的例外承认，抑或共犯成立范围的缩限控制均存在值得检讨之处。

首先，面对违法相对现象，混合惹起说试图对修正惹起说强硬的违法连带原则予以适当缓和，将共犯的违法性来源拆解为正犯行为的违法性与共犯自身的违法性。如此即能在延续修正惹起说违法连带原则的同时，例外承认违法相对现象。然而此种缓和调整仍然无法消除立场本身的根源性问题。混合惹起说将正犯违法性限定为共犯违法性的必要而非充分条件，如此否定"没有正犯的共犯"就成为其当然的结论。可以看出，混合惹起说只是将修正惹起说违法性双向连带变更为共犯对正犯的单向连带，这种缓和在本质上而言仍然承认正犯违法性作为共犯违法性的判断前提。面对现实生活中存在的共犯介入仅具有构成要件符合性而无实质违法性正犯

① 张开骏：《共犯从属性的体系建构》，《清华法学》2013 年第 6 期。
② ［日］大谷实：《刑法总论》，黎宏译，中国人民大学出版社 2009 年版，第 364 页。
③ 张明楷：《外国刑法纲要》，清华大学出版社 2007 年版，第 311 页。
④ 黎宏：《日本刑法精义》，法律出版社 2008 年版，第 261 页。

的情形，混合惹起说仍然无法对之进行归责。如此而言，混合惹起说只能有限缓解正犯违法共犯不违法的部分现象，而对正犯合法共犯违法现象仍然无能为力。因此，混合惹起说对于共犯违法相对性的部分承认无法彻底破解中立帮助行为入罪、出罪向度上的可罚性判定困局。

其次，混合惹起说将共犯违法性来源的一部分嫁接在正犯违法性判断之上，这被本说的部分支持者认为是"旨在通过要求'存在正犯的违法性'来制约共犯的处罚范围"①。相较于纯粹惹起说承认"无正犯之共犯"这一点，混合惹起说的确对共犯成立范围有所限缩。但因果共犯论只是共犯归责的前提条件，共犯是否成立还需接受违法性、有责性阶层的进一步验证。由此而言，就不能先入为主地认为混合惹起说缩小了共犯的成立阈界，而纯粹惹起说将之不当扩大。况且面对共犯介入不具有实质违法性的正犯情形而言，部分混合惹起说的学者为避免处罚疏漏通常会通过间接正犯路径"迂回"入罪。这使其宣称的"缩限效果"付之东流。并且此种入罪路径"在具体论证过程中不可避免地会与正犯、共犯区分理论，共犯处罚根据论等发生关联"②，此时如何厘清教唆犯与间接正犯的类型边界将更加扑朔迷离。有学者认为"基于构成要件明确性的法的依赖把握从属性"③，从而将共犯与正犯在违法层面联结。不可否认，总则的共犯性规定在构成要件的类型化需求上更为迫切。因此不论修正惹起说抑或混合惹起说均竭力将正犯与共犯在违法性阶层联通，试图实现参与行为的类型限定。但因果共犯论立场的原义设定已经解决了参与行为的类型化问题，只有当共犯介入正犯行为时才能对其处罚，这即明示了处罚共犯的前提在于存在具有"构成要件符合性"的正犯行为。如此而言，混合惹起说将处罚共犯的前提升格为具有"不法性"的正犯行为，其实是对因果共犯论立场原义的过分推导，反而造成矫枉过正的后果。

回归因果共犯论的理论原旨，其重在强调共犯介入正犯行为间接侵害法益。因此，共犯对正犯行为的依赖只存在于因果流程的事实层面而非违法性判断的价值层面。共犯违法性的规范评价仍应以共犯自身为中心展开，并不存在同正犯连带判断的必要。修正惹起说与混合惹起说之所以在

---

① 张明楷：《外国刑法纲要》，清华大学出版社 2007 年版，第 311 页。

② 阎二鹏：《从属性观念下共犯形态论之阶层考察》，《法学论坛》2013 年第 4 期。

③ 杨金彪：《共犯的处罚根据论——以引起说内部的理论对立为中心》，载陈兴良主编《刑事法评论》（第 19 卷），北京大学出版社 2007 年版，第 334 页。

理论根基上存在倒置因果的逻辑隐忧抑或论理根基的暧昧折中，正因其混淆了共犯法益侵害存在论层面的事实依赖与规范论层面的价值独立。因此解除共犯与正犯违法性的隶属判断，以共犯行为自身为考察中心倡导违法相对性才是对因果共犯论教旨原意的合理坚守，才能契合新形势下中立帮助行为违法相对化的现实情境。

二 具体问题之圆说困局

源于修正惹起说在逻辑路径上的"倒置因果"，混合惹起说在论理根基上的"暧昧折中"，使得两种学说对于具体问题的探讨均存在不同程度的解释乏力。如果说立场根基层面的学理研讨旨在对两种学说进行逻辑路径上的教义学反思，那么立足于具体问题结论的妥适性考察则将为修正惹起说与混合惹起说提供另一个检验视角。

（一）修正惹起说

修正惹起说建立了共犯与正犯在实质违法性阶层的双向连带，也即正犯具有违法性时也必然推导出共犯违法存在的结论，反之亦然。如此否认"没有正犯的共犯，没有共犯的正犯"就是其明确的立场标识。然而此种基于严格限制共犯成立范围的可罚性根基构建在面对具体问题的解答时往往得出事与愿违的解释结论。源于违法连带原则的强硬坚持，导致不同情形下共犯成立范围被不当扩大抑或过分缩限，形成过度处罚抑或归责真空的不当结论。

1. 必要的共犯问题

必要共犯是指在"分则所规定的犯罪类型中，参与形态本身便预定由多数人参与"① 的共犯形式。源于必要共犯问题的合理解决往往涉及共犯体系本身以及违法性、有责性的实质判定，因此被学界称为共犯理论的"试金石"。解构必要共犯问题的本质，即是违法相对化现象的个案化呈现。譬如甲从专门从事贩卖淫秽物品的乙处购买若干淫秽光碟，对此仅将乙的出售行为认定为贩卖淫秽物品牟利罪，而甲的购买行为并不作共犯处罚。此一结论已成司法实务抑或学理研讨的通识。为了解明此种情形下仅选择性处罚参与一方的违法相对现象，学界从形式与实质两个层面展开论述。形式论者试图将违法相对现象的根源归结为立法者"基于刑法的目

---

① ［日］西田典之：《日本刑法总论》，王昭武、刘明祥译，法律出版社 2013 年版，第337 页。

的、政策等方面考虑而有意做的一种安排"①。当然如果作为对象方的参与行为超出了立法者预想的参与类型边界，仍可作为共犯进行处罚。但是立法者真实意思的准确探究并非有据可循，而且如何划定立法者预定的通常性参与框架并非明确，本说被学界批判为仅具形式意义而有陷入责任共犯论之虞。②为避免形式层面的论理障碍，学界转而从违法性与有责性的实质角度展开讨论。前者认为参与一方原本即是正犯行为的被侵害者，基于规范目的的考量而认定其行为不具有违法性；后者则将不可罚性归结于期待可能性的缺失。笔者认为必要共犯作为参与行为违法相对现象的个案化呈现，其合理性的解明还应置于共犯框架之下进行阐释。"可罚与否不应该只是一个形式逻辑的推论问题，大多数实质说则沉浸于违法性和责任等有无的迷思"③，因此以共犯违法相对性为思考面向，并将其置于共犯处罚根基话题之内进行探讨更有利于问题本身的正本清源。因果共犯论回归法益侵害立场探求共犯的处罚根基，参与行为介入正犯间接侵害法益，共犯对具有构成要件符合性之正犯具有从属性。从而在共犯处罚根基的本源问题上提供违法相对性原则的逻辑支撑。因此即便正犯具有不法与责任，仍然存在不成立共犯的理论空间。修正惹起说不仅将构成要件从属升格为违法性从属，而且将此种从属关系规范化为双向从属。这样正犯具有违法性就成为共犯违法性存在的充要条件，自然无法对仅处罚一方参与者的必要共犯现象进行合理解释。承接前文结论，立于纯粹惹起说立场之上通过最小从属性说能在逻辑起点上为必要共犯问题的化解提供可能。此时，对于对象性参与行为的违法性通过社会相当性予以实质解明，对其有责性则借助期待可能性进行具体化判断。相较修正惹起说违法连带的立场指向，纯粹惹起立场之上的违法相对性研说进路更显通透。

2. 未遂的教唆、未遂的帮助问题

修正惹起说源于对违法连带原则的固守使其在面对未遂的教唆、未遂的帮助问题时也表现出解释困惑。未遂的教唆是指："教唆者在实施教唆行为时就认识到，被教唆人产生犯罪决意后实行犯罪的结局只能是未得

①　[日]前田雅英：《刑法总论讲义》，东京大学出版会1998年版，第379页。
②　[日]西田典之：《日本刑法总论》，王昭武、刘明祥译，法律出版社2013年版，第340页。
③　何庆仁：《论必要共犯的可罚性》，《法学家》2017年第4期。

逞，不可能是既遂。"[①] 未遂的教唆问题并不只是刑法研讨的学理假设，司法实务中也存在着类似的案例情形，"警察圈套"即是其典型事例。如为了抓捕毒贩 A 及其上线同伙，警察 B 伪装成毒品吸食者向 A 购买毒品，A 在向 B 交付毒品时被警察抓获。将"警察圈套"嵌入共犯理论视域即是未遂的教唆问题，此时正犯者受教唆者的唆使实施实行行为，虽然未达既遂但仍造成了法益侵害的现实危险。从客观条件而言，符合教唆犯使他人产生犯罪的故意进而实行犯罪的条件；从主观条件来看，也具有教唆的故意。此时为何仅处罚正犯者必须提供法理依据的实质解明。然而修正惹起说因支持违法连带原则使其面临教唆行为人的脱罪困境。既然正犯者已经实施了符合构成要件的实行行为而未遂，此时便产生了法益侵害的危险，那么教唆者也应一并获得实质违法性的评价结论，"教唆未遂是不可罚的，未遂教唆是可罚的"[②]。但此种结论当然令人无法接受。为了扭转逻辑推论的不合理性，修正惹起说的支持者试图将未遂的教唆问题通过故意因素的缺失予以化解，从而将其后置于有责性阶层进行审查，"未遂的教唆属于没有犯罪故意的教唆行为，因而不可罚"[③]。对于故意的体系性位置安排虽然取决于结果无价值与行为无价值二元论的立场差异，但二者只是违法性判定的理论工具而具有方法论意义。以此解决修正惹起说立场对于未遂教唆的可罚性认定问题无法获得实质的合理性。其实，即便立于结果无价值立场之上来审视修正惹起说对于未遂的教唆问题的处理结论，也存在前后矛盾的困惑。"在我国，由于采用了和国外不同的定性+定量的刑法规定模式，结果等情节成为决定刑法处罚范围的关键。"[④] 对于未遂的教唆情形中的正犯而言，其虽然仅达未遂形态但已经造成了法益侵害的危险，在结果无价值者看来行为自应具有实质违法性。但令人疑惑的是黎宏教授在随后的论述中却改变了一贯立场，认为在未遂的教唆问题中"即便行为人的行为在道义评价上很坏，也不能将没有侵害法益的行为评价为犯罪"[⑤]。从而否定了未遂的教唆情形下正犯行为的结果无价值。笔者认为黎宏教授之所以改变观点，根源在于其作为修正惹起说的支持者囿

---

① 张明楷：《刑法学》（上），法律出版社 2016 年版，第 417 页。

② 杨金彪：《共犯的处罚根据论——以引起说内部的理论对立为中心》，载陈兴良主编《刑事法评论》（第 19 卷），北京大学出版社 2007 年版，第 332 页。

③ 陈家林：《外国刑法通论》，中国人民公安大学出版社 2009 年版，第 589 页。

④ 黎宏：《结果无价值论之展开》，《法学研究》2008 年第 5 期。

⑤ 黎宏：《刑法总论问题思考》，中国人民大学出版社 2016 年版，第 457 页。

于违法连带的判定信条，只能通过消解正犯行为的实质违法性来隔断共犯的违法连带。否则"未遂的教唆的不可罚性难以得到说明，或者说，按照修正惹起说，只能得出可罚的结论"[①]。

3. 参与自杀问题

我国司法实务对于此问题的处理，虽然没有明确的刑法依据，[②] 但基于对生命法益的严格保护将参与行为以故意杀人罪处罚是司法实务的一贯态度，只不过部分个案会适用情节较轻的规定。与司法实务做法不同，参与自杀行为是否可罚在我国教义学理层面存在不同观点的对立，基本形成了不可罚与可罚两种立场。学界之所以对此问题争议不止不仅因为其涉及"自杀"这个兼具伦理与法理的古老话题，而且源于背后所涉及的共犯行为的违法性判断差异。在参与自杀情形下，A 教唆 B 自杀，B 自杀未遂，此时 A 是否成立故意杀人罪的教唆犯？在同意杀人情形下，A 受 B 嘱托杀害 B，但仅达未遂形态，此时 B 是否成立故意杀人罪的教唆？上述两个问题虽然涉及的评价主体不同，但都映射出一个焦点——是否承认共犯违法性判断的相对性。在我国持否定说的学者从不同角度展开阐述。有观点以参与自杀行为属于法律放任的行为而不应过问，"自杀并不是畅通无阻的权利，而仅仅是法律不想作违法或合法评价的法外空间"[③]。然而在现代社会法律作为基本的调控手段，法外空间的存在范围应该极为有限甚至应予排除。"法律不可能只对一部分事物加以规制。因为其在选取一部分人际关系加以规制的同时，就已经对其他部分——正是通过排除法律影响的方式——表明了态度。"[④] 也有学者认为对于欺骗、强迫他人自杀的情形，自杀者应被视为意思决定自由的丧失，应认定为"故意杀人罪、故

---

① 陈洪兵：《共犯处罚根据论》，载陈兴良主编《刑事法评论》（第 23 卷），北京大学出版社 2008 年版，第 441 页。

② 德、日刑法对参与自杀现象均有规定。《日本刑法典》第 256 条对基于嘱托的杀人、辅助自杀行为进行了入罪处罚；《德国刑法典》第 216 条规定"应受害人明示且真诚之要求而将其杀死的，处 6 个月以上 5 年以下自由刑。"我国对于参与自杀问题仅在相关司法解释中有所涉及，"两高"于 2001 年出台的《关于办理组织和利用邪教组织犯罪案件具体应用法律若干问题的解释（二）》第 9 条规定，"组织、策划、煽动、教唆、帮助邪教组织人员自杀的，应以故意杀人罪定罪处罚"。

③ 周光权：《教唆、帮助自杀行为的定性——"法外空间说的展开"》，《中外法学》2014 年第 5 期。

④ 王钢：《法外空间及其范围——侧重刑法的考察》，《中外法学》2015 年第 6 期。

意伤害罪的间接正犯"①。但对于没有支配效果的情形若不以共犯处之无疑不利于生命法益的周延保护。回归故意杀人罪的罪状表述,杀人行为并非不能解释成杀害自己,虽然涉及自损行为的实质违法性阻却,但将自杀行为解读为符合杀人罪客观构成要件应无障碍。此时若从修正惹起说违法连带的判断原则出发,则前述参与自杀情形下的教唆者 A 将因正犯无实质违法性而不可罚,前述同意杀人情形下作为被杀者 B 也会因正犯者的违法性而连带可罚,此种结论当然无法接受。可以看出,从共犯处罚根基出发将违法连带原则带入参与自杀问题,修正惹起说要么将自杀者认定为共犯,要么将实施参与行为的共犯者不予处罚。诚如学者所言:"参与自杀的可罚性始终是违法从属性说难以逾越的障碍。"②

(二) 混合惹起说

混合惹起说将共犯实质违法性分化为"从正犯行为中导出的不法和共犯本身的违法两面性"③,从而一方面维护了违法连带原则使其不至于被彻底颠覆,另一方面实现了共犯从属性的坚持。依循此逻辑,在坚持共犯违法连带的基本前提之下例外承认违法相对现象,就成为混合惹起说的基本立场定位。不可否认,试图将修正惹起说与纯粹惹起说的基本立场予以折中调和的确显示出本说的良好初衷。但"违法连带"与"违法相对"思维存在本质冲突,强行将二者折中调和导致论理根基的疑惑。"既没有说明共犯不法哪一部分从属于正犯不法,哪一部分独立正犯不法,也没有说明这两者是如何结合在一起的,在理论基础上存在重大缺陷。"④ 生成此种困境的根本原因在于本说既看到了违法相对现象的实际存在,又迷恋于违法连带的固有思维。此种逻辑基点的偏差也间接导致此说在面对具体理论争议时的解释困局。

1. 利益冲突制造行为的共犯判定障碍

对于故意制造利益冲突状态的行为人的共犯归责问题,学界历来存在分歧。而问题结论的得出从本质而言与"违法连带"以及"违法相对"

---

① 张开骏:《共犯从属性立场的进一步贯彻》,《苏州大学学报》(法学版) 2016 年第 1 期。

② 秦雪娜:《共犯处罚根据的全新定位——改良的纯粹惹起说之提倡》,《环球法律评论》2015 年第 5 期。

③ 陈洪兵:《共犯处罚根据论》,载陈兴良主编《刑事法评论》(第 23 卷),北京大学出版社 2008 年版,第 441 页。

④ 杨金彪:《共犯的处罚根据论——以引起说内部的理论对立为中心》,载陈兴良主编《刑事法评论》(第 19 卷),北京大学出版社 2007 年版,第 337 页。

的共犯违法性判定路径存在逻辑关联。如 A 意图杀害 B，便唆使 B 去杀害 C。同时 A 将 B 的行为计划告诉 C 让其做好防卫准备。随后 B 被有事先准备的 C 正当防卫致死（案例一）。对于这一典型的利益冲突情形，学界对于如何界定 A 的行为性质存在不同观点。有观点认为 A 虽然制造了 B 与 C 的法益冲突状态，但其并未对二者达到犯罪事实的支配程度，因此只能将 A 认定为故意杀人未遂的教唆犯。[①] 然而利用犯罪事实支配路径审视利益冲突情形将带来法益保护的间隙疏漏。一方面，行为人在客观上的确制造了法益冲突的状态并且实现了侵害他人生命的目的，对此行为仅以故意杀人未遂的教唆论处过于宽宥；另一方面，间接正犯归责路径还存在标准不明的问题。如甲见 10 岁的乙处于失火的丙的房间内，甲本可轻松进入房间将其解救，但仍将榔头扔给乙让其敲碎房间昂贵的玻璃门从而逃生。依据间接正犯归责路径此时甲成立故意毁坏财物罪的间接正犯。然而变化情形，如乙年满 20 岁，此时甲便不构成间接正犯。"仅根据直接行为人年龄不同这一点，结论就会产生天壤之别"[②]，此种结论差异产生的根据何在，本说无法予以合理回应。

其实，部分学者之所以处心积虑地构建间接正犯的归责路径来解决利益冲突问题，根本原因在于对违法连带判断原则的坚持。"在正犯实施了符合构成要件的不法行为时，只要共犯没有违法阻却事由，就必须肯定共犯的行为也是违法的。"[③] 这种在坚持"违法连带"的同时例外承认"违法相对"的观点即是混合惹起说的立场。然而此种逻辑路径使得利益冲突情形在被还原为共犯问题时将会面临归责障碍。如在案例一中，A 并没有实际支配 B 与 C 的行为，因此并不成立间接正犯。若将 A 认定为故意杀人未遂的教唆犯又无法实现法益侵害的充分评价。只有将 A 的利益冲突制造行为还原为其对 C 正当防卫行为的现实利用并规范评价为故意杀人的教唆行为才更为恰当。但 C 的行为属于具有构成要件符合性但不具有实质违法性的行为，若持混合惹起说的违法连带原则将无法实现教唆行为的违法性从属，进而无法将 A 以教唆犯处罚。可以看出即便混合惹起说承认共犯违法相对的例外现象，对于正犯不具有违法性而共犯具有违法

[①]　参见张明楷《刑法学》（上），法律出版社 2016 年版，第 403 页。

[②]　周啸天：《最小从属性说的提倡：以对合法行为的利用为中心》，《法律科学》2015 年第 6 期。

[③]　张明楷：《刑法学》（上），法律出版社 2016 年版，第 407 页。

性的情形仍然无法合理归责。因此，合理化解利用合法行为的利益冲突问题必须斩断违法连带的共犯认定思路，认为共犯成立前提仅在于对具有构成要件符合性的正犯行为的从属，而这只有立于纯粹惹起说立场之上才能真正实现。

2. 利用不知情义务犯情形

"对义务犯而言，应以法律上所承认的某种义务的有无来判断构成要件符合性，进而决定正犯性。"[①] 义务犯认定体系的此种独特构造使得在共犯与义务犯相结合时产生了诸多认定难题，特别是幕后者利用不知情的义务犯侵害法益情形，是否需要处罚幕后者的行为以及如何处罚都存在一定争议。如深夜甲乘坐乙驾驶的汽车回家，乙因视线不好将丙撞伤倒地。甲替乙下车查看情况后向乙谎称撞到了兔子，乙在不知真相的情况下驾车离去，丙因救助迟延死亡。以义务犯归责路径审视上述案例，乙因不具有义务违反的主观罪过，无法将其认定交通肇事罪主观构成要件的合致。从限制从属性角度而言，因为乙不具有违法性而无法对甲从属评价，最终排除归责可能性。共犯归责路径的受阻使得有学者主张通过间接正犯归责。然而对义务犯而言，义务违反具有一身专属性，案例中只有驾驶者乙对行人丙具有救助义务。因此即便承认在共犯体系之下事实支配理论与义务犯理论可以并列存在，也仍然无法将具有事实性支配而无实质义务违反的甲认定为正犯本身。可能会有学者认为："根据结果无价值论的观点，故意、过失不是违法要素而是责任要素，所以正犯的行为是否属于符合构成要件的违法行为，仅从客观方面判断即可。"[②] 所以如果坚持结果无价值论的立场，即便乙没有故意违反义务的主观意思仍可认定其具有违法性。如前所述，违法本质论的立场分歧仅具有方法论层面的意义，"与普通犯罪相较，义务犯特别是纯正身份犯的不法，特别需要通过主观上违犯义务的意欲来建构"[③]，以结果无价值论来化解上述归责问题并非权宜之策。因此不论是从结果无价立场出发进行义务犯解读，抑或以间接正犯路径进行归责尝试均存在逻辑障碍，而问题的根本原因在于混合惹起说对违法连带原则的部分坚持。即便本说已将修正惹起说下强硬的违法连带原则予以

---

① 陈家林：《外国刑法通论》，中国人民公安大学出版社 2009 年版，第 495 页。

② 张明楷：《共犯对正犯故意的从属性之否定》，《政法论坛》2010 年第 5 期。

③ 秦雪娜：《共犯处罚根据的全新定位——改良的纯粹惹起说之提倡》，《环球法律评论》2015 年第 5 期。

缓和，但"没有正犯的共犯"现象仍是本说无法逾越的障碍。因此只有回溯至惹起说立场原义，利用共犯违法相对性原则将纯粹惹起说与最小从属性进行轨线对接，才能使利用不知情的义务犯情形下的法益保护间隙得以弥合。

第三节 逻辑归结：纯粹惹起说之修正与提倡

一 违法相对观念的提倡——纯粹惹起说之祛魅重释

"价值判断的目的是在确立一个人在现实环境中的行为的应然规范，因为脱离现实环境考量的应然规范不会在现实环境中给人带来好的结局。"[1] 理论的归结自应是共犯违法性的独立判断、相对考量。违法连带的传统思维无助于化解中立帮助行为入罪向度与出罪向度上的刑事责任判定障碍。回归因果共犯论立场本源，纯粹惹起说因契合违法相对性的价值诉求，"能够更合理地阐明共犯的处罚基础"[2]，始应获得立场的初始优越性。但于我国共犯教义学而言，源于固有的思维定式抑或普遍的论理误解，纯粹惹起说似乎被视为异端他说而未获得"公正对待"。因此回归纯粹惹起说立场之上构建中立帮助行为的刑事责任判定模式，首先应对本说既有的学理误解予以必要澄清，并对立场固有的结构缺陷进行有效补正。

（一）表象的迷惑：共犯单一制的根基倾向

纯粹惹起将共犯行为作为违法性的考察中心，使得学界质疑本说存在倒向单一制的立场倾向而与区分制的立法现实不符。"纯粹惹起说如果贯彻到底，可能连共犯的最小从属性都要否定，从而破坏法治国原则。"[3] 虽然本说主张对违法连带原则予以松绑，但并不否认共犯只有介入正犯行为才能产生法益侵害的结果。纯粹惹起说仍然承认"共犯对正犯行为的依存性具有纯粹的事实性质"[4]，这与单一制共犯体系下单纯依

---

① 黄荣坚：《基础刑法学》，元照出版社 2006 年版，第 841 页。

② 秦雪娜：《共犯处罚根据的全新定位——改良的纯粹惹起说之提倡》，《环球法律评论》2015 年第 5 期。

③ ［日］十河太郎：《共犯从属性概念的再构成》，《同志社法学》2004 年第 56 卷第 4 号，第 17 页。

④ ［日］高桥则夫：《共犯体系和共犯理论》，冯军、毛乃纯译，中国人民大学出版社 2010 年版，第 121 页。

据参与行为与法益侵害结果的因果关系就将参与行为等同为正犯的评价方式明显不同。坚持纯粹惹起说不会倒向共犯单一制的立法体例，本质的原因更在于因果共犯论背后限制正犯概念的立场使然。是否承认共犯从属于正犯的法益侵害是两种立法体例的实质差别，"区分正犯与共犯的理论基础，就是共犯的从属性理论"①。区分制下刑法分则通过明示个罪罪状对正犯行为的构成要件予以标记并为其提供处罚依据。但共犯并不符合分则构成要件的行为类型，因此需要格外对处罚共犯的合理根基予以实质解明。可以将区分制立法体例的理论脉络表述为：限制正犯概念—共犯从属性—区分制立法体例—因果共犯论（纯粹惹起说）。因此纯粹惹起说仍然是区分制立法体例之下为解明共犯处罚根据而创设的学说，与单一制的立法体例并无关联。纯粹惹起说认为共犯对正犯具有"纯粹事实性质"的依赖，正是限制正犯概念下对共犯只有介入正犯行为才能间接侵害法益的因果流程的现实素描。坚持纯粹惹起说并没有偏离区分制的立法体例，而是对其背后限制正犯概念的理论延伸。反观修正惹起说与混合惹起说将共犯违法性导源于正犯违法性的观点，其实是将共犯对正犯事实层面的依赖升格为违法性阶层的从属。误解了限制正犯概念的原初蕴意，混淆了"从属的有无"与"从属的程度"问题。"共犯不法从正犯不法导致的结论的根据是限制从属性的实质根据问题，即要素从属性（从属程度）问题，应当与实行从属（从属性有无）问题区别讨论。"②

不过，为满足法治国框架勾勒出的罪刑法定原则之要求，共犯仅满足"纯粹事实性质"的依赖的确值得反思。坚持纯粹惹起说会导致单一制的立法归结未免危言耸听，但也坦率揭示出"纯粹事实性质从属"的结构缺陷与潜在隐患。限制正犯概念虽从存在论层面揭示了共犯对于正犯因果流程的事实依赖，但其终极追求仍在于通过参与行为的现实素描构建规范化的参与类型，使共犯接受构成要件定型性的规范制约。对纯粹惹起说立场而言，揭示并坚持共犯违法独立的价值判断的确是其理论的闪光之处，但共犯对正犯"纯粹事实性质"存在论层面的从属必须接受构成要件的规范再塑。"价值论同存在论的关系问题，不可能永远在关于整个人类意

---

① 许玉秀：《检视刑法共犯章修正草案》，《月旦法学杂志》2003 年第 1 期。
② 杨金彪：《共犯处罚根据论——以引起说内部的理论对立为中心》，载陈兴良主编《刑事法评论》（第 19 卷），北京大学出版社 2007 年版，第 336 页。

识活动的更高层次的理论中被排除。"① 共犯对正犯 "纯粹事实性质" 的依赖必须转化为共犯对正犯构成要件的从属。只有这样才能准确还原限制正犯概念的理论真义，巩固区分制体系中参与行为的类型边界，也才能使纯粹惹起说的立场优越性得到充分的展示。

在德、日三阶层的构成要件论体系中，实质违法性的有无从本质而言仍为具体的价值判断，自然无法褪除价值判断天然的独立属性、个体特征。"即便是正犯的构成要件该当行为阻却了违法性，仍然可能存在着应当肯定成立共犯的场合。"② "所以，一个人的行为是否具备违法性的判断原本就是不应该从属，事实上也不可能从属的。"③ 因此纯粹惹起说立于因果共犯论立场上贯彻违法相对性更显合理。但是其仅从存在论层面对从属特征进行事实程式的把握，将其退化为完全剥离规范因素的 "纯粹事实性质" 因果流程的依存，的确存在反思的余地与修正的必要。区分制共犯立法体例通过建立共犯对正犯的从属，既维持了参与行为的定型特征，避免了共犯内部界限的模糊，又划定了参与行为的处罚外限，避免了共犯范围的不当延展，在此意义上共犯对正犯的从属仅为实行从属。若将共犯从属性定位为违法性的从属，将导致从属程度的过分推高，把 "实行从属" 等同为 "要素从属"，将混淆从属的有无与从属的程度问题；而将共犯从属性定位为 "纯粹事实性质" 的依赖又会带来从属程度的过分降格，软化构成要件的类型特征，松弛参与行为的定型边界。虽然 "纯粹事实性质" 的从属最大限度地从因果流程层面实现了共犯从属性的现实素描与事实还原，但是与限制正犯概念期望通过实行从属而廓清区分制下参与行为类型边界的初衷并非完全契合。若要保证限制正犯概念之下参与行为的类型界限以防共犯边界的过分扩张，又要避免对从属内涵过分解读形成违法性从属的矫枉过正，"那么将共犯定位为对正犯构成要件的从属就是合理的思考方向"④。因此，纯粹惹起说解除违法性的连带判断已

① D. Li, *Value Theory*: *A Research into Subjectivity*，Berlin：Springer, 2012. 转引自苏彩霞、肖晶《作为义务的实质来源：规范支配论之确立与展开》，《浙江大学学报》（人文社会科学版）2015 年第 4 期。

② ［日］山口厚：《刑法总论》，付立庆译，中国人民大学出版社 2011 年版，第 314 页。

③ 阎二鹏：《从属性观念下共犯形态论之阶层考察——兼议构成要件符合形态论之提倡》，《法学论坛》2013 年第 4 期。

④ 王霖：《网络共犯归责模式新构——以改良纯粹惹起说为视角》，《西部法学评论》2017年第 1 期。

经实现了从属性内涵的反向还原，而对"纯粹事实性质"的从属进行构成要件从属的规范再塑，将完成对纯粹惹起说结构缺陷的正向修正，真正实现限制正犯概念逻辑立场的体系性贯彻。作为结论，应对纯粹惹起说进行规范再塑从而建立"改良的纯粹惹起说"，将因果流程事实层面的从属性类型化为构成要件的从属，在贯彻违法性相对立场方向的前提下实现纯粹惹起说结构缺陷的规范补强。

（二）配型的错位：主观违法论的概念亲和

"不法概念是相对的，同一结果的惹起根据它客观上归属于谁，会是违法的或者是不违法的。"① 纯粹惹起说这种注重违法性差异的做法却被学界批判为是完全肯定人的违法相对性概念，"反而偏离了从法益侵害说的角度考虑共犯的处罚根据的惹起说的立场，非常接近行为无价值论的观点"②。然而纯粹惹起说倡导"人的违法相对性"并非使其与行为无价值一元论存在理论契合，上述批判误读了该说强调违法相对性的真实含义。

首先，纯粹惹起说仍然保有因果共犯论的立场精髓，考察基点仍为客观行为的法益侵害而非行为主体的人格危险。倡导违法相对考察并非认为参与行为的违法性仅靠参与行为自身即可实现，亦非主张切断参与行为同法益侵害之间的因果关系只从参与者主观方面寻求违法性来源。因此与脱离法益侵害单纯从行为样态或主观意志判断违法性存否的行为无价值一元论之间并非亲和。其次，纯粹惹起说所倡导的"人的违法性"其实质意义在于注重违法性判断的个别化、独立性。实质违法性的有无需要通过违法性阻却事由的成立与否进行实质确定，而"有无违法性阻却事由应遵循事由本身的旨趣，就各行为人分别判断"③。这一观点的建立与主观正当化要素的理解态度密切相关。对于成立正当防卫与紧急避险是否需要考察行为人主观的正当性要素在德、日存在肯定说与否定说之争。德国刑法理论因违法二元论立场的盛行使得肯定说处于通说地位，"一种举止行

---

① ［日］高桥则夫：《共犯体系和共犯理论》，冯军、毛乃纯译，中国人民大学出版社 2010 年版，第 121 页。

② ［日］大越义久：《共犯的处罚根据》，青林书院新社 1981 年版，第 258 页。转引自阎二鹏《共犯论中的行为无价值与结果无价值》，载陈兴良主编《刑事法评论》（第 21 卷），北京大学出版社 2007 年版，第 99 页。

③ ［日］山口厚、井田良、佐伯人志：《理论刑法学的最前沿》，岩波书店 2001 年版，第 236 页。转引自王昭武《论共犯的最小从属性说——日本共犯从属性理论的发展与借鉴》，《法学》2007 年第 11 期。

为，只有在行为无价值和结果无价值同样都被取消时，才能是合法的"①。在日本必要说也处有利地位，即便结果无价值论的坚持者也坦言承认："虽说从结果无价值论的立场出发，不要求防卫意思的见解也得以主张，但较多的见解尽管对其内容加以缓和，还是和判例同样将防卫意思作为正当防卫的成立要件。"② 主观的正当性要素因同行为主体之间存在具体关联，违法性的存否就必须以个人为中心进行独立判断。因此，理论的归结就应是"违法性及其阻却事由均具有相对性，成立共犯也并非一定以正犯的违法性为要件"③。

其实，赞同纯粹惹起说与坚持何种违法本质论立场之间并不存在固定的对应关系。在日本分别存在通过一元行为无价值论、结果无价值论、二元行为无价值论来阐明纯粹惹起说立场的学说。"结果无价值型纯粹惹起说彻底坚持了共犯固有说，认为无论如何都不能承认共犯行为因为从属于正犯违法性而带有违法性，佐伯千仞、植田重正、中义胜、中山研一、齐藤丰治都持这种观点。"④ 结果无价值论者将正犯行为作为整个因果链条的一部分纳入共犯行为之中进行考察，共犯合法并非源自正犯实行的缺失，而在于共犯本身就不具有违法结果。但这种思考路径可能消解区分制下共犯法益侵害的间接属性，若将此说贯彻到底可能得出"原则上并不需要正犯行为是符合构成要件的行为，即甚至最小从属性也要否定"⑤ 的不适结论。违法二元论立场的学者则认为："教唆犯行为自身的违法性是教唆行为本身和除此之外正犯表现出犯罪的实行行为。"⑥ 此时参与行为的违法性是否成立必须结合行为人自身情况进行考察，这也符合二元行为无价值立场承认主观正当化要素的理论标识。因此倡导违法相对性观念的纯粹惹起说同违法二元论立场之间更为契合。

纯粹惹起说倡导违法相对观念并非弃置法益侵害性的判断，而是在考

① ［德］克劳斯·罗克辛：《德国刑法学总论》（第一卷），王世洲译，法律出版社 2005 年版，第 415 页。

② ［日］山口厚：《刑法总论》，付立庆译，中国人民大学出版社 2012 年版，第 123 页。

③ 王昭武：《教唆犯从属性之坚持与展开》，载赵秉志主编《刑法论丛》（第 15 卷），法律出版社 2008 年版，第 75 页。

④ 杨金彪：《共犯处罚根据论——以引起说内部的理论对立为中心》，载陈兴良主编《刑事法评论》（第 19 卷），北京大学出版社 2007 年版，第 323 页。

⑤ 杨金彪：《共犯处罚根据论——以引起说内部的理论对立为中心》，载陈兴良主编《刑事法评论》（第 19 卷），北京大学出版社 2007 年版，第 326 页。

⑥ ［日］野村稔：《刑法总论》（补订版），成文堂 1998 年版，第 384 页。

察法益侵害性的同时注重行为人主观违法性的判断。"只有综合了主客观两方面的要素才能清晰地勾勒出犯罪类型的基本形象和特征，才能准确地划定罪与非罪、此罪与彼罪的界限。"① 因此，以主观的正当化要素为桥梁，以维护参与行为的定型特征为目的，与违法二元论具有契合性的纯粹惹起说也许更为合理。回顾德国刑法理论对违法本质论的探讨，在经历了结果无价值的出现、行为无价值的引入、一元行为无价值的昙花一现之后，违法二元论终获通说地位。这一演变历程对于我国违法性本质问题的探讨具有借鉴意义，理论脉络的回顾整理固然重要，但经验教训的反思与汲取更具价值。我国是否有必要重蹈德国违法本质论的研讨覆辙值得反思。将纯粹惹起说主张的违法相对观念等同为主观违法论的观点并加以批判的做法有失妥当。

（三）论理的误解：身份犯的定罪困惑

纯粹惹起说因主张共犯违法性的相对判断使得学界批判本说无法合理解决真正身份犯的共犯问题。一方面，坚持共犯违法的独立属性会造成真正身份犯的入罪障碍。"比如说，由无身份者教唆他人枉法或违背沉默义务，必定合乎逻辑地得出不可罚的结论，因为在缺乏正犯资格的前提下，他人故意造成结果的行为不能满足相应的义务犯的构成要件。"② 另一方面，若主张共犯违法的相对性将会造成真正身份犯共犯范围的扩分扩张。导致"在促使自杀或者促使提供帮助的不作为符合故意地引起了一种导致死亡的作用时，这种促使就将作为对杀人的教唆加以处罚"③，从而弃离从属性原则导致共犯处罚范围的过分延展。

诚然，第一项批判对于德国纯粹惹起说的首倡者施密德霍伊泽（Schmidhäuser）的最初观点的确适用。其主张"在特别义务的侵害对不法构成要件而言是本质性的东西时，不负有该义务的人即使是特别义务者的不法行为的共犯者，也不能受到处罚"④。可以看出，施密德霍伊泽最

---

① 陈璇：《德国刑法学中的结果无价值与行为无价值二元论及其启示》，《法学评论》2011年第5期。

② ［德］克劳斯·罗克辛：《德国刑法中的共犯理论》，劳东燕、王钢译，载陈兴良主编《刑事法评论》（第27卷），北京大学出版社2010年版，第76页。

③ ［德］克劳斯·罗克辛：《德国刑法学总论》（第二卷），王世洲译，法律出版社2005年版，第101页。

④ ［日］高桥则夫：《共犯体系和共犯理论》，冯军、毛乃纯译，中国人民大学出版社2010年版，第117页。

初只承认具有身份要素的人才能对法益造成侵害。在真正身份犯中特定的身份属于客观的构成要件要素，因此对于真正身份犯的正犯而言其作为实行犯必须具备特定的身份要素。但共犯并非实施符合分则构成要件行为的人，学界通识认为："不具有构成身份的人与具有构成身份的人共同实施真正身份犯时，构成共同犯罪。"[①] 纯粹惹起说并未改变因果共犯论法益侵害的逻辑本质，共犯者仍然需要介入具有特定身份者的实行行为才能建立与法益侵害结果之间的因果关系，参与主体是否具备身份要素并非共犯成立所需考虑的事项。对于第二项批判认为纯粹惹起说立场会不当扩宽不真正身份犯共犯的成立范围，其实误解了本说的立场本意。纯粹惹起说虽然倡导共犯违法性的相对判断，但于因果关系层面仍然坚持共犯对正犯存在"纯粹事实性质"的从属。如前所述，在限制正犯概念促推形成的区分制参与体系之下，因果共犯论重在划定共犯的处罚边界，避免将与法益侵害不具因果关系的所有参与行为全部纳入共犯处罚范围。纯粹惹起说将共犯从属性还原为"纯粹事实性质"的从属，虽然最大限度地实现了限制正犯概念之下参与形态的现实素描，但并未充分满足参与行为定型性的规范要求。因此，"纯粹事实性质"的从属必须接受法治国框架下罪刑法定原则之定型要求。对回归犯罪论体系而言，就是要满足正犯构成要件的类型限定，将"纯粹实施性质的从属"规范重塑为"构成要件性的从属"。只有这样才能在纯粹惹起说立场上，既明确参与行为的处罚边界又廓清其处罚类型。对于前述第二项批判所举案例，正犯拒不实施救助行为只符合德国刑法规定的不进行救助罪的构成要件而非故意杀人罪的构成要件。[②] 因此实施教唆行为的参加者基于对正犯客观构成要件的从属也只能成立不进行救助罪的教唆犯，而非故意杀人罪的教唆犯。

二　立场优势之征显：共犯体系的内洽贯通

破除违法连带教义诫命，还原违法相对的真实内涵，将成为中立帮助行为刑事责任评价障碍消解路径的方向定位。改良的纯粹惹起说在倡导违

---

① 张明楷：《刑法学》，法律出版社 2011 年版，第 396 页。
② 德国刑法典第 323 条 C 款规定："意外事故、公共危险或困境发生时，根据行为人当时的情况救助有可能，尤其对自己无重大危险且又不违背其他重要义务而不进行救助的，处 1 年以下自由刑或者罚金刑。"参见《德国刑法典》，徐久生、庄敬华译，中国方正出版社 2004 年版，第 159 页。

法性独立考察、相对判断的同时接受构成要件从属的规范加固，有助于中立帮助行为入罪、出罪向度上规范评价障碍的体系消解以及后续归责模式的内洽贯通。

（一）违法相对性的轨线对接：最小从属性的选择

不论修正惹起说抑或混合惹起说均在一定程度上支持共犯对正犯违法性的从属。只不过前者是一种双向的积极从属，正犯与共犯违法性一体存在一体消灭；后者则是单向的消极从属，正犯违法性仅为共犯违法性存在的必要非充分条件。将上述违法连带语境嵌入共犯从属性程度问题，修正惹起说与混合惹起说即属于限制从属性的立场归结。

回归限制正犯概念的理论原点，共犯行为并未充足分则个罪的构成要件，只是由于介入正犯行为才能间接侵害法益。因此为廓清参与行为的类型边界，避免共犯域界的无序扩张必须建立共犯对正犯的从属，从而对应形成共犯从属有无的问题。承接此问题进一步探讨，就涉及共犯需从属何种条件的正犯的从属程度问题。作为共犯处罚根据的形式外化与立场延伸，确立何种处罚根据在一定程度上就已经决定了共犯从属程度的选择。对此存在迈耶总结出的四项从属类型，包括最小从属性、限制从属性、极端从属性以及夸张从属性。极端从属性与夸张从属性因违背责任个别原则已为学界所弃。面对网络代际违法相对的泛化现实，网络犯罪参与行为具备实质违法性而正犯仅存形式违法性已成常态。若仍立于修正惹起说与混合惹起说立场之上，固守违法连带的传统思考路径将会制造网络中立帮助行为刑事责任的评价困境。反观改良的纯粹惹起说主张共犯的违法性来源于共犯自身从而拆解了限制从属性的论理根基，实现了共犯从属性的正向降格。同时其将共犯对正犯"纯粹事实性质"的从属进行构成要件的规范再塑，实现与最小从属性理论的轨线对接，填补了本说软化共犯从属性的结构缺陷，实现了共犯从属性的反向加固。符合"不仅肯定责任的个别化，也肯定违法的相对性"① 的个人责任主义要求。面对网络时代的宏大背景，从限制从属性向最小从属性的理论转轨对于破解网络中立帮助行为入罪向度上的障碍具有现实意义。例如甲利用软件工具向某网络平台上传一部淫秽视频，平台管理人乙明知此淫秽视频存在而不删除供数百人观看下载。此时甲作为正犯其上传淫秽视频的行为符合传播淫秽物品罪的构

① 王昭武：《论共犯的最小从属性说——日本共犯从属性理论的发展与借鉴》，《法学》2007 年第 11 期。

成要件，但因数量较小并不具有实质违法性。而乙的平台支持行为无疑具有更大的法益侵害性存在刑事追责的必要。而依据限制从属性的归责路径，乙的参与行为将因正犯甲的行为不具有实质违法性而无法从属，因而不能作为共犯归责。面对网络犯罪参与行为违法相对现象的泛化，以限制从属性作为归责支柱的传统共犯归责路径会形成处罚疏漏。而采用最小从属性建构共犯归责路径将使上述问题迎刃而解。乙成立共犯仅以正犯甲的行为具有构成要件符合性为已足，并不妨碍将乙的参与行为作为帮助犯进行归责。改良的纯粹惹起说将共犯从属性从限制从属正向降格为最小从属，同时将"纯粹事实性质"的从属反向加固为构成要件的从属，实现了违法相对性价值内涵的真义诠释以及最小从属性的轨线对接，有助于化解网络共犯违法相对现象带来的归责障碍。

（二）纯粹惹起说之当然射程：行为共同说的提倡

关于共犯的本质问题刑法理论存在犯罪共同说与行为共同说间的立场分立。源于对共犯成立范围的划定分歧，犯罪共同说内部又分化出完全犯罪共同说与部分犯罪共同说两种理论。前者认为："共犯关系仅仅就同一犯罪类型存在。"① 后者主张："如果存在同质重合的关系时，就可以成立共同正犯，不必要求是同一或者特定的犯罪。"② 完全犯罪共同说虽然严格框限了共犯成立的范围，但因"无法解决共同正犯抽象的事实错误等问题，现在已鲜有支持者"③。行为共同说内部又存主观主义行为共同说与客观主义行为共同说之分。前者认为共同犯罪乃行为人主观恶性借助共同行为的外部征表，其成立仅要求前构成要件的自然行为具有共同性即可。客观主义行为共同说则认为，"既然是共同实行，构成要件的重要部分就必须是共同的，但各自成立的共同正犯可能是不同的犯罪"④。由于主观行为共同说立基于行为人刑法之上，脱离构成要件来考量共犯成立范围导致共犯成立缺乏明确性，已鲜有支持。

目前学界对于共犯本质问题的探讨主要在部分犯罪共同说与客观行为

---

① ［日］夏目文雄、上野达彦：《犯罪概说》，敬文堂1992年版，第253页。转引自马克昌《比较刑法原理——外国刑法总论》，武汉大学出版社2002年版，第595页。

② ［日］大塚仁：《刑法概说（总论）》，冯军译，中国人民大学出版社2003年版，第241页。

③ ［日］十河太郎：《论共同正犯的抽象的事实错误》，王昭武译，《江海学刊》2014年第5期。

④ ［日］前田雅英：《刑法总论讲义》，东京大学出版会1998年版，第394页。

共同说之间展开，二者的分歧在于如何理解共犯的成立条件。虽然部分犯罪共同说为了克服犯罪共同说的结构缺陷进行了一定的缓和与修正，但仍保留了共犯成立条件的"犯罪共同性"，除了"客观上具有共同犯罪事实之外，主观上还必须具有共同的犯罪故意"①。与之有别，客观的行为共同说认为"既然是共同实行，构成要件的重要部分就必须是共同的，但各自成立的共同正犯可能是不同的犯罪"②。行为共同说不仅在客观方面将"犯罪的共同"缓和为"构成要件的共同"，而且将犯罪的"意思联络"缓和为"实行行为的认识"。上述只是对两种学说差异性的解读，而形成此种差异的根本原因在于二者背后共犯认定理念与判断路径的不同，这与纯粹惹起说的立场本源存在着隐性的逻辑关联。

从判断路径上看，部分犯罪共同说在认定共犯成立与否时首先着眼于将各参与者视为统一的犯罪整体，判断是否存在统一的实行行为，如果存在则将该实行行为的罪责分摊适用于各参加者之上。例如甲、乙分别基于杀人的故意与伤害的故意共同攻击丙致其死亡。从犯罪共同说路径来看，就会首先基于甲、乙共通的犯罪事实与主观犯意将故意伤害的共同实行划定为共同犯罪，然后参考各参与人的主观犯意就罪责逸脱部分进行个别归责。这样虽然在结论上肯定甲、乙成立故意伤害罪的共同犯罪，但仍需要分别对甲处以故意杀人罪，对乙处以故意伤害（致死）罪。可以看出部分犯罪共同说其实回答了一个并无实意的问题——共同犯罪以何罪共同？而为了回答此问题，部分犯罪共同说必须先将各个参与者视为一个虚拟整体，然后为此整体拟制出一个共同的犯罪事实，并将其罪责转嫁于各参加者之上。这种思考路径其实是团体责任的思想残余，"实际上，对于实行行为的主体，通说（部分犯罪共同说）承认了超个人的存在，最终由各分担者就这一超个人的存在所实施的实行行为的全部来承担各自的责任"③。在此种团体责任思想指导下的共犯判定路径无疑有违现代刑法所坚守的个人责任原则。客观的行为共同说则是将各个参与者自身作为判断方向。共同犯罪与个体犯罪在构罪本质上并无差异，差异仅在于完成犯罪的方式不同。也即"单独犯是自己亲自实施到引起结果为止的全部实行

---

① 黎宏：《刑法总论问题思考》，中国人民大学出版社2007年版，第473页。

② ［日］前田雅英：《刑法总论讲义》，东京大学出版会1998年版，第394页。

③ ［日］西园春夫：《犯罪实行行为论》，戴波、江朔译，北京大学出版社2006年版，第252页。

行为，而共犯的场合，行为人将他人的行为置于自己行为的延长线上或者作为自己的行为加以利用而已"①。对于前述案例，甲的实行行为不仅包括自身的杀人行为还包括乙的伤害行为，乙的实行行为亦是自身的伤害行为与甲的杀人行为的结合。因此虽然成立共犯，但从各自行为出发分别认定为故意杀人罪的共同正犯与故意伤害罪的共同正犯。客观行为共同说将参与者个体的实行行为作为考察视角进行客观归责，比犯罪共同说更契合个人责任原则的要求。回归改良的纯粹惹起说立场，因坚持违法判断的相对性，共犯只需对正犯具有构成要件的从属即可。客观行为共同说以构成要件的共同为基轴，然后结合各参与者主观罪过分别认定共同犯罪的思考路径实现了对纯粹惹起说立场的逻辑承接，是对该说倡导的违法相对个体责任精神的体系性贯彻。"因此，客观主义行为共同说完全可以同纯粹惹起说相互印证。"②

同时，行为共同说的认定路径更为契合网络共犯异动变形的现实情境。借助网络空间主体匿名、行为虚拟、沟通实时的技术特性网络犯罪可以在瞬间实施。相较于传统共犯样态，网络犯罪参与者之间的犯意联络要么自始未曾发生，要么无法确定。立于纯粹惹起说之上以行为共同说为基础构建能够兼容网络共犯的中立帮助行为刑事责任判定模式。在客观行为方面要求数行为具有客观构成要件的共同，而无须特定犯罪的共同；在主观意思方面，"只需要一方具有利用、补充他方行为的意思"③，而无须就实施特定犯罪进行意思联络。"按照认为共犯是指各人通过与他人共同实施事实上的行为而实现各自的犯罪的行为共同说，只要各自的参与和结果之间存在因果关系即可，即便没有意思联络也可成立共犯。"④ 通过行为共同说缓和共犯成立条件的意思联络要求，可以有效化解因犯意联络弱化带来的网络共犯归责障碍。

---

① ［日］齐藤信治：《刑法总论》，有斐阁 1998 年版，第 269 页。转引自黎宏《共同犯罪行为共同说的合理性及其应用》，《法学》2012 年第 11 期。

② 秦雪娜：《共犯处罚根据的全新定位——改良的纯粹惹起说之提倡》，《环球法律评论》2015 年第 5 期。

③ 阎二鹏：《共犯本质论：基于"个人责任"的反思性检讨》，载赵秉志主编《刑法论丛》（第 19 卷），法律出版社 2009 年版，第 217 页。

④ ［日］松原芳博：《刑法总论重要问题》，王昭武译，中国政法大学出版社 2014 年版，第 313 页。

第四节　逻辑贯彻：帮助行为因果关系的
类型界定与判准构建

面对泛化出现的违法相对现象为中立帮助行为责任判定带来的现实困惑，传统共犯教义智识竭力维护的"违法连带"原则面临现实考验与检视需求。混合惹起说将参与行为法益侵害流程层面"纯粹事实性的依赖"规范还原并加固为构成要件的从属，实现了与限制正犯概念的逻辑对接、最小从属性的体系性贯彻。如果说共犯处罚根据的研讨解明了共犯成立的前提性问题，那么中立帮助行为因果关系的类型界定与判准构建就应成为当然的逻辑延伸。诚如学者所言："应当摒弃行为中立性的障眼法，而还原成帮助行为限定以及帮助犯成立条件的问题，在理论层面，这是共犯处罚依据理论的必然延伸。"①

一　帮助行为因果关系的立场爬梳

作为帮助行为的一种特殊表现形式，中立帮助行为虽因"日常性""制式性"的客观形态使其可罚性判断区别于传统的帮助犯归责模式，但是参与行为的规范结构仍是其不可更变的内在基因，帮助行为的因果关系即是这种固有结构的具体表现。因此在承接纯粹惹起说的逻辑基点的前提之下，如何廓清帮助行为因果关系的范围与判断标准，就成为构建中立帮助行为可罚性判定模式之前必须先行解决的问题。而围绕帮助犯因果关系问题的研讨，学界素来存在否定立场与肯定立场的对立。

（一）因果关系否定论的立场

帮助行为不仅在客观样态上表现出与正犯的外在差异，而且在法益侵害的规范层面也有所不同。基于此种客观形式与规范本质的结构差异，学界有观点认为成立帮助犯并不需要像正犯一般建立客观行为与法益侵害结果之间的因果关联，而应在规范层面上将帮助犯理解为危险犯。

1. 抽象危险说

本说支持者将帮助犯理解为对正犯法益侵害具有抽象危险的参与形态。德国学者赫茨贝格（Herzberg）通过对该国刑法帮助犯条款的规范解

① 方鹏：《论出租车载乘行为成立不作为犯和帮助犯的条件》，载陈兴良主编《刑事法判解》（第 13 卷），人民法院出版社 2013 年版，第 64 页。

读，认为既然立法者对帮助行为予以处罚，就表明了其反对一切对正犯法益侵害予以加功的行为。因为任何帮助行为都会在规范上对法益形成恶化状态，帮助行为本身即是一种对法益抽象危险状态的表现，"帮助犯是一种特别的构成要件及抽象危险犯"①。依此观点，即便帮助者为正在撬毁保险箱以窃取里面财物的正犯者提供了一瓶饮用水也仍应被认定为帮助犯。对参与行为而言，"使其（正犯）精神一新者，其行为虽然对犯罪行为的具体经过并无任何变化，甚至使之进行迟延，但他仍可以说是给予正犯'援助'者"②。这使得一旦提供了参与行为即便对正犯实际的法益侵害具有微乎其微的效果，仍然面临帮助犯归责的危险，无疑是对帮助犯成立范围的过分扩展。也许抽象危险说也意识到这一问题，从而限缩性地将帮助犯与为他人犯罪之预备形态等同评价。"他人预备行为与自己预备行为相比危险性更小，因而必须被帮助者着手实行犯罪之后，才有必要处罚帮助者。"③ 但令人疑惑的是，在德、日刑法中对于预备形态的处罚是一种例外现象，只在分则部分罪名之下予以设置。但刑法总则对于帮助犯的规定却是一种普适规则，即便为了限制帮助犯的成立范围而将正犯着手实行作为其前提性要件，但是将普遍处罚的帮助犯与例外成立的预备犯等同对待也有违立法本意，只能认为"现行法的立场是拒绝将帮助犯视为抽象的危险犯"④。

2. 具体危险说

为了避免抽象危险说之下帮助犯松弛的成立口径，部分学者在延续危险犯视角的同时将成立帮助犯所需要的抽象危险状态提升为具体危险。帮助犯的成立并不需要与正犯的法益侵害实害之间存在明确的因果关联，只要在客观上提升了正犯侵害法益的现实可能与成功概率就应以帮助犯既遂处罚。与抽象危险说相比，具体危险说通过危险状态的具体化在一定程度上缩限了帮助犯的成立范围。作为本说的代表者，德国学者萨拉姆（Salamon）与休夫斯达因（Schaffstein）均将法益侵害危险状态的具体危殆作为帮助行为的处罚标志，这使得具体危险说之下帮助犯因果关系被置

---

① 刘玲梅：《德国刑法中帮助因果关系问题的理论与实践》，《河南师范大学学报》2003 年第 2 期。

② 阎二鹏、吴飞飞：《帮助犯因果关系检讨——以共犯处罚根据论为视角》，《法治研究》2012 年第 8 期。

③ ［日］野村稔：《刑法总论》（补订版），成文堂 1998 年版，第 424 页。

④ ［日］立石二六：《刑法总论 30 讲》，成文堂 2007 年版，第 301 页。

于客观归责理论视野之下进行考察。通过对比帮助行为介入正犯行为之前与之后的法益状态，如果此种介入使得法益风险明显增加，就应对其以共犯归责。"被禁止规范保护的法益，与没有帮助者参与的场合相比，能够明显地变得危险时，帮助者的行为对保护的法益就具有危险化。"① 然而绕开因果关系的客观考察，即便将帮助行为对法益侵害危险状态的危殆化标准由抽象危险提升为具体危险，仍然可能削弱参与行为对正犯构成要件从属性所具有的处罚限缩作用，有陷入单一正犯体系的潜在危险。例如在具体危险说的支持者看来，望风者 A 在未与实施盗窃行为的正犯 B 沟通的情况下主动为其放哨，即便在正犯 B 实施盗窃行为的整个过程中始终没有他人经过犯罪地，也即帮助者 A 既未建立物理的因果关系也不存在心理的因果关联，"B 还可以作为盗窃既遂的帮助"②。可以看出，弃置对帮助行为因果关系的具体判断使得具体危险说本身仍然存在不当扩张帮助犯成立范围的潜在倾向。

（二）因果关系肯定论之立场

将帮助犯转化评价为危险犯试图回避因果关系的探讨，虽未偏离法益保护的基本立场，但相较于因果关系的类型化建构仍然失之模糊。回归限制正犯概念与因果共犯论的逻辑基点，确立帮助犯因果关系的实质根基即是中立帮助行为可罚性模式建构的先行问题。在帮助犯因果关系肯定论立场之下，如何理解帮助犯因果关系的实质内涵、如何确立帮助犯因果关系判定标准，学界源于考察角度以及研讨路径的不同又形成了正犯结果引起说、正犯行为促进说、因果关系促进说以及心理因果关系说等不同立场。

1. 正犯结果引起理论的"条件说"困境

从共犯处罚根据角度而言，处罚共犯的前提源于参与行为介入正犯而间接侵害法益，因此将帮助犯的因果关系界定为参与行为对于法益侵害结果的引起即是立场的一贯坚持。在此前提之下，本说认为正犯的因果关系模型及其判定准则也应一并对其适用，以条件关系为蓝本就是帮助犯因果关系的判断标准。"既然帮助犯的构成在客观不法上是以实害结果为要

---

① 刘玲梅：《德国刑法中帮助因果关系问题的理论与实践》，《河南师范大学学报》2003 年第 2 期。

② ［日］西田典之：《共犯理论的展开》，江朔、李世阳译，中国法制出版社 2017 年版，第240 页。

件，那么帮助行为和实害结果之间的因果关系自然也是构成帮助犯之不法要件。"① 诚然，以条件理论阐释帮助犯因果关系可以实现参与体系之下帮助犯与正犯之间理论架构的充分对接。但是限制正犯概念之下帮助犯本身即是区别于正犯的参与形态，笼统套搬条件公式于帮助犯之上无疑忽视了二者在外在行为模态与内在规范本质层面的差异，引发解释困惑。仍以望风行为为例，甲承诺为乙盗窃望风，但是当天适逢暴雨而无人经过现场时，乙顺利实施盗窃行为如果严格以条件公式审核，无法得出没有甲之望风即不存在乙之盗窃既遂的条件关系，那么否认甲承担帮助犯既遂责任即是当然的结果，从而形成法益保护间隙。可以看出，将帮助犯的因果关系完全等同于单独正犯的没有 A 就没有 B 的 "but for" 的条件因果关系，存在重大疑问。② 为了避免上述解释困境，本说的部分支持者试图在维持帮助行为与正犯结果之间因果关系的前提之下，将帮助犯问题领域之下的条件公式进行修正适用。"只要帮助行为影响到了正犯的实行行为及其结果的形态，就应承认帮助犯的成立。"③ 而如何判定帮助行为对结果形态的外在影响则应立于事后立场进行比对判断，如果从事后看帮助行为增加了既遂的危险并且实现为结果，就应肯定因果关系。④ 然而行为犯、危险犯或者组织犯并不都要求存在构成要件的结果，"如果说答案是肯定的，正犯结果引起说明显有欠全面"⑤。

2. 正犯行为促进说的 "流程遮断" 误区

正犯行为促进说通过缓和条件公式的适用标准以确定帮助犯的因果关系，只要帮助行为作用于正犯的实行行为并对其发挥了促进作用，使得正犯实行更为容易即可。"将帮助之因果关系求之于帮助行为与实行行为间之关系即可，而无须直接求之于帮助行为与正犯结果间之关系。"⑥ 可以看出，正犯行为促进说从两个角度缓和了条件公式在帮助犯领域内的适用，一方面将帮助犯因果流程缓和为帮助行为与正犯实行之间的关联结构，另一方面将条件公式之下行为与结果之间的 "引起公式" 改造为帮

---

① 黄荣坚：《基础刑法学》（下），中国人民大学出版社 2009 年版，第 559 页。
② 参见 ［日］前田雅英《刑法总论讲义》（第四版），东京大学出版会 2006 年版，第463 页。
③ 陈家林：《外国刑法通论》，中国人民公安大学出版社 2009 年版，第 601 页。
④ 参见 ［日］浅田和茂《刑法总论》（补正版），成文堂 2007 年版，第 446 页。
⑤ 张伟：《试论帮助犯的因果关系》，《海峡法学》2010 年第 2 期。
⑥ 陈子平：《刑法总论》（下册），元照出版社 2006 年版，第 201 页。

助行为对正犯实行的"促进公式"。这样，即便帮助行为没有对最终的法益侵害结果产生助力，但"只要帮助者的行为对于实现犯罪构成要件的主行为于任何一个时点在事实上有所促进、支助，即为已足"①。上述改造的确在一定程度上缓解了正犯结果引起说存在的理论弊端。然而，遵循限制正犯概念与因果共犯论的理论原义，帮助行为只是因为法益侵害的间接性而体现出其区别于正犯的参与形态，但这并不能够得出帮助犯的因果关系应架设在帮助行为与正犯行为之间的结论。如此反观正犯行为促进说的理论内涵并非不无疑问。一方面，将帮助行为与正犯结果的完整因果流程遮断为帮助行为与正犯实行之间，无疑忽视了帮助行为对法益侵害结果的现实加功作用。"这种'行为促进说'属于责任共犯论和不法共犯论的结论，与以惹起基本构成要件的结果作为处罚根据的惹起说之间，不具有整合性。"② 另一方面，如果切断帮助行为与结果之间的因果考察，在帮助行为现实促进了正犯未遂的情形下，帮助行为将因与正犯行为存在促进关系而被认定为帮助犯既遂，产生正犯未遂共犯既遂的吊诡情形。"如果像该说所主张的那样，只要促进了正犯行为就成立帮助犯的既遂，将无法区分既遂的帮助与未遂的帮助犯。"③

　　3. 因果关系促进理论的"结果内涵"重构

　　在德、日刑法学界对帮助犯因果关系的探讨中，围绕"条件公式"的修正适用是一个总体性的演进方向。部分学者以因果关系的"结果内涵"为切入点并对其内涵予以扩张，使"正犯行为"囊括其中。在此基础之上以"促进公式"替换"条件公式"从而形成因果关系促进理论。此说向来为德国实务所支持，"帮助对这个结果来说不是原因，而仅仅必须是促进这个结果的出现就可以了"④。在日本司法判例中虽未见对本说的明确支持，但在部分判决中也显见因果关系促进理论的要旨。"只要认识到是犯罪行为，仍给予犯罪以实行的便利，使之容易实现即可，不以对

① 蔡圣伟：《帮助行为的因果关系》，载林维主编《共犯论研究》，北京大学出版社2014年版，第381—382页。
② ［日］松原芳博：《刑法总论重要问题》，王昭武译，中国政法出版社2014年版，第315页。
③ 温登平：《论帮助犯的因果关系》，《甘肃政法学院学报》2015年第6期。
④ ［德］克劳斯·罗克辛：《德国刑法学总论》（第二卷），王世洲译，法律出版社2013年版，第146页。

犯罪的实施给予了不可或缺的助力为必要。"① 可以看出，通过将因果关系的"结果"内涵予以扩张解读使正犯行为也纳入其中，有效消解了之前正犯结果引起说在帮助行为犯、危险犯情形下的适用无力。同时，以"促进公式"替换"条件公式"的判定逻辑对于具体案例的解释结论更具张力，有助于心理帮助的法益侵害效果获得充分的规范性评价。如甲得知乙准备盗窃丙的仓库，便将万能钥匙交于乙协助其顺利完成。由于仓库当晚并没上锁，乙未使用万能钥匙仍然盗窃既遂。在此案例中，因乙并未实际使用万能钥匙，所以应否定甲的物理帮助效果的存在。如果适用条件公式即会得出不罚的结论。然而，甲提供万能钥匙的行为无疑在心理上巩固了乙的犯罪决意，而且这种心理层面的促进效果并非仅达至正犯着手阶段，而是一直持续到犯罪既遂的实现。因此，依据因果关系促进理论理应将甲认定为盗窃罪的帮助犯既遂。需要注意的是，因果关系促进理论通过改变条件公式的判定逻辑使得帮助犯因果关系的认定更趋合理，但是如何设置"促进"的标准仍然需要明确回应。有学者指出，促进公式中的促进作用并非一般生活意义上的帮助，而必须是真正提高了正犯结果的发生风险。这样"所谓的提供帮助便指：以任何一种方式使主行为成为可能、更加容易实行或是会强化主行为法益侵害的贡献"②。

4. 心理因果关系说的单轨缺陷

与之前的各种立场不同，部分学者跳脱出对帮助行为因果关系的整体判断，将其分解为物理与心理的两个关系层面，并将后者拟制为帮助犯成立所需要的条件。"只要帮助犯与正犯之间具有意思联络，就具有促进正犯行为的效果，也就具有心理的因果性。换言之，共犯的因果性是一种拟制的因果性。"③ 可以看出，心理因果关系说一改之前各立场整体判断帮助行为因果关系的思考路径，只将心理因果关系拟制为判定的基本条件，如果帮助者与正犯者之间具有犯罪意思的联络沟通即可肯定帮助犯因果关系成立，实现了判定标准的重新定义。然而此种因果关系的判定标准却存在诸多困惑。一方面，本说使得帮助犯内部的物理因果关系与心理因果关

① 大判大正 2・7・9 刑录 19 通辑第 771 页。转引自［日］西田典之《日本刑法总论》，王昭武、刘明祥译，法律出版社 2013 年版，第 307 页。

② 蔡圣伟：《帮助行为的因果关系》，载林维主编《共犯论研究》，北京大学出版社 2014 年版，第 382 页。

③ 陈家林：《外国刑法通论》，中国人民公安大学出版社 2009 年版，第 602 页。

系双层架构被简化为心理因果关系的单一流程。"既然有心理因果关系，那就可以肯定共犯的加功行为对正犯及其引致的结果有影响。"① 然而为何剔除物理因果关系仅以心理因果关系单一层面作为判断依据存在疑问。也许在本说支持者看来成立共犯当然需要参与者之间就犯意进行联络，将其还原为心理因果关系比起物理因果关系的认定更为容易。然而如前文所述，网络犯罪的兴起已经颠覆了将犯意联络作为共犯成立主观要件的传统共犯认定模式。帮助者与正犯者之间不需要犯罪计划意义上的联络，只要二者对帮助行为具有"提供"与"利用"的认识即可。否则片面帮助犯的存在空间将被心理因果关系说彻底排除。另一方面，仅将心理因果关系作为认定帮助犯因果关系的唯一条件，此种简化将导致帮助犯的成立范围被间接扩张。为了抑制心理因果关系可能产生的宽泛认定，本说的支持者将物理因果关系作为心理因果关系的限定条件。也即存在心理因果关系之后还要通过物理因果关系的认定进行二次限缩。然而为何心理因果关系的地位优越于物理因果关系，本说无法解明。既然将心理因果关系作为唯一的判定条件，又用物理因果关系进行检验的做法也与本说的基本逻辑存在冲突。

二　体系性的思考结论：修正的因果关系促进理论之诠释与提倡

　　否定帮助犯因果关系的存在空间难言是对区分制共犯立法体系之下参与行为的真实解读。肯定帮助犯因果关系的立场虽然成为学理研讨的基本共识，但源于考察视角与论证路径的差异仍然争议不止。正犯结果引起说、正犯行为促进说虽将条件关系予以调整引入，但片面注重帮助行为与正犯行为或正犯结果的判定方法使其存在论理缺陷。心理因果关系说曲解帮助犯因果关系的实质内涵，将物理与心理因果关系的平行架构更改为心理因果关系的单一流程，简化因果关系判断条件的同时也引发了帮助犯成立范围扩张的风险。相较而言，因果关系促进理论在对帮助行为法益侵害间接特性予以关注的同时，以"促进公式"替代"条件公式"更加符合帮助犯的独特构造。

　　（一）"结果"内涵的教义澄清

　　刑法教义研讨范围内的因果关系通常是指实行行为与危害结果之间的

---

① 张伟：《试论帮助犯的因果关系》，《海峡法学》2010年第2期。

关联关系。之所以将实行行为与危害结果作为因果流程的始端与终端，原因在于因果关系的通常架构均是以单独正犯为蓝本建立的。因果共犯论的基本立场已经阐释了帮助犯法益侵害流程的特殊性，其只能介入正犯实行才能间接造成侵害法益的结果。因此，以正犯为蓝本构建的因果关系框架在解析帮助犯的参与形态时必须进行内涵重释与标准再造，唯有如此才能准确反映帮助犯因果关系的特殊构造。

1. 正犯实行的中介作用

回顾前述正犯结果引起理论与实行行为促进理论，前者将条件关系直接引入帮助犯因果关系的判定以维持正犯与共犯因果关系认定的一致性，然而"条件公式"不仅造成帮助犯因果关系的理解困惑，而且使帮助行为犯、危险犯情形被排除在适用范围之外。实行行为促进理论虽然将"条件公式"改造为"促进公式"，但截断帮助行为与法益侵害结果的间接关系，将完整的法益侵害流程遮断为帮助行为与正犯实行之间，无法有效厘清帮助犯未遂与既遂形态的界限。其实，从因果共犯论角度再现帮助犯的法益侵害流程，其特殊性仅在于借助正犯实行建立了与法益侵害结果之间的因果关联。因此帮助犯可罚性的归属离不开正犯的实行行为，也无法取消法益侵害结果的考察。将此还原为帮助犯的因果关系内涵，也即需要分别考察帮助行为与正犯实行行为以及法益侵害结果之间的关系，正犯实行是帮助犯法益侵害结果产生的中介桥梁。这也正是实行行为促进理论与正犯结果引起理论虽然存在诸多判定分歧，但"两说却有一个共许的前提：帮助犯的因果性脱离正犯的实行行为将是无法存在的"[1]。诚然，将"实行行为"纳入帮助犯因果关系的"结果"内涵，变更了通识理解之下因果关系的原始定义。因而被学者质疑为"为了解决这一问题而变更'因果关系'的概念，从规范体系论上看存在疑问"[2]。然而如此处理的初衷在于契合帮助犯因果流程的特殊性，使其能够对加功行为犯、危险犯的情形作出合理回应。行为犯、危险犯本身即是帮助犯因果关系涵摄的结果要素，当正犯满足行为犯、危险犯的成立要件而达至既遂时，帮助行为与结果之间的因果关系既已确立从而成立帮助犯既遂。

2. 法益侵害的实然结果

之所以将正犯的实行行为进行如此解读，源于不同正犯类型之下帮助

---

[1] 张伟：《试论帮助犯的因果关系》，《海峡法学》2010年第2期。

[2] ［日］山中敬一：《刑法总论》（第二版），成文堂2008年版，第922页。

犯既遂形态与未遂形态的实质差别。"对于行为犯类型的帮助与对于结果犯类型的帮助，不同之处只在于，后者的不法事实除了正犯的构成要件该当行为本身之外，也还包括了该种犯罪所要求的构成要件结果。"① 对于行为犯类型，一旦行为符合特定行为方式，即便没有造成法益的实害结果仍然成立行为犯既遂。这种以法益危险而非实害结果作为既遂认定依据的行为属性使得行为犯与抽象危险犯具有共通性。"抽象的危险犯是行为犯，行为犯的应受处罚性，是以符合构成要件行为对特定法益的一般危险性为基础的。"② 因此当帮助犯加工于行为犯或抽象危险犯时，只要正犯着手实行即可成立帮助犯既遂形态。如果作为正犯的行为犯、危险犯引发了更为严重的法益侵害加重结果，此时由于帮助犯介入正犯实行而与该加重结果存在因果关联，仍应对该加重结果予以归责。与正犯为行为犯、危险犯情形不同，当帮助行为作用于结果犯时，帮助犯既遂与未遂状态的区分界限取决于帮助行为与正犯实行还是正犯结果存在因果关系。若帮助行为的促进效果仅持续到正犯实行行为阶段而未延续至最终的实害发生阶段，那么帮助行为仍然只对正犯实行引发的法益危险承担责任，此时帮助者成立帮助未遂。如甲得知乙准备前往丙宅盗窃，便将万能钥匙交予乙助其完成。后乙在开锁时不小心将钥匙扭断便翻墙入院盗窃成功。在本案例中，因为钥匙被扭断使得甲帮助行为的促进效果仅仅持续到正犯乙着手盗窃的实行阶段。即便此后乙适用其他方式犯罪既遂，甲的帮助行为与该法益侵害结果之间既不存在物理因果关系也不存在心理因果关系，仅承担帮助未遂的责任。

（二）"促进公式"之结构补正与立场提倡

因果共犯论阐释了帮助犯因果关系的成立必须借助正犯实行这一中介因素，"从犯之帮助行为与正犯实行结果间之因果关系，往往具有重叠性"③。为了适应帮助犯因果关系重叠性、间接性的独特构造，因果关系促进理论将以正犯为蓝本构建的传统因果关系进行适度调整，将实行行为与法益侵害结果一并纳入帮助犯因果关系的"结果"内涵中。其实，正

---

① 蔡圣伟：《帮助行为的因果关系》，载林维主编《共犯论研究》，北京大学出版社2014年版，第391页。

② ［德］汉斯·海因里希·耶塞克、托马斯·魏根特：《德国刑法教科书（总论）》，徐久生译，中国法制出版社2001年版，第322页。

③ 温登平：《论帮助犯的因果关系》，《甘肃政法学院学报》2015年第6期。

犯结果引起说与实行行为促进说都正确揭示了帮助犯因果关系的一个面向。前者注重正犯法益侵害结果的判定意义，后者注重正犯实行行为的中介作用。但完整的帮助犯因果关系无法脱离任何一方而单独存在。只是源于可罚形态与不可罚形态区分界限，既遂形态与未遂形态的厘清要求，使得二者在不同情形下担负着不同的判定任务。因此，将正犯的实行行为与法益侵害结果全部纳入帮助犯"结果"内涵的考察范围，通过对以正犯为蓝本构建的因果关系判定模型进行修正适用，促进理论实现了与帮助犯因果关系间接性、重叠性特质的内部契合。

诚然，因果关系促进理论避免了"条件公式"的僵硬缺陷。"让正犯实行行为变容易、让结果发生的危险增加的行为"[1] 即可理解为帮助行为。因此成立帮助犯因果关系并非要求帮助行为、正犯实行以及构成要件结果三个要素节点之间形成没有前者就没有后者的条件关系。然而如果仅仅依据"帮助性贡献使得更容易实现构成要件"[2] 便承认帮助犯因果关系的存在，这使得"促进公式"显得过于模糊。因为对于正犯法益侵害发生而言的任何加功作用都可能被理解为"促进公式"的满足，这将导致帮助犯因果关系成立条件过于宽缓抑或陷入恣意。也是在此意义上，德国学者罗克辛指出"促进公式具有很大的弱点，它使得区分未遂性帮助、对未遂性帮助与对完成性构成行为的帮助变得不可能。"[3] 因此，在适用因果关系促进理论的基本立场前提之下，必须对其理论内核的"促进公式"予以修正改良，也即应将风险升高的判定逻辑填充嵌入"促进公式"之中，以求得解释结论的合理周延。

因此，以"促进公式"替换"条件公式"，以风险升高作为理论内核的修正因果促进理论就与客观归责理论具有内在契合性。"与客观归责的一般原则相协调，只有在一种原因性贡献对被害人提高了风险，对实行人提高了实现结果的机会时，这种原因性贡献才能是一种帮助。"[4] 这种从

---

① ［日］佐伯仁志：《刑法总论的思之道·乐之道》，于佳佳译，中国政法大学出版社 2017 年版，第 311 页。

② ［德］乌尔斯·金德霍伊泽尔：《刑法总论教科书》，陈璇译，北京大学出版社 2015 年版，第 451 页。

③ ［德］克劳斯·罗克辛：《德国刑法学总论》（第二卷），王世洲译，法律出版社 2013 年版，第 147 页。

④ ［德］克劳斯·罗克辛：《德国刑法学总论》（第二卷），王世洲译，法律出版社 2013 年版，第 153 页。

风险升高角度展开的逻辑解算不仅符合帮助犯因果关系重叠性、间接性的结构特征，而且也为中立帮助行为可罚性判定模式指明了合理的思考方向。如果单纯依据中立帮助行为与法益侵害的事实关联作为可罚性归属的依据，无疑将形成中立帮助全面可罚的不适结论，这也正是全面处罚说已为学界所弃的原因。"自然的因果关系，不符合刑法上根据目的论对存在论的事实加以限制的法则。"① 因此，将风险升高考察方法纳入因果关系促进理论，以此充实"促进公式"的实质判定逻辑就具有现实价值。在此意义上而言，"帮助犯与正犯的结果之间是否必须具有因果关系与如何判断这种因果关系是两个层面的问题"②。中立帮助行为因果关系的判定并不仅是存在论意义上法益侵害客观关联的事实性考察，而是需要结合风险要素进行规范性判断的客观归责过程的再现。

三　类型的分隔与界定：物理因果关系与心理因果关系的判定

"因果关系对我们探索中立的帮助行为与正犯行为、犯罪结果之间是否存在关系、关系的大小如何，从而界定中立的帮助行为的可罚范围起到一个桥梁的作用。"③ 因此，如何准确认定帮助行为的因果关系，成为构建其刑事责任判定模式的先决问题。在因果关系促进理论之下，帮助犯因果关系的判定需要结合风险升高的内在逻辑进行考察。以风险升高的客观归责视角填充"促进公式"的判断方法，使得事实层面的因果关系接受规范层面的软化。借助客观归责考察视角审视物理与心理因果关系的双轨架构，规范性思考结论的得出将为中立帮助行为可罚性判定模式的合理构建提供基础性支持。

（一）帮助行为的物理因果关系判定

帮助行为的物理因果关系可以表现为如下情形：（1）没有帮助行为就不可能发生正犯结果；（2）使正犯结果的范围扩大；（3）使正犯结果提前发生；（4）使正犯结果发生的危险增大。④ 可以看出，帮助行为的物

---

① 童德华：《刑法中客观归属论的合理性研究》，法律出版社 2012 年版，第 156 页。

② 阎二鹏、吴飞飞：《帮助犯因果关系检讨——以共犯处罚根据论为视角》，《法治研究》2012 年第 8 期。

③ 孙万怀、郑梦玲：《中立的帮助行为》，《法学》2016 年第 1 期。

④ 参见张明楷《共同犯罪的认定方法》，《法学研究》2014 年第 3 期。

理因果关系并非仅表现为条件关系的引起形态，而是更多呈现为对正犯法益侵害时间、范围、程度上的加重、促进作用。对于中立帮助犯行为而言，由于其多存在于制式性的日常生活领域，通常而言并非需要与正犯进行犯意联络层面的沟通。程式性介入正犯行为的客观特征也使得中立帮助行为多以物理加功的参与形式存在，表现在因果关系层面即是物理因果关系的客观关联。然而，如果将此种事实层面的客观关联等同于归责意义上的因果关系无疑会造成中立帮助行为可罚范围的扩张。虽然"刑法因果关系的认定本质上是归责的判断"①，但仍然不能将存在论层面的事实归因等同为规范论层面的客观归责。这种区分的意义在中立帮助行为因果关系判定问题上表现得尤为明显，如果以物理因果关系存在肯定帮助者的归责结论将可能重现全面处罚说的思维困境。"归因是一个事实问题，通过因果关系理论解决；归责是一个评价问题，通过客观归责理论解决。"② 因此，在适用促进理论解析物理因果关系时应结合风险升高的客观归责视角进行规范性判断，避免以存在论层面的法益侵害关联等同为刑事归责充分条件。譬如厨师甲在明知杀手乙吃饱饭后就去杀害仇人仍为其烹制餐食；又如妻子丙知道丈夫丁有不穿脏皮鞋出门的习惯，在明知丁要出门盗窃时仍将其皮鞋擦拭干净；再如加油站员工戊明知司机戍已经饮酒仍然为其加满汽油，后戍因交通肇事致人死亡。在上述案例中，从帮助行为与最终的法益侵害结果的客观因果关联角度来看，甲、丙、戊的行为都在客观上促进了法益实害的发生，但并不能据此直接将法益侵害结果归属于参与人身上。从风险升高角度观察，上述中立帮助行为只是日常行为的通常表现，并没有在刑法归责意义上推升正犯侵害法益危险的程度，在风险升高判定路径之下应否定物理因果关系的存在。当然，此种中立帮助行为物理因果关系存在与否的结论得出，已经不是在事实层面而是归责层面的思考结论。"只要对犯罪行为的主张不是一目了然，被看作犯罪的前提的日常交易行为，其犯行惹起力就应被忽视。很明显，这并不是通过因果关系理论而是通过客观归责论加以解决的。"③

（二）帮助行为的心理因果关系判定

从因果关系角度审视中立帮助行为，行为人与正犯之间通常并不会就

---

① 劳东燕：《风险分配与刑法归责：因果关系理论的反思》，《政法论坛》2010 年第 6 期。

② 陈兴良：《从归因到归责：客观归责理论研究》，《法学研究》2006 年第 2 期。

③ ［日］松宫孝明：《刑法总论讲义》（第四版补正版），钱叶六译，中国人民大学出版社 2013 年版，第 220 页。

犯罪计划进行交流沟通，只是源于中立行为的制式性、日常性而介入正犯行为从而同犯罪结果存在关联。这使得中立帮助行为多以片面共犯形式存在，反映在因果关系层面即是物理因果关系留存，而心理因果关系缺失。但此种特殊的形态特征并不妨碍学理层面的讨论。学界对于帮助犯的心理因果关系通常在两种模式上进行把握，一种模式为通过提供犯罪计划、技术指导而对正犯行为产生影响，另一种模式指通过鼓励正犯行为，打消正犯疑虑而增强犯罪决意。"前者是对知性心理施加影响，是技术性建议，后者是对意欲性心理施加影响的狭义的心理帮助。"① 相对于物理因果关系事实外化的客观特征，心理因果关系因其存在于正犯与参与者之间的内心活动领域，从而增加了判定难度。中立帮助行为的心理因果关系概莫超出上述两种类型。技术性建言所承载的心理关联可以借助正犯实行行为的事实流程予以反向验证，因此相对容易判定。困难在于决意强化型因果关系，譬如在强奸现场驻足围观的路人是否存在正犯决意的助长作用，在斗殴现场呐喊助威的看客是否与正犯具有心理关联，如果认为上述行为都促进了正犯实行，必然造成处罚范围的扩张。因此对于犯意强化型心理因果关系而言，学界在适用"促进公式"时都作了进一步的限定。也即"心理因果性中的'促进关系'，是指提供动机或者消除反对动机而维持、强化正犯的犯意，使之在反悔的可能性降低的心理状态下惹起了结果"②。另外，对于单纯围观助势行为的心理因果关系认定必须添加作为义务的限定要件，只有具有保证人地位的旁观者才能肯定心理因果关系的存在。当然，可罚的中立帮助行为作为一种具体的参与形态，心理影响的内容往往与中立的行为有关，有着从事正常民事活动的意义，却让正犯者知悉了帮助者的帮助意思，强化了犯意。③ 因此，对于中立帮助行为心理因果关系的认定，除了接受"促进公式"基础上的进一步限定外，还须要求中立帮助者促进正犯实行的意思要为正犯所知悉。唯有如此，才能严格限定中立帮助行为的心理因果关系成立范围，"不至于帮助犯成为共犯形式中的

---

① ［日］高桥则夫：《共犯体系和共犯理论》，冯军、毛乃纯译，中国人民大学出版社2010年版，第215页。
② ［日］松原芳博：《刑法总论重要问题》，王昭武译，中国政法出版社2014年版，第316页。
③ 参见孙万怀、郑梦玲《中立的帮助行为》，《法学》2016年第1期。

'拦截式构成要件'"①。

（三）物理——心理转换型因果关系的判定

帮助犯虽然具有物理与心理因果关系的二元平行架构，但是在特定情形下物理因果关系对于心理因果关系具有生成作用。譬如甲明知乙持匕首去暗杀丙，仍向其提供手枪以保证成功。后乙并未使用手枪而是用匕首将丙杀死。在此案例中，甲提供枪支的行为不仅建立了与正犯实行行为的物理因果关系，同时附带形成了心理因果关系的溢出效果。问题在于当心理因果关系生成之后物理因果关系被遮断，此时心理因果关系能否持续，此种持续具有何种效果，答案的得出对于帮助行为的刑事归责认定具有现实意义。分析上述情形，虽然帮助行为初始产生了物理与心理因果关系的双重效果，但最终还需落脚于心理因果关系的判定上来。因此，笔者认为对于此种物理—心理转化型因果关系的判定问题仍可适用前文关于心理因果关系的研讨结论。以促进理论对帮助犯心理因果关系研判时，应将"风险升高"的客观归责视角嵌入"促进公式"之中。同时相较于物理因果关系的事实化特征，心理因果关系的虚化性使其必须接受更为严格的限定判断，即必须真正强化了正犯决意并进而物化于实行行为之中才能对其进行客观归责。因此对于物理—心理转换型因果关系仍应将实行行为作为分隔界限进行具体判断。

首先，当物理加功行为在正犯着手实行之前即已丧失作用，此时应认为物理因果关系以及与之伴随的心理因果关系被一并遮断，帮助行为应认定为不可罚的帮助未遂。因为在转换型心理因果关系情形下，心理因果关系虽然并列于物理因果关系，但对后者仍具有一定的附随效果。只有心理因果关系与物理因果关系并行前进至正犯着手，心理因果关系才能对正犯实行产生影响。因此，物理因果关系若在正犯实行之前即被遮断，从风险升高角度而言很难认为附随的心理因果关系能够推升正犯的法益侵害风险。若甲向乙提供手枪以帮助其杀害丙，乙因匆忙而忘记携带甲提供的手枪，后只得用匕首将丙杀死。此时甲提供枪支的物理作用与心理作用在正犯着实之前即以停止，因此物理因果关系以及伴随生成的心理因果关系同时切断，对甲只能认定为不可罚的帮助未遂。

①　阎二鹏、吴飞飞：《帮助犯因果关系检讨——以共犯处罚根据论为视角》，《法治研究》2012年第8期。

其次，当物理因果关系以及与之伴随的心理因果关系并行作用至正犯实行阶段后物理因果关系遮断。因为帮助行为与正犯实行已经存在因果关系，此时将其认定为可罚的帮助犯未遂还是既遂则取决于心理因果关系的判断。对于此种情形，笔者认为应以物理因果关系的遮断原因为依据具体考察。如果物理因果关系的遮断源于物理作用力本身的障碍，则从根源上消解了心理因果关系的存续可能。此时，由于帮助行为与法益侵害结果之间不存在物理因果关系与心理因果关系，对于帮助者只能认定为可罚的帮助犯未遂。若物理因果关系遮断源于物理作用力之外的障碍，此时物理因果关系虽然遮断，但仍然存在心理因果关系的规范残余，此时帮助者仍应对法益侵害结果承担责任。例如甲向乙提供枪支以帮助其杀丙，若乙在实行时发现甲提供的枪支扳机存在故障根本无法发射，此时因为物理帮助作用本身的障碍使得心理因果关系也一并被遮断，甲只承担故意杀人罪的帮助犯未遂。若正犯乙因为自身枪法太差，将手枪内的子弹消耗殆尽也未击中丙，只能用自身携带的匕首将丙杀死。此时甲提供枪支的物理因果关系已被遮断，只是由于心理因果关系对于正犯犯罪决意具有规范残余，并实化为致丙死亡的结果，因此甲应承担帮助犯既遂的责任。

上述物理—心理转化型因果关系的讨论只是对于帮助犯的一般情形而言。中立帮助行为作为帮助行为的一种特殊形态，对其因果关系的判断应更加严格。中立帮助行为大多以片面共犯的形态存在，通常只具有物理因果关系的存在空间。因此对于中立帮助行为的物理—心理转化型因果关系判断，在一并适用以风险升高为内核的因果关系促进理论的同时，还应添加促进意思已为正犯所知悉这一限定条件。如此才能避免中立帮助行为心理因果关系宽泛认定可能导致的处罚范围不当扩张。

第三章

问题的核心：中立帮助行为刑事责任判定模式的检讨

传统共犯教义智识之下的帮助犯归责路径并非完全符合中立帮助行为的事实特征，套搬使用将使中立帮助行为陷入全面处罚的不利境地，因此必须对共犯归责模式进行必要的整合调适。纯粹惹起说的立场选定回应了中立帮助行为违法相对的异化现象，破解了入罪向度与出罪向度上的责任判定障碍，而围绕中立帮助行为因果关系的思考也奠定了刑事责任判定模式的基础。因此以纯粹惹起说为逻辑起点，以违法相对为构建指南，以因果关系的风险升高为归责视角，检视学界既有中立帮助行为的归责路径，可以为其刑事可罚性判定模式的合理构建提供思维素材与基底支撑。基于中立帮助行为承载的社会分工机能，以谨慎的入罪态度限制中立帮助行为的处罚范围已成学界共识。而源于考察视角的差异、限缩方法的区别，又形成了观点林立、百家争鸣的局面。不同观点之间的争鸣必然对中立帮助行为的深化研讨大有裨益，亦能提供多维的归责考察视角。虽然中立帮助行为问题肇始于德、日刑法，但作为风险社会、网络代际之下的共通现象，如何构建合理的刑事责任判定路径应是共同的时代课题。不同路径的设置本身即反映出学界对此问题在犯罪阶层框架下的定位差异。因此，将既有学说置于犯罪论体系之下予以检视，通过阶层定位的差异比对提炼不同归责进路背后的内在逻辑，不仅能对归责缩限效果进行验证，亦可为其合理性考察提供一个检视视角。

第一节 构成要件阶层内部的刑事责任判定模式构建

中立帮助行为问题归置于构成要件阶层内部的何种体系位置进行考

察，直接决定着与之承接的可罚性判定模式的具体构建，进而也影响着具体判定模式承载机能的作用原理。"回归刑法，关于中性行为可罚性问题，首要是应在何种层次检验的问题。亦即这些可能助长法益侵害风险的中性行为，到底应在犯罪阶层的哪一个部分检验。"① 在构成要件阶层内部，源于不同学说对于中立帮助行为可罚性判定条件的设置差异与立场偏向，又可将其大致分化在主观构成要件层面与客观构成要件层面内部予以精细考察。

一 主观构成要件层面的学说检思

部分学者通过考察中立帮助者的主观认识因素并将其还原为罪过要素，形成从主观构成要件阶层构建中立帮助行为刑事责任判断模式的思考路径。从学脉演进历程角度而言，立于主观构成要件阶层进行归责考察的路径较早产生。这与中立帮助行为的自身特征以及传统帮助犯归责路径具有关联。中立帮助行为无法直接造成法益侵害的实然结果，其客观的"参与"形态与帮助犯的规范"从属"结构存在天然关联。虽外在的中立特征使其相较于传统帮助犯归责类型更为特殊，但在共犯体系的考察视角之下仍应将其归置于参与类型之下进行考量。因此，一旦中立援助行为具有促进正犯实行的客观效果，适用帮助犯归责模型匹配分析就会得出符合因果关联的客观要件。如此而言，从客观构成要件阶层厘清不可罚的中立帮助行为与可罚的帮助犯存在较大难度。在此意义上而言，从主观构成要件阶层构建中立帮助行为的刑事责任判定路径与其说是经济、直接之举，不如承认其实是学理的无奈选择。这样，着眼于中立帮助者的主观态度并将其与罪过形态联结考察，就促成了未必的故意否定说与正犯意思促进说两种立场。

（一）主观立场上的归责路径设置

依循构成要件主观层面的考察视角，未必的故意否定说认为中立帮助行为虽然具有日常反复进行的客观特征，但当中立帮助者对于他人的犯罪计划、行为方式存在明确的认知时仍然予以提供援助、参与其中的，此时中立帮助行为的外在中立属性即被销蚀殆尽。褪去"中立"外衣之后的参与行为就应以帮助犯归责类型予以评价。"如果正犯的行为客观上显示

---

① 林钰雄：《新刑法总则》，中国人民大学出版社 2009 年版，第 362 页。

正犯就是要从事犯罪的行为，而提供助力者也知悉时，提供助力的行为才能评价为刑法规定之帮助行为。"① 此种借助中立帮助者主观认知程度并将确定的故意形态与不确定的故意形态相挂钩来解决中立帮助行为的做法是德国司法判例向来的实践立场。如果帮助者对唯一目的在于实行犯罪的正犯行为存在明确知情，此时的助力行为就会丧失所谓的日常特质。② 通过解读上述理论内涵可以形成如下刑事责任判断标准：如果中立参与者对正犯的犯行计划存在明确的认知，此时中立帮助者仍然对其施以援助，即可作为帮助犯归责类型予以评价；如果中立参与者对正犯的犯行计划并非达致确定认知的程度，只是保有模糊的漠然倾向，此时中立帮助者向正犯提供的援助行为只具有日常生活意义。我国也有学者持此立场，"判断中性业务行为可罚性的标准的关键在于帮助者的主观方面，确切说是主观认识因素"③。之所以选择此种归责标准正是充分考虑到了"中立日常特性"对于帮助者有无明确规范背反态度的内心真实写照，因此未必的故意否定说与行为无价值论具有契合性。

不得不说，完全依据中立帮助者对正犯犯行计划的认知程度来界定中立帮助行为的可罚与否的确较为明快。然而从现实角度审视中立帮助行为的客观存在情形，绝大部分的中立帮助者实施中立援助时都对他人实施犯罪的现实可能性存在一定的认知，或者说通常在确定故意与未必故意的中间线左右徘徊，此时如何厘清可罚与否的界限存在困难。为实现主观立场上可罚性标准的进一步收紧，学界衍生出了正犯促进意思理论。"仅仅知道他人的犯罪计划还不够，还需要具有通过自己的行为促进他人犯罪的意识和意思。"④ 通过承继未必故意否定说的考察标准，并将其与帮助者对正犯犯行的促进意思相结合，"行为人必须具有通过其正犯的意图，即预见到正犯行为不可避免，并致力于此"⑤。这样中立帮助行为的可罚性判断标准就由之前的认识要素单一决定转变为认识要素与意志要素的并行决

---

① 古承宗：《中性职业行为与可罚的帮助》，《月旦法学教室》2015 年第 12 期。

② 参见 BGHSt 46，107，112，＝NJW2000，3010。转引自蔡慧芳《P2P 网站经营者之作为帮助犯责任与中性业务行为理论之适用》，《东吴法律学报》2006 年第 1 期。

③ 李怀胜：《中性业务行为的意义、标准及立场选择》，《河南司法警官职业学院学报》2010 年第 4 期。

④ 刘钰：《中立帮助行为刍议》，《鄂州大学学报》2014 年第 8 期。

⑤ ［日］曲田统：《日常的行为与从犯——以德国的议论为素材》，《法学新报》第 111 卷 2·3 号（2004）。转引自张伟《中立帮助行为探微》，《中国刑事法杂志》2010 年第 5 期。

定，而判断条件的增补完善意味着中立帮助行为可罚性归属难度的提高。如果刀具出售者认识到他人利用菜刀实施杀人的现实可能性，仍以漠然的态度予以售卖，即便此后正犯者的确实施了杀人行为也不可将出售者认定为故意杀人的帮助犯。但当行为人以"促进正犯实行"的意思售卖刀具时，则应认定为帮助犯。在帮助犯罪过形态的规范内涵中导入"促进正犯"的意志性要素，的确是对中立帮助行为特殊形态的充分把握。"突出中立帮助者具有积极促进正犯犯罪这一主观要素的见解无疑是值得重视的，因为在此条件下追究其帮助犯责任具有充分的根据。"①

（二）主观立场的反思与扬弃

上述理论构建均在一定程度上实现了构成要件主观层面内中立帮助行为可罚与否的内限界分。然而，中立帮助行为毕竟属于中立行为的特殊形式，其与帮助犯归责类型的差异性应该首先投射于行为模态的外观层面。主观立场忽视这种客观层面的第一性差异，直接进入罪过形态内部寻求中立帮助行为刑事责任判定根据，有避重就轻、舍本逐末的嫌疑。正是源于此种研讨方法上的"迂回性"，受到了学界的诸多质疑。一方面，立于罪过形态角度考察中立帮助行为的可罚性与刑法的现实规定存在抵牾。确定的故意与未必的故意只是一种教义学理的划分。刑法并未因故意形态的差异而存在归责不同。如果立于行为共同说的立场上因本就有承认过失帮助犯的归责余地，所以更没有理由依据故意形态的差异来进行可罚与否的界分。诚如学者所言："未必的故意也是故意的种类之一，没有必要将其作特别对待的理由。"② 另一方面，在承认确定的故意与未必的故意合理性的前提之下，如何实现二者的精准区分也存在现实困惑。因为对正犯犯行计划的认识本身就隐藏于帮助者的内心领域，而作为客观构成要件规范反映的故意形态反而要脱离客观层面的事实性判断，这无疑使主观立场陷入论证逻辑的困境之中。中立帮助之所以被学界关注，"就是因为考虑到行为人即便对其正犯行为提供方便的事实具有认识，但也不一定能构成帮助犯"③。因此如果承认主观立场的实践理性，必须在保留主观归责视角的同时，改变其片面忽视客观要件的思维方式。而将主观归责与客观归责要件合并判断的可行性，已为前文对于中立帮助行为因果关系的研讨结论所

---

① 杨晓培：《网络技术中立行为的刑事责任范围》，《东南学术》2017 年第 2 期。
② 陈伟：《中立帮助行为探微》，《中国刑事法杂志》2010 年第 5 期。
③ 黎宏：《论中立的诈骗帮助行为之定性》，《法律科学》2012 年第 6 期。

证实。只有将中立帮助行为主观构成要件的特殊性与风险升高的客观归责视角相嫁接，并将其转化为禁止风险的判断材料才能使其承载起可罚与否的界分机能。诚如学者所言："脱离了行为人的主观认知来判断风险的禁止性，将导致对结果责任的不合理排除，从而放纵犯罪。"①

二 客观构成要件层面的学说检思

虽然中立帮助行为与帮助犯参与类型在客观构成要件层面高度重合，但既然承认中立帮助行为外在形态上的"中立性"特征、"制式性"属性，就必须肯定其与传统帮助犯处罚类型在客观归责条件上影射出来的差异，这种客观层面的差异化更具归责区分的实质作用。主观构成要件的归责差异只是这种"中立性"事实属性的间接投射，主观归责路径设置远不如从严把握客观构成要件的过滤机能更直接有效。② 就此而言，弃置客观归责条件的片面考察不得不说是主观立场无法祛除的思维缺陷，存在论证方法的片面化、粗疏化，无法承载精致区分中立帮助行为可罚与否的学理使命。"依据行为的客观方面来区分不可罚的中立行为与可罚的帮助行为的客观说，是有其合理性的。"③ 相较于忽视中立帮助行为的外在行为模态，简单套搬帮助犯归责条件的传统归责路径而言，回归客观构成要件阶层内部进行刑事责任判定的做法更具研讨方向的合理性。

（一）社会相当性理论

既然主观归责条件的搭建以客观归责条件的存在为前提，那么如何从构成要件客观阶层内部构建合理的中立帮助行为归责路径自然成为学界研讨的焦点。社会相当性理论因其所承载的限制不法构成要件的重要解释机能而被学界重视。该理论最早由德国学者韦尔泽尔所倡导，旨在将法社会学的考察视角引入规范法学的逻辑体系之中，为不法内涵的范围限定提供来自社会伦理道德范畴的规则支撑。"法律的意义并不在于为想象中安然无恙的法益抵御一切损害性的影响，而是从法益所受到的无数影响和侵害中，选取那些对于通过道德来维持秩序的共同体存在而言不可容忍者，并

---

① 庄劲：《客观归责还是主观归责？——一条"过时"的结果归责思路之重拾》，《法学家》2015 年第 3 期。

② 参见曹波《中立帮助行为刑事可罚性研究》，《国家检察官学院学报》2016 年第 6 期。

③ 黎宏：《刑法学总论》，法律出版社 2016 年版，第 292—293 页。

予以禁止。"① 可以看出，韦尔泽尔教授构建社会相当性理论的初始目的在于扭转纯粹以法益侵害为判准的客观不法观在当时德国的盛行态势，通过反思刑法领域法益侵害的事实偏重色彩以实现规范价值思维的合理导入。将存在论层面的事实判断与规范论层面的价值考察相沟通，以法社会学的社会叙事模式改造法规范学的哲学叙事传统，使得社会相当性理论具有巨大的理论张力与实践价值。被社会生活中历史形成的社会伦理秩序所允许的行为就是正当的。这样，是否逸脱社会相当性理论的规范性射程就成为评价构成要件合致与否的当然依据。回到中立帮助行为的可罚性判定问题之上，学界之所以对其存在归责与否、如何归责的立场争议，根源即在于此类行为同时具备外在中立特征与内在法益侵害的异质化属性。为了有效控制中立帮助行为的可罚性范围，应对"中立特征"进行合理的价值诠释，社会相当性理论正好能为"中立属性"提供实质内涵的解读途径。既然逸脱社会相当性范围的行为具有实质不法性的评价空间，那么将社会相当性与"中立性"相挂钩，如果中立帮助行为已经逾越了社会相当性的涵摄范围，那么中立性外衣被销蚀殆尽。例如，售卖快餐的人员知道饥肠辘辘的行为人就餐完毕后就会立刻着手实施杀人计划，仍然为其提供饮食。即便后来行为人实施了故意杀人行为，也不应将快餐售卖行为作为帮助犯进行归责。因为提供饮食行为在社会相当性理论看来具有合理的存在必要与空间，即使客观上此类行为助力于他人的法益侵害仍应因具有相当性的实质内涵而阻却构成要件之符合。"该行为属于历史形成的社会共同生活秩序范围内的行为的，即使该行为具有侵害刑法所保护的法益的危险，也不属于犯罪构成的范畴。"② 这样以社会相当性作为归责与否的评价标准，可以将具有社会生活意义上的大部分中立帮助行为抵挡于处罚范围之外，获得缩限处罚的效果。日常生活上的行为由于不具有抵触前刑法的行为秩序的性质，属于社会相当性行为，所以不符合帮助犯的客观构成要件。③

　　社会相当性理论将法社会学的考察视角引入规范法学的教义思维之

---

① Han Welzel, Studien zum System des Strafechts, Zeitschrift für die gesamte Strafrechtswissenschaft, 58 Band, 1939, S. 516. 转引自陈璇《刑法中社会相当性理论研究》，法律出版社 2010 年版，第 10 页。

② 于改之：《社会相当性理论的机能》，《武汉大学学报》（哲学社会科学版）2007 年第 5 期。

③ 参见陈洪兵《中立帮助行为论》，《中外法学》2008 年第 6 期。

中，借助社会伦理道德背后的规范性思考改变纯粹以事实性判断审视法益保护所带来的结论僵化。以行为是否逸脱一定的国家共同体秩序进行行为相当与否的判定，使其背后蕴含着行为无价值的考察思维。"行为的有价值和无价值根据其趋向是指向某一特定的社会效果的。离开了社会生活领域，'像这样的'值得评价的行为是不可想象的。"① 而对于实质违法性学理研讨，德国刑法经历了从结果无价值一元论的盛行到行为无价值一元论的引入，最终形成行为无价值二元论通说地位的历程演变，这也能够充分说明在结果无价值基础上纳入行为无价值的违法性思考远比纯粹以法益保护视角考察更为合理。因此以社会相当性理论为视角审视中立帮助行为的可罚性，不仅能在实质违法性层面提供合理的解释根据，亦可为中立帮助行为处罚范围的缩限提供一条可行的标准。

然而以社会相当性理论阐释中立帮助行为的中立内涵虽然具有"不法层面"的合理性，但此说并没有为其提供明确的实践标准。如果只是在可罚性判定意义上不断重申社会相当性理论的引入必要与使用价值，却疏于为其构建清晰的适用标准，那么此说终究会沦为一种对客观考察立场的宣誓重申，而无法获得实践理性。这也正是社会相当性立场备受学界诘问的根本原因，其"无不是个标语性口号，不可能进行严密的理论说明，结果只能是恣意地导出结论"②。不过坦诚言之，从客观立场出发以"相当性"为"中立性"提供价值填充具有研讨方向的正确性。"社会相当性理论就像一颗尚未加工的钻石，需要同时由概念的理论层面，以及实际的现象层面两方面继续发展。"③

（二）职业相当性理论

作为职业相当性理论的提倡者，德国学者哈塞默指出，中立性的职业行为只是为了实现国家和社会所承认的任务，不与刑法上的规则相矛盾，且不如说是行为规则的补充、延长和具体化。④ 这样，当一个中立帮助行

① Maurach/Zipf, Strafrecht Allgemeiner Teil 1, 8. Aufl., C. F. AÜller, 1992, S. 270. 转引自陈璇《刑法中社会相当性理论研究》，法律出版社 2010 年版，第 77 页。

② ［日］平野龙一：《刑法总论 Ⅱ》，有斐阁 1975 年版，第 214 页。

③ 蔡慧芳：《P2P 网站经营者之作为帮助犯责任与中性业务行为理论之适用》，《东吴法律学报》2006 年第 1 期。

④ 参见［日］曲田统《日常的行为与从犯——以德国的议论为素材》，《法学新报》第 111 卷，第 2、3 号，第 159 页。转引自孙万怀、郑梦玲《中立的帮助行为》，《法学》2016 年第 1 期。

为如果能被看作社会范围内某一具体行业行为的典型方式时，即便介入了他人的犯罪进而具有法益侵害的参与性质，也不可对其进行帮助犯归责。例如出租车司机明知乘客的犯罪计划仍为其提供运输服务；饭店服务员明知厨师在米饭中下药意图毒杀前来饮食的仇人，仍然将米饭端给该顾客；五金店老板明知邻居购买扳手意图夜晚盗窃工厂财物仍然向其出售，在这些案例中司机、厨师、五金店老板虽然都介入了正犯实行造成了法益侵害的结果，但也会因为介入行为具有职业相当性免除处罚。社会相当性理论虽然具有论理根基的合理性与研讨方向的正确性，但因为判断标准的恣意暧昧而备受学界诘问。职业相当性理论引入"职业规则"的分类考察模式，试图弥补填充笼统的"社会通行规则"所造成的内涵空洞与标准模糊。然而职业分类考察视角只是对检视范围的宽幅进行了有限的扩展，对考察标准的确立进行了相对的细化。源于职业相当性理论自身的思维障碍，中立帮助行为的刑事责任判定问题并没能得到实质化解。

首先，职业相当性理论的涵摄范围有限。根据该理论，如果一个行业领域已为绝大部分社会成员所熟知承认，那么当某一参业行为满足行业通行规则时则可被作为具有职业相当性而对待。但这似乎忽视了一个前置性问题——如何划定职业领域？这不仅直接关系着中立帮助行为的后续归类考察，而且涉及归类完毕后是否符合参业规范的进一步判断。职业相当性理论的适用必须经历三个层层递进的判断阶段：行业领域分类依据构建—行业内部规则合理性考察—行业内部通行参业规则的合致性判断。然而职业相当性理论的支持者直接进入后续两个阶段进行考察，存在判断前提构建缺失的问题。特别是在转型时期的中国当下，行业分工、创新日新月异，如何对于层出不穷的职业领域进行分类考察的全面覆盖，进而完成考察对象的分类判定，这些问题的解决都存在现实难度。仅将职业规则"作为唯一的判断标准，而对职业无关的中立帮助行为的判断又需要重新引进新的价值评判标准，不免有累赘之嫌"①。我国也有学者支持职业相当性理论，借助职业行为的"通常性与必要性"以及职业行为"规范上的适当性"双层标准进行相当性考察。② 笔者承认双层标准有助于行业内部规则相当性考察的细化，但作为其前提性问题的行业归属判断仍然悬而

---

① 李灿：《风险社会背景下中立帮助行为可罚性探讨》，《东南大学学报》（哲学社会科学版）2016 年第 12 期。

② 参见陈璇《刑法中社会相当性理论研究》，法律出版社 2010 年版，第 269—270 页。

未决，这将从根本上影响其理论自身的合理性。

其次，职业相当性理论的核心在于借助职业领域的内部规则体系提供中立帮助行为可罚性与否的刑法评价标准，但二者如何对接、对接的合理性根基受到学界质疑。在支持者看来，职业规则的合致与否似乎成为阻却中立帮助行为刑事可罚性归属不言而喻的评价标准。然而将约束职业行为的行业内部规则移植进入刑事可罚性的规范体系，存在巨大的安全隐患与逻辑障碍。罪刑法定原则要求罪刑评价的唯一根据必须是成文且明确的刑法罪状规范，这样就为刑事责任判定搭建起来一个闭环逻辑构造，从而与刑法之外的规范相隔绝。然而，如果承认职业相当性理论的合理性，就意味着允许将刑法之外的行业规范（如果其本身是合理的）纳入刑法规范之内作为刑责归属的一个评判指标。虽然此时作为刑法规范外部的行业规范主要是在消极意义上发挥着可罚性归属阻却的作用，但如果行业规则既非某一习惯法的一种规范化反映，也非为刑法的空白条款所指涉，那么依据此种行业规范进行罪责的否定性评价就欠缺实质的合理性。① 因此在罪刑法定原则所要求的法治国框架之下审视职业相当性理论，就存在行业规则与刑事法律规范的效力对接障碍。诚如学者所言："社会的或者职业的传统对规范上的正确并没有提供标准。"② 单纯依赖职业规则的可罚性参考价值，在一定程度上可能使行业行为沦为阻隔刑罚归属的"免死牌"。

（三）禁止溯及理论

部分学者从客观归责立场出发构建中立帮助行为的归责依据，同时嵌入自我答责原则以限定归责范围的外部界限，从而催生了禁止溯及理论的产生。德国学者雅各布斯教授在客观归责体系之下通过强调责任自负原则的限定作用，以期为中立帮助行为的处罚范域提供一个拦截阀门。其以卢曼的社会系统理论构建归责框架，将与社会角色相关联的管辖范围赋予刑事归责的前提性意义。"人们在日常生活中是作为角色承担而相互联系

---

① 虽然现代意义上的罪刑法定原则普遍禁止以习惯法作为认定犯罪成立的标准，但将习惯法所涵摄的行为类型作为超法规的正当化事由看待，获得了广泛的支持。参见［德］洛塔尔·库伦《罪刑法定原则与德国司法实践》，载埃里克·希尔根多夫、梁根林主编《中德刑法学者的对话：罪刑法定与刑法解释》，北京大学出版社 2013 年版，第 113 页。

② ［德］克劳斯·罗克辛：《德国刑法学总论》（第二卷），王昭武译，法律出版社 2013 年版，第 159 页。

的，并且不惜相信他人能够实施一个确定的标准形式的行为。"① 每个人基于自身的特定社会角色行事并保证着社会交往的展开。即使特定社会成员基于角色行为而又不幸进入他人的责任范围，与他人的法益侵害结果形成因果关联，也应因为归责领域的专属管辖而对其免除刑事归责。"如果一个人由于其社会角色相应的行为造成了一个结果，那么对于该结果这个人就不必负责。符合角色的行为不产生不容许的风险。"② 正是基于此种思考，回溯禁止理论的支持者将责任自负理念背后的回溯禁止原则纳入中立帮助行为的可罚性判定之中，如果只要对正犯行为具有因果关系，或者对正犯行为具有危险升高关系都构成帮助犯，这无疑没有考虑日常行为较之一般帮助犯的特殊性。③ 依循上述思路，本立场的支持者基本达成如下共识。首先，中立帮助者以符合特定角色的要求提供社会行为，而其本身即具有独立的社会意义时应免于归责。其次，中立帮助行为的社会意义应以角色标准进行客观判定，从而排除主观认知内容对客观归责的规范渗透。对于帮助者而言，"仅仅是因为第三人在没有限定行为人共同实行的情况下单独将行为结果引向损害，那么就应排除归责。"④ 最后，如果中立帮助行为与他人的犯罪行为在客观方面已经形成紧密"共同体"，此时可结合中立帮助者对他人犯罪计划的认知进行归责判断。在此种情形下，中立帮助行为已经逸脱了基于社会角色所展开的通常行为范围，而且具有明确的犯罪关联意义，对正犯行为具有特别"适合"的作用。诸如五金店老板明知他人意图盗窃，仍然向其提供螺丝刀的行为不可罚，但向其提供万能钥匙的行为则可以帮助犯处罚。因为后者更为契合正犯行为，此时中立帮助者与正犯结成紧密共同体，可以对其予以共犯归责。

禁止回溯理论作为责任自负原则的一种具体表现，将其引入中立帮助行为的客观归责判断之中具有实践理性。"职业承担者在自己的职权范围

① ［德］雅各布斯：《行为 责任 刑法》，冯军译，中国政法大学出版社1997年版，第92页。
② ［德］沃斯·金德霍伊泽尔：《故意犯的客观和主观归责》，樊文译，载陈兴良主编《刑事法评论》（第23卷），北京大学出版社2008年版，第226页。
③ 参见李怀胜《中性业务行为的意义、标准及立场选择》，《河南司法警官职业学院学报》2010年第4期。
④ 周维明：《雅各布斯客观归责理论研究》，《环球法律评论》2015年第1期。

内，以一种局外人不应当干涉的方式，对消除和监督危险的渊源负责。"[①] 但梳理本说的内涵与结论，仍然存在有待商榷之处。首先，在理论架构层面本说存在偏重客观判断、主观要素缺失的论理缺陷。禁止回溯理论认为行为的社会意义源于行为人的社会角色，角色的固定化赋予了行为本身特定的社会内涵，这样行为的社会意义与主观因素无关，"而应从客观背景中规范地进行把握"[②]。如果说客观归责理论的核心在于实现客观不法阶层内部的结果归属考察，那么"力图排除归责问题与主观意思的关联，这样的归责论首先是作为客观归责存在的"[③]。但是全然不顾主观因素对于客观风险判断的作用也非恰当。诸如明知恐怖分子在某节高铁车厢安装了定时炸弹，仍然给情敌购买该节车厢的坐票而使其被炸死。此时仍不将此结果归于具有特殊认知的行为人，恐怕并非妥当。这种涉及特别认知情形下风险判断问题也使学者认识到"客观构成要件尽量客观化的努力有其界限，客观归责终究还是有主观面的问题"[④]。其次，禁止溯及理论对属于日常生活领域中的中立帮助行为基本上否定可罚性，这并非合理。之所以得出此种结论与前述该理论以纯然客观的视角进行风险判断有着密切关联。因为已经前提性地排除了行为人特别认知要素对风险判断的实质影响，那么即便中立帮助者对于他人的犯罪计划存在明知，源于中立帮助行为本身的日常属性也应否定不被允许的风险制造与升高。但是这种纯然客观的思维缺陷已为学界所证实。

可以看出，不论是在规范法学的研讨范式之下嵌入法社会学的考察视角，将中立帮助行为的"日常化"特征予以规范包装的社会相当性理论，抑或以风险升高视角替换参与行为因果关系事实性判断的客观归责理论，均是围绕中立帮助行为外在行为模态展开的刑事责任判定思维的体现。上述中立帮助行为的可罚性判定路径虽然在研讨方法上各有千秋，但将中立帮助行为的客观模态作为归责框架的构建指南具有初始的合理性。然而中立帮助行为即便作为一种特殊的参与形态，合理的刑事责任判定模式也应同时包含客观归责与主观归责的双层判定条件。这不仅符合构罪要件

---

① ［德］克劳斯·罗克辛：《德国刑法学总论》（第一卷），王世洲译，法律出版社 2005 年版，第 271 页。

② 陈洪兵：《中立的帮助行为论》，《中外法学》2008 年第 6 期。

③ 何庆仁：《特别认知者的刑法归责》，《中外法学》2015 年第 4 期。

④ 林钰雄：《新刑法总则》，元照出版社 2011 年版，第 179 页。

"主客观相一致"通识原理的基本要求，亦是帮助犯完整归责条件的再现。因此上述立场虽然满足了客观层面的设置要求，但是，仍然存在主观条件关注缺失的思维缺陷。

三　主、客观构成要件折中立场的模式构建

主观立场纯然立于中立帮助者的主观层面展开，试图通过认识因素与罪过形态实现归责与否的内部界分。然而"过早地关注主观方面可能会将本来正当的行为因其具有反价值的意图而视为反价值的行为，从而导致心情刑法"①。客观立场将中立帮助行为的可罚性问题要么理解为社会相当性的判定问题，要么转化为客观归责视角之下的风险判定问题，但都忽视了帮助者主观认知内容对于参与行为定型性、风险升高判定的影响。"行为不法性质的判断不能离开行为人的主观意思，不法总是由客观不法和主观不法所共同决定的。"② 特别是以主流立场推崇的客观归责视角审视中立帮助行为的可罚性也无法完全涤除主观要素的渗透，"故意的作为犯中关于风险是否容许的判断并不全然与主观构成要件无关时，分明就已经推翻了不法的成立取决于客观构成要件的命题"③。所以，中立帮助行为的刑事责任判定问题，并不全然是一个主观面向下的学理思考，亦非纯粹客观立场之上的归责展开，毋宁说是二者的折中调和。正是基于此种路径反思，立于折中立场之上进行中立帮助行为刑事责任模式建构的观点日益为学界所重视并获得广泛的支持。

作为折中立场的代表性人物，罗克辛指出："并不存在不言而喻的日常行为，相反，一个行为的特征是由其所服务的目的来确定的。"④ 在其看来，大部分帮助行为都具有中立化属性，仅着眼于中立帮助性的外在特征并不能提供可罚与否的区分标准。有基于此，立于客观归责立场之上进行中立帮助行为的风险升高判定必须结合行为人主观层面的罪过态度展开，并最终落脚于"犯罪意义上的关系"这一判定标志之上。一方面，

---

① ［日］山中敬一：《由中立的行为所进行的帮助的可罚性》，《关西大学法学论集》第 56 卷第 1 号（2006），第 70—72 页。
② 周光权：《犯罪支配还是义务违反》，《中外法学》2017 年第 1 期。
③ 劳东燕：《刑法中的客观不法与主观不法——由故意的体系地位说起》，《比较法研究》2014 年第 4 期。
④ ［德］克劳斯·罗克辛：《德国刑法学总论》（第二卷），王世洲译，法律出版社 2013 年版，第 158 页。

中立帮助者对正犯的犯行计划存在认识而仍然提供援助，此时是否处罚关键在于考察其与正犯实行行为之间是否存在"犯罪意义上的联系"。如果提供帮助的唯一目的在于使一种犯罪行为变得容易时，即可肯定此种联系。① 另一方面，如果帮助者对于正犯将要实施的犯罪行为只是存在一种可能性上的预估，此时参与归责在通常情况下应依据信赖原则予以否定。② 上述两个归责向度与中立帮助者主观层面的罪过态度存在直接关联，前者立于确定的故意之下进行"犯罪意义上的关系"判断，后者立于未必的故意之下进行"信赖原则"的适用考察。此外，罗克辛教授构建了两个辅助归责情形对折中模式进行补充。其一，如果中立帮助者介入的实行行为本身具有独立的社会意义而且具有积极价值，就应否定中立帮助行为的可罚性。其二，如果中立帮助者虽然具有未必的故意，但明显认识到他人的犯罪实行倾向仍然予以援助，也可对其进行帮助犯归责。

折中模式也得到了我国诸多学者的支持，有学者指出应综合考虑正犯行为的紧迫性、帮助者的法益保护义务、法益侵害作用的大小以及帮助者对正犯行为与结果的确实性认识等要素后得出结论。③ 可以看出，上述判定条件的组建更多是从犯罪成立角度进行的思考。诸如客观层面法益侵害紧迫性的考察，帮助者法益保护义务的确定对应着构罪的客观条件构建，而帮助者对结果的确实性认识也只是犯罪成立意义上的主观考察。类似的判定范式也体现在周光权教授的观点中，中立帮助行为的刑事责任判断应综合客观上是否具有明显的法益侵害性、主观上是否具有帮助故意以及从共犯处罚根据层面能否达到了评价为帮助犯的程度全面展开。④ 从以上表述中可以看出，国内折中立场的支持者虽然自我标识为"折中"，但为其所言的折中更多是在犯罪成立条件主客观并重意义上阐释的，这与为德、日学者所研讨的折中立场仍存一定差异。然而犯罪成立必然是要同时关注违法与有责的双层考察，这只能看作构罪条件的另一种表达。对此有学者一语中的指出被国内学者标榜的"折中说不过是对中立帮助行为在入罪

---

① 参见［德］克劳斯·罗克辛《德国刑法学总论》（第二卷），王世洲译，法律出版社2013年版，第157页。
② 参见［德］克劳斯·罗克辛《德国刑法学总论》（第二卷），王世洲译，法律出版社2013年版，第161页。
③ 参见张明楷《刑法学》（上），法律出版社2016年版，第425页。
④ 周光权：《刑法总论》，北京大学出版社2016年版，第352页。

条件上强调主观认知及客观帮助行为的法益侵害行为均需具备而已"①。在此意义而言，其与德、日刑法学界所言的折中立场并非同一层面，亦非同一所指。

折中立场相较于主观或客观单一考察面向的路径构建的确具有研究方法层面的合理性，这也是折中立场在德、日以及国内学界能够获得广泛支持的原因。纯然客观的风险判断是无法实现的，因为"什么样的风险对于结果归责是决定性的风险，不考虑行为人的预想就不可能予以回答"②。然而罗克辛教授结合行为人主观罪过样态的风险考察并非没有疑惑。如果说法益风险的制造、升高必须结合行为人的主观认知来进行判断，那么认知要素就必须作为一种风险判断的规范材料得到考察。反观罗克辛教授的折中立场，更像是在确定的故意与未必的故意的分类前提之下的客观归责判断，这样最终起作用的可能更多是受主观认知影响的罪过形态。这更像是一种主观立场的客观归责包装，难怪学界有观点将其纳入主观立场之下进行检讨。③ 因此折中立场的真正构建走向应是将客观归责与特别认知内容相结合的风险判定，此时特别认知不是仅以主观罪过形态的形式得到考察，而是经过规范改造后的风险判定材料。诚如林钰雄教授所言，中立帮助行为是同时涉及不被允许之风险制造与行为人特殊认知的并合问题，"前者是客观归责的原则规则，纯以客观面向判断；后者是例外归责，必须同时考虑主观故意问题"④。只有如此，才不会陷入简单杂糅主观立场、客观立场的形式化折中，避免"同时关注主观条件与客观条件"表述的另一种无益重复。

第二节　违法性阶层内部的刑事责任判定模式构建

正是考虑到在构成要件阶层内部构建中立帮助行为处罚模式的诸项困境，有学者越过构成要件阶层的形式化考察，直接进入违法性阶层予以实质判定体现了立于实质规范层面缩限处罚范围的思考进路。而源于考察视

---

① 阎二鹏：《法教义学视角下帮助行为正犯化省思》，《社会科学辑刊》2016 年第 4 期。
② ［德］沃斯·金德霍伊泽尔：《故意犯的客观和主观归责》，樊文译，载陈兴良主编《刑事法评论》（第 23 卷），北京大学出版社 2008 年版，第 229 页。
③ 参见陈洪兵《中立帮助行为的处罚边界》，《中外法学》2017 年第 1 期。
④ 林钰雄：《新刑法总则》，中国人民大学出版社 2009 年版，第 362—363 页。

角的选取差异、归责条件的设置不同又存在不同观点的分立。立于违法阶层探求中立帮助行为可罚与否的区分界限并非完全置中立帮助行为的外在特征于不顾，只是在承认行为事实样态投射于构成要件主、客观层面而形成规范性差异的前提之下，试图在违法性阶层内部提供更为实质的区分理由。

一　违法性阻却理论

由于中立帮助行为与帮助犯归责类型在构成要件阶层的区分障碍，学界另辟蹊径试图从更为实质的违法性阶层展开讨论，从而促成了违法性阻却理论的产生。"日常业务行为本身所确保的利益与因为提供助力对法益所造成的侵害之间的利益衡量，放置在违法性阶层考量较为适当。"[1] 通过违法性阻却事由的类比适用，日常生活中的大量中立帮助行为都不具有实质违法性而应免于处罚。德国学者 Mallison 指出如果律师因展开正常的法律咨询业务而介入他人的犯罪行为之中，由于提供与接受法律服务本身即是宪法保障的公民基本权利，因此应当否定实质违法性；Philipowski 指出银行职员因为提供转账业务而在客观上帮助了客户的逃税行为，该银行职员也将因为业务活动符合通行的职业规则而免于处罚。[2] 中立帮助行为基于自身的中立特性使其蕴含"合法性"的解释空间，而将其类比为超法规的违法性阻却事由的确有助于实现违法性否定的刑责缩限效果。

与违法性阻却理论具有相似性的是利益衡量理论。该说认为应将中立帮助行为的可罚性判定问题转化为其背后的法益促进与法益侵害的判断衡量问题予以对待。如果自由保障的法益评价效果优位于法益侵害，那么就应否定中立帮助行为的可罚性，反之则对其予以刑责归属。如德国学者 Hefendehl 指出，应基于立法论的考量从利益衡量的角度对帮助犯的客观要件进行限制解释，以实现缩限处罚的规范效果。[3] 可以看出，通过下潜至违法性阻却事由的成立本质层面予以规范阐释，利益衡量理论的确比违法性阻却理论更具实质合理性与相对明确性。我国也有学者持此观点，"在自由保障与法益保护之间寻求平衡，只要不违反相关法律、法规和行

---

[1]　蔡惠芳：《P2P 网站经营者之作为帮助犯责任与中性业务行为理论之适用》，《东吴法律学报》2006 年第 1 期。

[2]　参见陈洪兵《中立的帮助行为》，《中外法学》2008 年第 6 期。

[3]　参见陈家林《外国刑法通论》，中国人民公安大学出版社 2009 年版，第 613 页。

业规范的要求，行为人就不负有法益保护义务与危险源监督义务"①，从而否定其可罚性归属。

违法性阻却说以及利益衡量理论均具有缩限处罚阈界的基本功能。只是前者更注重路径合理性的例式阐释，后者更注重适用标准的明确化推进，但在援用违法性阻却事由的理论本质上二者可谓异曲同工。但是二者仍然在论理逻辑与适用标准层面存在一定困惑。首先，将中立帮助行为的可罚性研讨置于违法性阶层内部展开，其逻辑前提在于承认中立帮助行为的构成要件合致性结论。然而在德、日三阶层的犯罪论体系架构中，不论是将构成要件进行形式化理解抑或实质性把握，构成要件的合致性本身就具有违法性的推定机能。这样从违法性阶层反向排除中立帮助行为的可罚性思考仍然承认了行为本身的"违法性"，即便这一规范性结论是暂时的而非终局的。但是"如果中性行为在构成要件阶层就被认定为帮助犯的帮助行为，就会失掉日常性和中立性，怎么还是正当业务行为呢？"② 因此，承认中立帮助行为的构成要件符合性不利于强化对此类行为限制处罚的思维理性，反而可能使得"全面处罚"的错误论断死灰复燃。诚如学者所言："违法性阶层是个案之实质违法性检验，属于例外排除违法性的模式并不适用于大规模、日常反复进行的业务行为。"③ 其次，违法性阻却说与利益衡量理论均没能实现中立帮助行为可罚与否内部界限的精准厘清。为何能将违法性阻却事由等同嫁接于中立帮助行为之上还存在说理困惑。当然，如果着眼于中立特性以及社会分工联结机能，认为其在违法性本质上与正当化事由相同也可说通。但此后的研讨关键应是如何完成违法性阻却成立标准的构建，而违法性阻却说与利益衡量说似乎均没有提出具有实践意义的参考标准。德国部分利益衡量理论的支持者虽然试图借助从基本法中稀释而出的比例原则为中立帮助行为的国家刑罚权介入设置原则性限制，但这距离司法实践所要求的精确化要求仍然相去甚远，被学界批判"虽立足于结果无价值的立场，认为应当对冲突的利益进行衡量，由于其理论的抽象性导致其缺乏具体的判断标准，因而不为大家所认同"④。

---

① 陈洪兵：《论中立帮助行为的处罚边界》，《中国法学》2017 年第 1 期。

② 李波：《论制造法不容许的风险》，载赵秉志主编《刑法论丛》（第 1 卷），法律出版社 2014 年版，第 294 页。

③ 蔡惠芳：《P2P 网站经营者之作为帮助犯责任与中性业务行为理论之适用》，《东吴法律学报》2006 年第 1 期。

④ 张伟：《中立帮助行为探微》，《中国刑事法杂志》2010 年第 5 期。

二　义务违反理论

义务违反论将可罚的中立帮助行为改造为违反法益保护义务的正犯实行促进行为。作为此种立场的支持者，德国学者 Ransiek 指出，刑法规范背后义务设定的背反并非不作为犯的专属成立标准，故意犯、过失犯亦是如此。[①] 以义务违反说构建中立帮助行为可罚性判定模式，其核心即在于构建中立帮助行为的义务来源体系以及义务违反的认定标准。正是基于此种思考进路，义务违反说的支持者分别从四个向度进行义务违反的判准构建。首先，对于正犯实行存在现实促进作用从而恶化法益状态时存在义务违反，但是否可罚还要结合中立帮助者对于正犯犯行计划的认知与否加以判断。对于明知而促进的情形应予刑责归属评价。其次，对于日常生活领域内的中立帮助行为，因为其所承载的社会存续机能对于正常生活的展开至关重要，所以即便存在正犯实行促进效果也应对其阻却可罚性。再次，介入本应归属于他人支配领域的行为而造成法益侵害时应否定义务违反。这种义务类型典型表现为借贷返还的场合，例如银行柜员明知客户取款用于贩卖毒品仍然满足其提款请求，银行柜员的行为不得进行帮助犯归责。最后，介入具有正当性价值的他人行为而附带产生法益侵害的中立帮助行为否定可罚性归属。例如明知雇主向来存在偷缴税款的习惯，作为其雇员仍然卖力工作，源于介入行为具有合乎规范的社会正当性品格而应免于处罚。在义务违反说立场之上，过往通过客观层面的不法判定与主观层面的罪责判定共同决定刑事责任考察路径被置换到义务犯问题之下解决。

相比于社会相当性理论以及作为其承继发展的职业相当性理论的虚化模糊内涵而言，义务来源体系的构造的确更具实质说理优势；而对比违法性阻却理论与利益衡量理论，义务违反标准的判定也比援用比例原则的限制效果更为直接明了。然而义务违反说对中立帮助行为的归责标准明确化进程有所推进，但却意义有限。通过解构义务违反说四个向度上的义务来源构建，可以看出其所搭建的封闭义务体系其实是多项中立帮助行为判定路径的内部融合。以中立帮助者主观层面的明知与否来限定客观层面义务违反的判断，其实只是披着义务违反外衣的主观说的另一种表现，义务犯的缩限机能被主观要件掏空。此时设置义务来源的意义何在，值得反思。

---

① 参见陈洪兵《中立行为的帮助》，法律出版社 2010 年版，第 90 页。

对具有通常意义的日常生活行为、本属于他人支配领域内的中立帮助行为否定可罚性归属，其实是客观归责理论与自我答责理论的具体化应用。此外，对于因正犯行为同时具有社会正当性品格以及法益侵害属性时免除中立帮助可罚性的结论，也可以看作利益衡量理论的转化适用。因为此时可罚性与否本质上取决于"正犯"活动的社会促进效果与法益损害效果之间的衡量。如此而言，义务违反理论相较于以往学说，其判断标准的明确化意义仍然很有限。而且因为融合了多项归责路径的考察方法，更需要在"义务违反"的范畴之上构建一个能够将诸项归责标准予以统摄的上位原则。但义务违法理论似乎并没有对此关注，使得义务来源的体系构建显得有些凌乱。也正因如此，义务违反理论自提出伊始便受到了学界的多方质疑，义务来源的宽泛化使其重陷不作为犯形式义务来源的思维窠臼之中，也有违罪刑法定原则之要求。

近年来德、日刑法理论围绕正犯实质内涵的理解及其与狭义共犯区分标准的界定，逐渐衍生了义务犯理论并得到学界认同。而源于义务犯成立架构的设置差异以及其与不作为犯之间的衔接对应关系，义务犯理论在不同学者的理解之下又被赋予不同的内涵。例如罗克辛教授将义务犯理论理解为与支配犯、亲手犯并列的正犯体系，正犯判定标准不在于犯罪事实的支配而在于特定义务的违反。而在雅各布斯教授看来，犯罪行为源于其所隶属的"管辖领域"而具有不同的内在本质，据此其依据"制度管辖"与"组织管辖"对不同性质的正犯类型进行区隔，而制度管辖就对应着义务犯类型之下的正犯判定。[1] 即便存在种种差异，在德、日义务犯理论的构建版图中，义务犯与不作为犯仍然存在特殊的对应关系。也即不作为犯既可存在于支配犯领域内，也可存在于义务犯领域内。这从雅各布斯教授的义务犯论中可窥一斑。回到中立帮助行为的可罚性模式构建问题上来，作为一种特殊的参与形态，中立帮助行为自应包含作为与不作为两种样态，而对不作为形态的中立帮助行为是以正犯抑或共犯归责也存在考察必要。义务违反说的提出为不作为形态的中立帮助行为提供了研讨的契机，其刑责归属的前提重在义务来源的体系性构建。在此意义而言，对作为与不作为形态的中立帮助行为予以同时关注，分别构建与之匹配的刑事责任判定模式才应是学界对此问题予以深化解明的正确研讨方向，对此问

---

① 温登平：《以不作为参与他人的法益侵害行为的性质——兼及不作为的正犯与帮助犯的区分》，《法学家》2016 年第 4 期。

题将在后文详述。

三　正犯不法连带理论

学界着眼于中立帮助行为与正犯之间的从属关系并将其与不法连带理论相整合，从而形成了中立帮助行为可罚性的正犯不法连带判定思路。基于对此种参与形态从属结构的规范性考量，本说将"违法连带"判定原则导入中立帮助行为的刑事责任判定之中以框限出其处罚范围。然而，与因果共犯论的共犯处罚根基不同，在正犯违法连带理论的支持者看来，处罚中立帮助行为的前提在于介入了正犯行为之中而与其形成了危险共同体，从而形成连带关系。德国学者许内曼指出帮助行为的不法在于"与他人形成'连带'关系，产生追随正犯不法行为的印象，帮助者通过自己的参与行为与正犯形成'共同性'和'犯行接近性'"①。这样，法益侵害的有无就不再成为处罚共犯的前提性条件，取而代之的是以行为无价值理论支撑的"危险印象"的生成。例如，五金店老板明知街头正在发生斗殴，仍向一方出售菜刀。依循此说立场，立于事后角度评价售刀行为与正犯的伤害行为存在犯行接近性，二者形成连带的社会危险印象，售刀行为应予帮助犯处罚。为了使"接近关系"的判断标准更趋明确，本说的支持者以正犯"着手实行"为考察节点，当中立帮助行为在正犯着手之前介入时否定接近关系，不产生社会危险印象；而在正犯着手之后介入则形成接近关系，具有社会危险印象。当然为了防止依赖参与时间的单一限制所导致的结论偏差，正犯不法连带理论还进行了"不法核心"促进的实质性补强。也即中立帮助行为只有实质性地促进了正犯不法的核心时才可形成接近关系。

正犯不法连带理论之所以在接近关系之外又独立架设不法核心促进的内在准则，一是为了避免纯粹借助实行前后的时间节点来判断接近关系可能导致的结论僵化；二是为日常生活领域内部的中立帮助行为可罚性排除提供更为实质的理由。一方面，如果严格按照介入正犯实行的时间节点进行"接近关系"的判断，将可能导致预备阶段对正犯予以援助的可罚性被排除，这并不利于法益的周延保护。诸如明知他人购买大量汽油准备实施放火行为，仍然予以售出。虽然中立帮助的介入时点是在正犯着手之

---

① 陈洪兵：《中立行为的帮助》，法律出版社 2010 年版，第 92—93 页。

前，但不可否认其对之后的法益损害具有重要的促进作用。另一方面，如果纯粹适用"接近关系"的判断准则也可能无法精准厘清日常生活参与行为的可罚性范围。诸如，餐饮店主明知购买餐食的人是正在实施赌博行为的罪犯，仍然为其提供餐饮服务。上述餐饮提供行为因在正犯实行之后介入从而具有可罚性，这并非妥当。"死刑犯也有吃饭的权利，更何况只是参赌的人。"① 如此看来，"不法核心"的促进应当是比"接近关系"更为上位的刑事责任判定条件。借助"接近关系"以及"不法核心"促进的双层判定条件，正犯不法连带理论基本形成了中立帮助行为可罚性的三个共识性判定结论。其一，明知正犯的犯行计划仍然予以中立帮助，此时因为在客观层面具有正犯介入性而肯定可罚性。诸如明知他人购买饮料是为了下毒，仍然向其出售的行为。其二，在得到正犯明确的犯罪计划声明后仍然提供中立帮助的，应进行可罚性归属。其三，中立帮助行为可被解释为违反刑法规范的场合，诸如明知具有持枪资质的他人购买枪支意图实施暗杀行为，仍然向其出售枪支。此时基于生命法益的保护目的，可以将枪支出售行为认定为刑法规范的违反。②

在二元共犯参与体系之下，帮助犯的参与形态不仅在法益侵害因果流程层面抑或在与正犯的关系结构方面都存在从属关系，如果着眼于此种从属关系并据此阐释中立帮助行为的可罚性根基，的确具有研究角度的正确性与新颖性。然而，正犯不法连带理论在不法的产生来源以及连带关系的设置条件上均存在一定疑惑而受到学界质疑。首先，在共犯的处罚根基层面，正犯不法连带理论并没有立于因果共犯论的法益立场之上展开，认为共犯介入正犯所形成的社会危险印象才是处罚共犯的实质原因。这无疑是责任共犯论的另一种表述，以行为人的主观恶性作为违法性的实质来源是行为无价值一元论的立场表现，从违法性实质根基上就存在问题。其次，本书第二章借助因果共犯论的合理性研讨已经阐释了共犯"违法相对"判断的成立前提与现实必要。只有切断"违法连带"的教义信条才能真正化解横亘于中立帮助行为入罪向度与出罪向度上的刑事责任判定障碍。最后，正犯不法连带理论借助中立帮助行为与正犯的"接近关系"以及"不法核心"促进条件避免连带判定的模糊恣意，然而接近关系的认定存在较大弹性。如果严格按照实行节点限定"接近关系"可能导致结论僵

---

①　周光权：《刑法总论》，中国人民大学出版社 2016 年版，第 352 页。

②　参见陈家林《外国刑法通论》，中国人民公安大学出版社 2009 年版，第 614 页。

化，而以"不法核心"的促进判定又将架空之前的"接近关系"理论的存在意义。因此，"接近关系"与"不法核心"两项判定条件的内部抵牾消解了本说的实践价值。从这一角度而言，正犯不法连带理论并非构建中立帮助行为刑事责任判定的合适路径。

第三节 视角的重构：双轨路径之下中立帮助 行为的刑事责任判定

考虑到中立帮助行为承载的社会分工协调机能，对其宽泛处罚必将引发"寒蝉效应"造成国民行为自由萎缩的连锁反应，但是遮蔽刑事归责目光的介入又将带来中立帮助行为过度宽宥的局面，使得其沦为阻却刑事归责的挡箭牌。也是基于中立帮助行为客观形式特征与内在规范本质之间的异质化属性，其刑事责任的判定问题被推至学界聚光灯之下。立于犯罪论阶层内部展开的讨论旨在为中立帮助行为的归责模式确定合理的体系地位，对此形成了分别立于构成要件阶层、违法性阶层的路径构建，而这又分别与主观立场、客观立场、折中立场存在逻辑关联。中立帮助行为作为一种泛化存在的社会参与行为使其存在一定的形态差异，一方面表现在其所隶属的行业领域差异，另一方面又表现为作为与不作为形态的结构差异。此种差异性要求中立帮助行为的归责路径构建必须与归责形态之间形成匹配关系。因此，有必要先以此类行为的客观样态为依据进行类型化分隔，然后构建与之契合的刑责判定路径，如此才能保证归责目标与归责路径之间的匹配。

一 界分标准的构建：参业类型视角向规范类型视角的转化

其实中立帮助行为的类型化差异对于具体归责模式的构建影响已为学界所认识，只是在类型化区隔标准的选择上，源于视角选择偏好与归责条件的设置方式又形成了不同的区隔进路。有学者注重对中立帮助行为行业领域进行形式化把握，分别从商品销售中立行为、服务中立行为、履行民事义务的中立行为、企业中立行为、网络中立行为、日常中立行为六个维度展开归责路径构建。[①] 有学者基于对参业行为法益侵害类型化考察的需求，分别对载送正犯行为、提供犯罪场所、提供业务服务行为、任职于犯

---

① 陈洪兵：《中立行为的帮助》，法律出版社 2010 年版，第 176 页。

罪事业、诈骗集团周边行为五类情形进行可罚性分析。① 特别是伴随着近年来网络技术的迅猛发展，网络中立服务行为也带来了刑事责任的认定难题。诸如深度链接、P2P 平台等现象，如何对其划隔出可罚与否的合理界限也成为中立帮助归责问题的一个类型化研究角度。

毋庸置疑，形式化的参业类型思考范式的确有助于中立帮助行为归责路径的精细构建，使得具体方案能够接受来自实例个案的检验从而保证其可适性。然而此种以行业分工为基础的归责思路在处于转型时期的中国当下面临一定困境。首先，中立帮助行为"中立性""反复性"的行为特征使其泛化存在于社会的各个角落。在转型时期背景之下，技术创新应用带来的生产关系变革异常迅速。在业务分工日益精细、行业壁垒逐渐森严的现实趋势之下，以期通过对各类行业分别进行个例检验然后分类归责的思考范式并非现实，难免挂一漏万。如果只是追逐社会现象的更替显现来规划中立帮助行为的归责模式，虽能使此一问题得到暂时性缓解，却非长远妥适之途。以行业分工为载体的归责视角缺乏一条能将不同归责类型予以协调整合的主线，从而产生"难以说明为何要如此归纳案件类型，为何不同的归纳会导致不同的甚至相反的处理结果，以及出现新类型时该如何归纳"② 的现实难题。因此，与其依据中立帮助行为所属行业构建刑事责任评价机制，不如从法规范层面进行作为模态与不作为模态的规范分隔，从而避免从行业现象分类角度可能面临的考察局限。其次，行业分化的精致体系虽然使得中立帮助行为的归责机制得以实例检验，但此种形式区隔思维并不能为归责路径提供实质的法理基础，而只能作为可适性的验证实例。以中立帮助行为的作为与不作为形态为基础构建刑事责任判断路径，是在借鉴行业分类检视做法的同时进行的研究路径的阶段性调整。先从作为模态与不作为模态的规范层面进行刑事责任判定机制的规范类型分隔，然后对不同行业领域的中立帮助行为依据具体的行为样态在作为与不作为判定模式中进行检验，以此保证归责路径的可适性。基于归责模式的普适性要求，分类考察的实际意义在于对已经建立的归责路径提供检验样本，而非本末倒置。因此应从中立帮助行为的规范角度入手，将形式化区隔视角之下的商品销售中立行为、服务中立行为、履行民事义务的中立行为等

① 黄宗旻：《帮助行为成立之研究——以行为类型论为核心》，台湾大学法律学院法律学研究所 2013 年博士论文，第 155 页。

② 曾文科：《论不作为的参与——以"管辖"为轴展开》，《研究生法学》2011 年第 6 期。

中立帮助行为全部归类于作为与不作为形态之下重新考量。任意的一类中立帮助行为在一定条件下都可能以作为或不作为形态予以实现。作为类型源于其行为样态的客观实在性，更适合通过客观归责理论进行经验性判定。不作为类型源于行为架构的规范性，对其刑事归责更有赖于作为义务的判断、不作为共犯成立标准的考察等一系列问题的解决。如果仅依据行业类型、行为特征进行判断，可能忽视了更为本质的归责要件，进一步导致考察范围的不周延。

　　中立帮助行为作为实态与不作为实态的划分应依据客观行为与主观认识两个方面进行双位界定。根据行为与责任同时存在原则的要求，行为人只有同时具备客观违法性与主观有责性时才能对其予以刑事归责。从客观角度而言，由于正犯行为已经存在，考察的重心在于中立帮助行为介入正犯实行后对法益侵害风险的升高判定；从主观角度而言，需要结合行为人的主观罪过态度进行考察，即是否对正犯的犯罪计划存在特别认识。作为结论，笔者认为参与者明知他人将要实施违法行为仍然予以客观援助的，此时应认定为作为形态的中立帮助；若事前提供中立帮助行为已经持续存在，事后明知正犯的犯罪计划而仍不停止的，此时应认定为不作为形态的中立帮助行为。对于作为形态的中立帮助行为的刑事责任应主要通过风险制造、升高以及与之对应的主观罪过予以判定；不作为形态的中立帮助行为则主要通过义务来源的考量、保障人地位的构建进行判定。这样，最终中立帮助行为刑事责任判定结论的得出必须历经归责样本的先期选定与归责模式的内部检验两个阶段，前者只是在行为模态上对中立帮助行为进行的作为与不作为的类型分隔，而后者则是在此基础之上进行归责条件的匹配构建。唯有如此才能保证刑事判定模式的普适性，避免行业分类归责路径可能导致的考察疏漏。

二　作为类型的中立帮助：明知时点后的参与介入

　　中立帮助行为虽然具有"中立性""制式性"的外在行为特征，但介入他人犯罪行为从而造成法益侵害结果使其面临共犯归责的考量。如果仅以法益实害的产出状态进行违法性判定，无疑将使中立帮助行为面临宽泛处罚的境地。因此如何划定作为形态的中立帮助行为处罚范围有必要通过外在的形态把握以及内在的归责限定进行考量，反映在刑事归责模式的内部构建上，即是将客观归责与特别认知内容相结合的风险判定。一方面，如果将法益侵害事实流程层面的现实素描直接等同为帮助犯归责形态成立的规范结论，中立帮助行为的合法性存在空间将几乎被挤压殆尽。正是基于此种缩限考量，引入客观归责理论进行中立帮助行为的刑事责任判定日益获得学者支持并渐成学界主流。客观归责视角下的路径构建特色在于，将中立帮助行为法益侵害事实层面的因果流程与规范层面的归责评价相区别，前者只能为归责结论的最终得出提供一个事实性的参考模型，而归责意义上评价结论的产出必须接受价值层面的规范限定。客观归责路径的最大价值在于，"是在承认自然科学意义上的因果关系和条件说的重要性的基础上，又将其冷静地搁置一边，使其仅仅成为刑法学专业思考一个必要前提，而非核心问题"①。从而使中立帮助行为纯粹事实性的法益侵害考察得到规范性修正。当然，在适用客观归责理论进行考量时也应注意中立帮助行为问题的特殊之处，也即"制式化运作"的参与行为其刑事责任归属与帮助者对于正犯计划认知之间的关系处置问题。同样作为售卖菜刀的两个商贩，一个在得知正犯准备用菜刀实施杀人行为而予以出卖，一个并非知悉正犯的杀人计划而出卖，此时二者之间是否存在刑事归责的评价差异，如果承认，那么生成此种差异的原因何在、其作用机理如何呈现必须得到学理解明。将上述疑问还原至客观归责的理论之内，即是帮助者的特殊认知对于客观归责之下法益侵害风险判定结论的规范性影响。而这同客观归责理论的主观化问题存在直接关联，客观归责理论是否存在接纳主观考量的余地？客观归责理论的客观化能否贯彻到底？主观因素如何作用于客观风险升高的判定？上述问题的合理解决直接关系着中立帮助行为问题之下客观归责嵌入适用的有效性。另一方面，中立帮助行为作为中立行为的一种形态，中立性、日常性、反复性是其区别于帮助犯的显著特征，这也正是中立帮助行为为何不能适用传统帮助犯归责路径进行考量的原因。由于中立帮助行为通常隐匿于日常生活行为、正当职业行为的外衣之下，此种性质也使得在特定条件下能否对于中立帮助者适用信赖原则从而阻却刑事归责存在具体考察的必要。德国学者罗克辛所倡导的折中立场明确将信赖原则引入中立帮助行为的可罚性判断中，每个人都可以对他人的行为表示信赖，只要这种行为尚未表现出一种符合具体构成要件的潜在

---

① 车浩：《假定因果关系、结果避免可能性与客观归责》，《法学研究》2009 年第 5 期。

倾向。①

三　不作为类型的中立帮助：明知时点后的参与持续

中立帮助行为作为一种泛化存在的社会参与行为，虽然通常以作为形态的行为方式存在，但是不作为形态也是其另一种不容忽视的表现形式。特别随着现代科技的进步，当参业行为依据事先设定好的"制度化""程式性"规则运行时，如果正犯实施法益侵害行为为中立帮助者所明知，是选择维持"程式性"的帮助还是遮断参与介入，就涉及不作为形态的中立帮助判定问题。"作为有原因力，不作为没有原因力。仅从存在论方面看，作为和不作为是 A 和非 A 的关系，这是无法否定的。"② 刑法分则的罪状表述基本是以作为犯为蓝本制定的，即便是真正的不作为犯也有相对明确的构成要件类型设定，此时如何对不真正不作为犯的可罚性进行实质解明，使其经受罪刑法定原则的检验就成为研究重心。这也正是保证人理论形成的根源，"成为决定不作为一定构成要件结果之发生，与作为具有相同之作用力之等价要素，而为不纯正不作为犯与作为犯同具可罚性之前提要件。"③ 不作为犯规范结构层面的此种特殊性也一并存在于不作为形态的中立帮助行为之中，从而使得与之匹配的刑事责任判定模式有别于作为形态的体系构建。因此构建不作为形态中立帮助行为刑事责任判定模式必须回答的两个疑问：一方面，不作为形态的中立帮助行为是以何种归责形态进行归责；另一方面，在确定了归责形态之后，不作为中立帮助行为刑事归责的实质根基何在。前者关系到不作为中立帮助的参与形态界定，后者重在解决义务来源的体系构建。

如何确定不作为中立帮助行为的归责形态，学界存在不同观点，这种犯罪样态的选择差异将进一步引发归责路径设置的不同走向。用"消极的"实行行为概念涵摄不作为的中立帮助行为近来渐获学者支持，并被适用于网络中立服务行为的归责判定之中。虽然通过稀释实行行为的类型化边界可以回避不作为犯义务来源构建的学理难题，但此种解释思路

---

① 参见［德］克劳斯·罗克辛《德国刑法学总论》（第二卷），王世洲译，法律出版社2013 年版，第 161 页。

② ［日］日高义博：《不作为犯的理论》，王树平译，中国人民公安大学出版社 1992 年版，第 92 页。

③ 许玉秀：《当代刑法思潮》，中国民主制出版社 2005 年版，第 621 页。

"是非常危险的，会破坏刑法整体的体系结构，不能适用"①。然而从当今我国的刑事立法层面以及教义学理层面来看，似乎更倾向于适用作为犯的归责模式来解决本应属于不作为犯形态之下的中立帮助行为。另外，中立帮助虽然与帮助犯的归责类型存在规范契合，但不作为形态毕竟不同于作为形态之下中立帮助的客观存在样态。对于不作为的中立帮助是以正犯形态进行归责抑或帮助犯形态进行归责存在研讨空间，对此又存在不同学说之间的立场争议。能否将作为形态下的共犯区分标准一并适用于不作为形态下参与行为的归责判断，还是结合不作为形态的结构属性为其重新构建区隔标准存在争议。对此问题，笔者将在第五章不作为形态的中立帮助刑事责任判定模式中详细讨论。

---

① 敬力嘉：《论拒不履行网络安全管理义务罪——以网络中介服务者的刑事责任为中心展开》，《政治与法律》2017 年第 1 期。

第四章

作为类型的中立帮助行为刑事
责任模式构建

　　源于中立帮助行为所承载的行业协调、衔接、重组机能，使其在推动社会发展的同时也面临着介入他人犯罪的潜在风险，如何为其厘清可罚与否的归责界限，不仅体现了现代社会面对发展诉求与法益维护发生冲突时的解决智慧，也表明了立法者在国民自由与法益价值之间的选择倾向。在这一过程中，刑法教义学自应责无旁贷为立法活动与司法实践发挥牵引促推作用。围绕中立帮助行为的刑事责任判定问题，学界进行了诸多有益尝试与探索。在转型时期的中国当下，行业领域的创新与重组可谓日新月异，如何构建一个稳定的刑事责任判定模式以适应此种变动不定的外部环境，直接决定着判定模式的普适性与有效性。以参业类型为标准的归责路径因偏重行业分类的现象考察，使其无法穷尽中立帮助行为的所有存在形式。而从行为模态的规范结构出发，将中立帮助行为进行作为犯与不作为犯划分的归责模式因剥离了参业类型的形式外罩，有助于实现检视样本的全面覆盖，亦能获得方法论层面的优越性。作为类型与不作为类型的中立帮助行为在规范结构上的本质差异，使得二者的归责模式各有所重。本章以中立帮助行为的作为形态为研讨样本，以客观归责理论为检视视角，通过司法个案进行可适性验证，以期为作为形态的中立帮助行为构建合理的刑事责任判定模式，助益于学理研讨与司法实践。

第一节　折中理论之修正与提倡

　　围绕作为形态的中立帮助行为的刑事责任判定模式基本形成了主观立场、客观立场、折中立场之间的对立。主观立场与客观立场都试图从单一面向构建归责路径，要么陷入心情刑法的思维泥沼，要么忽视了"行为是主观意志的外在表述"①，均不能有效化解中立帮助行为的刑事责任判定问题。与之相较，折中立场注重对中立帮助行为客观面向与主观面向的并行把握，更具判定方法的优越性。然而，检视目前学界于折中立场出发所形成的判定路径，要么存在主观反向钳制客观的逻辑障碍，要么存在主、客观要件简单并置的体系缺陷，并未实现折中立场的合理构建。作为折中立场的典型支持者，罗克辛教授虽然提出了在客观归责视角之下引入罪过形态的归责思路，但如何解释客观归责的主观要素渗透现象仍然面临学界质疑，直接冲击着以客观归责为基底的折中立场的实质合理性。因此在承认折中立场方向正确的前提之下，有必要对其立场的内部固有缺陷予以必要的检省反思，通过立场缺陷之补正与提倡来发挥折中立场的优越性。

一　折中立场的根基选定：机能主义犯罪论的根基支撑

相较于单纯通过因果流程进行判定而言，以客观归责理论为基底构建作为形态中立帮助行为的刑事责任判定模式更为合理。诚如松宫孝明教授在承认日常性的交易行为不具有犯行惹起力因而不可罚的结论时指出的："这并不是通过因果关系论而是通过客观归责论加以解决。"② 然而，将相互异质的主、客观两种归责要素融合置于折中模式之中，其依据抑或合理性何在受到学界广泛质疑。质疑的消解有赖于对折中模式法理根基的解明，而此问题的回答又关乎着折中模式归责标准的构建。

（一）现象描述与学理反应：客观归责中的主观因素渗透

以德、日折中立场为考察蓝本，可以发现客观归责理论在其刑事责任判定体系中居于核心地位。然而客观归责理论作为一种对主观违法论的反思性思考路线，其本身就排斥主观因素渗透。客观归责理论最重要的贡献之一在于"扭转了目的行为论导致的过度重视主观不法的趋势，重新确立了客观不法的决定意义"③。然而折中立场为何在坚持客观归责理论的

---

① 周漾沂：《从客观转向主观：对于刑法上结果归责理论的反省与重构》，《台大法学论丛》2014 年第 4 期。

② ［日］松宫孝明：《刑法总论讲义》，钱叶六译，中国人民大学出版社 2013 年版，第 220 页。

③ 何庆仁：《特别认知者的刑法归责》，《中外法学》2015 年第 4 期。

同时又能结合主观因素进行并行考察，需要折中立场支持者予以回应。

1. 客观归责的主观渗透现象描述

以折中立场代表者罗克辛教授的观点为例，其在中立帮助行为的刑事责任判定中旗帜鲜明地援用客观归责理论。但与通常的路径设置不同，其在风险判定的过程中又对行为人的主观认知要素赋予了限定作用，这使得客观归责过程蒙上了一层主观归责的色彩。一方面，当中立帮助者明知正犯的计划而提供帮助时，此时中立帮助者与正犯之间具有犯罪意义关联，帮助行为提升了法益侵害的现实风险。"只要局外人认识实行人的犯罪决定，人们就会成为一种具有刑事可罚性的帮助人。"[1] 另一方面，如果中立帮助者仅对帮助行为被正犯用于犯罪的可能性存在认识，此时就可对其适用信赖原则予以归责阻却。可以看出，不论是将"风险升高"的客观归责判断包装为"犯罪意义关联"，抑或适用信赖原则否定归责，讨论的前提在于中立帮助者对于正犯构成行为决定的认知状况。然而为何主观认知内容能够成为决定客观归责判定的前置条件？如果承认主观因素在折中立场内部的存在空间，如何说明其对风险升高的内在影响？这些问题都涉及客观归责中的主观因素渗透现象。

作为客观归责的主观因素渗透现象的典型表现形式，行为人的特别认知问题引发了学界的广泛争议。合理解明特别认知问题在客观归责思考路径之下的存在价值、作用机理，关乎着中立帮助行为折中立场实质法理根基的稳固。对于此种现象学界也存在着不同态度，体现在经典案例的设置中。诸如"飞机炸弹案"，侄子为了尽快获得叔叔的巨额遗产，在明知恐怖分子已经在某架航班上安装炸弹后仍然为叔叔购买该航班的机票，后叔叔因航班爆炸坠亡。[2] 又如"毒蘑菇案"，具有生物系专业背景的酒店兼职大学生，在明知菜品中的蘑菇含有剧毒时仍将其端给客人食用。[3] 上述被学者广泛讨论的案例具有内在共性，当行为人具备特殊的知识背景或者注意能力而掌握特别认知事实后，能否因该特别认知而对行为人的客观归责风险判断产生影响？如果承认影响的存在是否说明客观归责理论纯然客

---

[1]　[德]克劳斯·罗克辛：《德国刑法学总论》（第二卷），王世洲译，法律出版社 2013 年版，第 156 页。

[2]　参见 [德] 克劳斯·罗克辛《德国刑法学总论》（第一卷），王世洲译，法律出版社 2005 年版，第 244 页。

[3]　参见 [德] 京特·雅科布斯《规范·人格体·社会——法哲学前思》，冯军译，法律出版社 2001 年版，第 89 页。

观的属性具有主观归责的例外？抑或特别认知问题其实揭示了客观归责内部的主观因素的存在价值？上述问题的解答与中立帮助行为的刑事责任判定问题具有逻辑关联。两个教学案例的设置其实也对应着作为形态中立帮助行为的刑事责任判定，因此有必要梳理学界对此现象的理论回应，从而为后续的判定模式构建提供参考。

2. 特别认知问题的学理反应

如果说客观归责理论是作为对过度重视主观违法性判断的反思性检讨而诞生，那么在客观归责体系建构中围绕风险制造、实现以及是否逸脱构成要件保护范围的判断，自应排除主观因素的介入，如此才能保证归责过程的客观本质。然而作为客观归责理论集大成者的罗克辛教授与雅各布斯教授均不约而同地承认特别认知在一定条件下对风险判定的影响，这使得学界对于客观归责理论的合理性产生怀疑，进而引发了针对批判的回应。

（1）质疑与批判

在条件说强势支配下的刑法因果关系领域，刑事教义学过去对于行为满足了与法益侵害之间的"条件公式"，就会承认行为的构成要件符合性。譬如甲在雷雨天劝乙外出并期望乙被雷击中，后乙果真被雷劈死。如果严格按照"条件公式"的解算逻辑，甲的劝说行为与乙的死亡结果并非不能理解为"条件公式"的满足。但如此进行刑事归责未免荒唐，教义学的脱困路径在于通过否定故意来实现。然而考察行为人对本不应被归责的事项是否存在故意并非合理，如同"要一个完全和犯罪无关的人交代其是否有犯罪故意、过失一样荒谬！"[1] 客观归责理论的创立改变了上述判断方式，"因果导致的结果必须是由行为人所制造并且在各该构成要件中不被容许的风险的实现"[2]。在客观归责支持者看来风险的判定无涉于主观因素的考察，只需要纯然立于客观立场对法益侵害风险进行事前判定即可。然而在行为人具有特别认知情形时，客观归责的客观立场似乎有所动摇而未能贯彻始终。诸如对于前文已有提及的"飞机炸弹案"，剔除飞机已被安置炸弹这一特别认知的主观因素的考虑，劝他人乘坐飞机的外在风险应该是一致的。然而此时客观归责论者却认为"如果一个理智的

---

① 周光权：《客观归责理论的方法论意义》，《中外法学》2012 年第 2 期。

② ［德］沃尔夫冈·弗里希：《客观结果归责理论的发展、基本路线与悬而未决的问题》，恽纯良译，载赵秉志、宋英辉主编《当代德国刑事法研究》（第 1 卷），法律出版社 2017 年版，第 106 页。

判断人得到了这种特殊的信息（飞机被安放了炸弹——笔者注），那么他也会做出这趟旅行是非常危险的评价的"①，此时劝说行为就应以故意杀人罪处罚。这样，外观相同的行为就会因行为人主观层面特别认知的内在差异而形成不同的风险判定结论。这种结论的改变抑或可以说是判定逻辑的变动是否昭示了客观归责理论的"不客观"，抑或并非如其所宣称的全然立于客观基础进行的归责判断，对此学界展开了对客观归责理论的质疑与批判。

有学者指出："主观与客观果真能够分离吗？如果最终都是为了解决是否让行为人对造成结果负责，则构建一个不考虑行为人的人格与认知的'客观的'归责面是否有意义？"② 在批评者看来，客观归责理论的本质在于解决归责的问题，也即能否将一个实害结果归属于行为之上并让行为人对此负责。然而如果说能够对刑法归责判断有意义的仅是引发客观世界外在事实变动的行为，那么行为必然是由行为人内在的主观意志所支配并予以外化，因此刑法对于行为本身以及由此引发的事实变动的理解不能脱离主观意志而进行客观的孤立判断。"行为本来就是一个从主观意志一直到客观行止及其引发变动的现实化过程，或者说，客观行止及其引发之变动即为被实现的主观意志。"③ 随着近年来国内学者对客观归责理论的引介以及本土化适用，特别认知对于客观归责理论的冲击现象也得到了一些学者的注意，如刘艳红教授一方面承认客观归责理论竭力从行为客观面向的类型性出发进行归责判断，另一方面又指出"根据行为人的主观意思以及借助行为人的个体情况作为判断标准，实际充斥于整个归责演绎之中"④。面对学界的此类质疑，特别认知问题对于客观归责理论犹如芒刺在背，如何对其予以合理回应已然关乎理论自身根基的牢固与否。

（2）回应与妥协

面对学界的上述批评与质疑，行为人的"特别认知"问题似乎成为肯定客观归责理论之客观性存在的根本障碍。对此，客观归责理论者也从

---

① ［德］克劳斯·罗克辛：《德国刑法学总论》（第一卷），王世洲译，法律出版社 2005 年版，第 244 页。

② ［德］托马斯·魏根特：《客观归责——不只是口号？》，载梁根林、［德］埃里克·希尔根多夫主编《刑法体系与客观归责》，北京大学出版社 2015 年版，第 97 页。

③ 周漾沂：《从客观转向主观：对于刑法上结果归责理论的反省与重构》，《台大法学论丛》2014 年第 4 期。

④ 刘艳红：《客观归责理论：质疑与反思》，《中外法学》2011 年第 6 期。

多方展开回应，试图在客观归责的逻辑内涵中将"特别认知"问题予以化解。作为代表者，罗克辛教授辩解道归责的客观性"并非因为客观构成要件的归责以完全客观的因素为基础，而是因为归责的结论"①。罗氏似乎已经承认以"特别认知"所代表的主观因素对于归责客观性的影响，只是归责结论仍然保有客观性。然而强调归责结论的客观性似乎选错了应对学理质疑的回应方向。客观归责的核心在于解决风险判定与结果归责的问题，而围绕如何制造风险、实现风险的判定必然离不开危险判定材料的检取。如果风险判定材料蕴含了与具体行为人相联结的主观认知，那么以之为据得出的结论还能说纯然客观吗？笔者对此持否定态度。"一般人认识"因脱离了社会个体的独立考察而具有了相对客观的色彩，但行为人特别认知则是彻头彻尾的主观要素。个别客观归责理论的支持者认识到此问题，指出"主观或者个人因素并不是判断基础，而只是决定事实的哪些部分能够进入判断基础的选择性标准而已"②。然而，此种辩解似乎仍然没能看到判断材料对判断结论的间接影响。即便特别认知只能作为选取风险判断材料的依据，但这也表明了风险判断材料的范围划定没有摆脱主观认知的作用，风险判断材料的选取仍然受到了来自行为人特别认识的直接影响。另有学者则转换论述角度，试图通过判断时点的事后推移实现判断结论的客观化。危险是否实现应以因果流程中存在的所有客观事实为基础，从事后的立场出发加以判断。③ 的确，风险判断是与结果考察相异的思维过程，前者是立于事前行为时对可能的危险结果进行的规范预测，后者则是在结果已经发生的事后对法益侵害实然状态的回溯考察。因此将风险判断的时点从行为时推移至结果时，那么一切危险发生的"可能性"都将成为"必然性"，行为人的特别认识也将褪去主观色彩而成为客观事实。但是如此思考已然与客观归责理论持续追求的归责限定机能相违，在事后的风险判定视角之下风险材料只能作为因果关系存在的积极佐证，其本身承载的风险判定角色以及背后的归责限定机能将荡然无存。可以看出，从上述角度展开的学理回应似乎没能为客观归责找到应对主观因素渗

---

① Roxin（Fn. ⑩）,·S. 250. Ähnlich Roxin（Fn. ⑦），§11 Rn. 57. 转引自陈璇《论客观归责中危险的判断方法》，《中国法学》2011 年第 3 期。

② Frisch（n. ⑨），S. 183. Ähnlich Frank Zieschang, Die Gefahrdungsdelikte, 1998, S. 60（Fn. 40）；Frisch（Fn. ①），S. 732. 转引自陈璇《论客观归责中危险的判断方法》，《中国法学》2011 年第 3 期。

③ 参见陈璇《论主客观归责间的界限与因果流程的偏离》，《法学家》2014 年第 6 期。

透现象的有效办法，以至于部分客观归责论者选择妥协，"在客观归责时考虑特别认知，的确是一种内在矛盾，但为了避免得出荒谬的结论，只能对此加以忍受"①。

（3）另一个思考向度

主观因素渗透引发的学理质疑根源在于客观归责论所树立的客观化思维标签。客观归责论能够得以诞生并为学界认可的根本原因在于其展开了对条件说因果关系判定逻辑的反思性检讨。条件理论的根本问题在于逻辑本质的内在缺陷，能够获得条件引起公式检验的事项必然是已经受到自然经验事实验证的关系流程。"条件公式"并不是对因果关系的逻辑推演判断，而是一种对已经存在的因果流程的事后背书。客观归责理论在条件理论之后进行规范性检验，使得二者虽在理论架构层面存在依存关系但仍具有逻辑路径的差异。遗憾的是，客观归责理论的规范塑造作用似乎被一些学者遗忘，进而引发了客观归责理论在面对"特别认知"现象时引发的误解与疑惑。直接表现为将其与因果关系视作同一层次的思维判断，"它不但是以条件说为前提的，而且实际上也是通过对构成要件性因果关系的否定得出其自身的结论的"②，批评者进而得出客观归责理论围绕风险判定所构建的诸多看似精致的条件其实与因果关系并无异处，那么客观归责理论之"客观性"当然就是其对外呈现的第一面孔。如此而言，在客观归责理论内部考虑与行为人主观认知当然存在体系冲突的问题。这种批判显然是对客观归责理论的误解。条件理论虽与客观归责理论存在理论架构的关联，但也仅表现为前者的事实性判定结论将作为后者关于风险认定的规范性判断素材，从而具有"针对由条件说筛检留下的因果关联进行的二次筛检"③ 的规范意义。既然二次筛选的实现有赖于客观归责内部不被法所允许的风险判断思维，那么"在规范层面解决是否应当对结果负责的问题，必定会受到评价准则的主观认识与价值观念的影响"④。当然，从"条件公式"的事实判定向客观归责的规范判定的思维转轨有来自更深层的法理支撑，也即机能主义犯罪论体系的立场根基。在此基础之上主

① Vgl. Wolter, Adaquanz—und Relevanztheorie, GA 1977, S. 257 ff. 转引自何庆仁《特别认知者的刑法归责》，《中外法学》2015 年第 4 期。

② 刘艳红：《客观归责理论：质疑与反思》，《中外法学》2011 年第 6 期。

③ 许玉秀：《主观与客观之间——主观理论与客观归责》，法律出版社 2008 年版，第 242 页。

④ 劳东燕：《风险分配与刑法归责：因果关系理论的反思》，《政法论坛》2010 年第 6 期。

观因素渗入以及规范判断都应理解为客观归责理论的当然产物，从而为化解"特别认知"问题的学理诘难提供了另一个思考向度。

（二）机能主义犯罪论体系的思考向度

回顾德国围绕犯罪论体系构造的演变历程，先后经历了前古典的犯罪构造论、古典犯罪构造体系、新古典犯罪构造体系、目的论的犯罪构造体系、新古典暨目的论的犯罪构造体系以及机能主义犯罪论体系。每一次体系架构的更迭调整都代表着刑法对于犯罪行为规制理念的更新与进步，但在这一演变历程之中对学界影响最大的应属机能主义犯罪论体系的产生。机能主义犯罪论体系由学界在对新古典与目的理性的犯罪论体系的检思基础之上诞生，二者最大的区别在于体系构建的理念差异。前者基于存在论哲学的因果性与目的性因素之上进行构建，后者则基于新康德主义的规范价值哲学铺叙展开。"今天，在德国刑法学理中占据主导地位的见解，不再是以存在事实为导向的体系了，而是以刑法的任务和目标作为指导的体系。"[①] 机能主义犯罪论体系更注重规范层面的价值判断，从而弱化以至替换过往犯罪论体系构造偏重事实性判定的思维。而这恰好与客观归责理论的内在规范品格具有契合性，进而可为客观归责理论的主观因素渗透现象提供学理解明的有益思考。

1. 机能主义犯罪论体系的要求

在机能主义犯罪论体系诞生之前，新古典与目的论的犯罪论体系处于大陆法系犯罪论的强势地位。作为体系构建的法理根基，存在论哲学思维为其提供了基本的思想指南。在存在论哲学者看来，"只是因为意志的具体能力达到了能够有意义地调控其因果发展的程度，所以我们才能认为该事件是特殊意义上的'意志的'事件，在此，'目的性的决定'或者决定可能性一如既往地只是机械性地看待世界"[②]。因此，客观要素与主观要素在犯罪构造体系内部拥有特定的位置，二者分列存在，泾渭分明。然而刑法作为一种对犯罪行为的调控手段，应该以刑法的目的与价值为核心展开，而不能固守犯罪论构造内部要素体系设置逻辑安排的羁绊与束缚。"刑法效力的充分发挥必然以一定的规范目的和社会需要为指南，刑法问

---

    ① ［德］克劳斯·罗克辛：《刑事政策与刑法体系》，蔡桂生译，中国人民大学出版社 2011年版，第 70 页。

    ② ［德］汉斯·韦尔策尔：《目的行为论导论》，陈璇译，中国人民大学出版社 2015 年版，第 6 页。

题的合理解决也无法摆脱价值评判与规范考量。"① 正是基于此种反思，注重刑法机能发挥与目的实现的机能主义犯罪论体系应运而生。

机能主义犯罪论体系对过去本体论基础之上的体系性构建思维进行了彻底的清算。在此过程中，新康德主义哲学思潮的重拾与回归承载了思想指引的先导作用。新康德主义哲学思维"否认能从现实的观察和感觉中得出任何关于所谓'正当'的判断"②。在其看来，事物之间并非有序的结构排列而是无序与杂乱的，个体基于主观价值需要可以对其予以个性化的安排，这样"所有的科学都可以任意和自由地进行其概念创造"③。受其影响，刑法教义学视野之下的犯罪论构建理念也发生了变动，刑法并非对外在客观现象的纯粹描述。具有行为规范与裁判规范属性的刑法必须承载起某种价值希冀，这正需要规范性要素的植入，从而改变过往严格遵循本体论哲学思维所形成的犯罪论体系安排。对此意义而言，机能主义犯罪论体系同新古典与目的论结合的犯罪论体系相比，前者建立的基础在于刑法的社会任务与规范价值，后者建立的基础在于因果关系与行为目的的客观实在；前者更注重刑法的调整机能与预防效果，后者更注重依据逻辑进行犯罪论体系要素的位置安排。在机能化进程中存在以罗克辛教授为代表的人格机能向度与以雅各布斯教授为代表的系统机能向度。前者依照犯罪人之人格的指导准则解释刑法上的概念；而后者则根据维持系统的需要以确定概念的内容。④

经过理论的长途跋涉，回归客观归责的问题焦点上来。客观归责理论的核心在于围绕风险制造与实现所构建的一系列检视条件，审视这些精致构建的条件包括注意义务的保护范围、合义务的替代、禁止回溯、自我答责等，无一能够在脱离价值评价后实现结论的合理导出。这说明了客观归责过程并非一个彻头彻尾的客观思维过程。这样来自"主观化"的质疑与诘问似乎就不再具有什么实在意义了，因为机能主义犯罪论已经为主观因素进入犯罪论体系进行了合理的印证与支持，与被评价个体相关联的特殊认知是进行风险生成与实现判断时必须考虑的因素。笔者认为，争论客

① 陈璇：《论客观归责中危险的判断方法》，《中国法学》2011 年第 3 期。

② ［美］E. 博登海默：《法理学：法律哲学与法律方法》，邓正来译，中国政法大学出版社 2004 年版，第 183 页。

③ 陈璇：《论客观归责中危险的判断方法》，《中国法学》2011 年第 3 期。

④ 蔡桂生：《德国刑法学中构成要件理论的演变》，载陈兴良主编《刑事法评论》（第 31 卷），北京大学出版社 2012 年版，第 51 页。

观归责理论究竟是否为客观化思维过程意义有限，其归责逻辑更是一种融合了主观思维的综合性判断体系。

2. 违法性本质解明的要求

"人类行为在存在构造上是主客观一体的，客观行止及其引发之变动是主观意志的现实化，就表示行为的主观面对于客观面具有定向作用。"[1] 能纳入刑法归责视阈的仅指那些受到行为人主观意识支配而又现实地引发了客观世界变动的举止。因此，对刑法具有评价意义的行为类型必须同时具备主观意识与客观行为两个层面，且客观行为具有对主观意识外化征表的规范意义，主观意识对客观行为具有规范价值的赋予作用。这一描述其实揭示了刑法承载的事前国民指引规范与事后司法裁判规范的基本作用。基于现代刑法理念对于法治国轮廓厘清的不懈追求，罪刑法定原则不论在形式侧面抑或实质侧面其实都是围绕刑法规范的明确性所展开的，"规定犯罪的法律条文必须清楚明确，使人能确切了解违法行为的内容，准确地确定犯罪行为与非犯罪行为的范围"[2]。此种明确性正是对构成要件犯罪行为类型化机能的要求。既然行为举止与主观意识具有直接关联，对于犯罪类型化限定的构成要件就必须同时具备主观、客观两个面向，且二者呈现出反映与被反映、支配与被支配的关系。"从行为主观面开始判断，才知道选择哪一个客观的构成要件作为判断的依据，因为着手实施的行为究竟是什么样的行为，必须从行为人故意才能得知。"[3] 这也正是构成要件定型性机能之发挥为何不能全然离开主观要素而独自实现的根本原因。回归客观归责理论本身，归责之核心要务在于完成风险制造与风险实现的归属性判定，而这一过程其实也是对行为自身不法结论的推导过程。从不法的实质意义上而言，违法二元论则为客观归责主观渗透现象提供了另一个角度的合理性证成。客观归责理论旨在解决一个"不好的作品"应当归属于谁的问题，而"不好的作品"的性质定位必须将法益侵害与规范违反结合考察。这正是德、日违法二元论获得广泛支持的原因。客观归责理论的主观因素融合与行为无价值二元论具有立场内部的契

---

[1] 周漾沂:《从客观转向主观：对于刑法上结果归责理论的反省与重构》,《台大法学论丛》2014 年第 4 期。

[2] 张明楷:《刑法学》（上），法律出版社 2016 年版，第 53 页。

[3] 许玉秀:《主观与客观之间——主观理论与客观归责》，法律出版社 2008 年版，第 32 页。

合关系，"因此，如果赞成行为无价值论，对客观归责理论的地位就必须加以肯定"①。

二　主观因素见之于客观风险的判断

如何解决客观归责的"主观渗透"现象，不仅关乎着其理论根基的稳固与否，而且与折中立场之上的中立帮助行为刑事责任判定模式具有密切关联。虽然部分学者已经承认客观归责存在极限，"终究还是有主观面向的问题，此即行为人之特殊认知"②。然而如果对于上述现象的解明只是停留于内涵本质的注解仍然流于形式，合理的方法更应回归至客观归责的理论内部，明确主观因素的作用机理，从而为主观因素的"客观化"过程寻求合理的转化渠道。

（一）风险判断标准的法理根基

1. 评价规范与决定规范的基底构建

罗克辛教授面对"特别认知"所带来的学界指责时曾指出，客观归责的客观性根源于风险判定结论的客观性。③ 笔者认为对于主观因素作用机理的此种解明有待深化，这可能被反对者认为是只谈结论不谈过程。在客观归责架构之下的整套规则设定都是为了解决风险判断的标准问题，而这离不开判定材料的检选。如果行为人特别认知代表着其超越一般人所获得的对客观情况的真实把握，那么没有理由将其排除在客观风险的判定材料之外。与行为人具有平行领域关系的"社会一般人认知"被学界公认具有客观性色彩，其实"行为人认知"也可以实现客观角色的转化。因为认识内容虽然只是个体主观意识的另一种存在形态，但与之对应的现实世界却是客观的、实在的。亦即借助行为人主观认知内容所映射的客观材料可以作为风险判断的事实性材料。因此作为结论，与行为人个体相联结的主观认知要素可以也应当取得与"一般人认知"相同的理论地位，认同其提供客观风险判断材料的判断范围。当然，这种从主观认知内容向客观材料的转化过程有赖于对风险判定标准的根基解读。

"通说坚持以一般人的认识作为客观归责中事实基础的认定标准，这

---

①　周光权：《客观归责理论的方法论意义》，《中外法学》2012 年第 2 期。

②　林钰雄：《新刑法总则》，中国人民大学出版社 2009 年版，第 136 页。

③　参见何庆仁《特别认知者的刑法归责》，《中外法学》2015 年第 4 期。

与当代德国刑法学对不法中决定规范的广泛认可密切相关。"① 如果说客观归责理论的精髓在于准确地完成风险制造与实现的归属性判断，那么客观归责理论的判定结论的得出其实已经实现了行为不法性的终局评价，进而使其与不法性决定基础的评价规范与决定规范具有内在关联。主观违法性论与客观违法性论代表了不同的违法性解读方式。主观违法性论者认为刑法规范具有决定规范的性质，只有理解规范意义的行为人才能作出的规范违反的意思决定进而将其转化为现实举止。"违法性的有无，只能就有责任能力人的行为而言。"② 评价规范则认为对规范违反性应进行客观判断，只要行为违反了规范就应逻辑性地导出违法性的存在。"在观念上，评价规范与决定规范之区别在于，针对'所有'受法者的是评价规范，而针对负有某人格义务之'个别'受法者的义务规范为决定规范。"③ 因此，评价规范是决定规范当然的前提。然而在行为无价值二元论已成为通说的德国，这种完全立于客观违法性论立场来进行违法性本质解读的方式已经有所改变，这从客观归责理论的规范违反性视角中可窥一斑。客观归责理论借助下位规则进行风险判定，但它们并不是全然的评价规范，而是包括了决定规范在内。通过风险制造、风险实现判定结论所代表的违法性本质实现了评价规范与决定规范的并和。"只有在行为违反特定行为规范，制造法益风险，并存在最终使法益风险被实现的可能性时，才能说行为具有违法性并将结果在客观上归属于行为人。"④ 如果承认行为无价值二元论的合理性，必须将从行为规范违反性中导出的行为无价值与决定规范相联结。这样"决定规范"背后的行为人主观认识内容即可合理导入客观风险的判定过程之中。因此，作为客观归责理论基底的规范违反性标准就应同时具有评价规范与决定规范的双重基准，而后者所承载的行为人主观认识以及为其所代表的特殊认知材料应对风险判定发挥影响。

　　刑法规范具有裁判规范与行为规范的双重属性，"是以制裁为后盾的命令或义务"⑤。只是评价时点的不同而使其对事后的裁判功能抑或行为指引功能各有偏重。而若立于行为无价值二元论的立场解释违法性的本

① 陈璇：《论客观归责中危险的判断方法》，《中国法学》2011 年第 3 期。
② 张明楷：《外国刑法纲要》，清华大学出版社 2007 年版，第 139 页。
③ 马克昌：《近代西方刑法学说史》，中国人民公安大学出版社 2008 年版，第 335 页。
④ 周光权：《行为无价值论的中国展开》，法律出版社 2015 年版，第 185 页。
⑤ 刘艳红：《实质刑法观》，中国人民大学出版社 2009 年版，第 206 页。

质，则更应尊重规范本身的行为指引作用。而这必然需要凸显决定性规范的地位，"评价规范和决定规范都成了违法性的构成要素"①。如此而言，若重视通过刑事政策开启闭环形式的犯罪论体系，承载不法本质的除了评价性规范还包括决定性规范，而后者的发挥必然需要与行为人的主观认识相联系才能准确界定。因此，以"特别认知"为代表的主观认识因素在客观归责风险判断的解算过程中，并非能够成为直接影响客观风险的介入因素，而是以客观风险判断材料的划定标准间接发挥作用。同时，对于行为人主观认知所具有的风险判断材料的检选作用，最终还应落脚于决定性规范的不法判定功能上。

2. 刑法预防功能的主观关联

立基于存在论之上的目的论犯罪论体系历来都是客观归责主义立场的论战宿敌，其支持者考夫曼指出，客观归责理论所发展出来的所有要素，都必然以行为人的主观认知为判断基础，客观归责理论致力于解决的实际上都是主观构成要件的问题。② 这使得主观归责理论借助"特别认知"问题似乎欲再次复苏，"只有行为人主观认知的事实足以支撑法不容许的风险"③。不论是目的论支持者还是主观归责理论拥护者，为其所言的主观要素对于实质违法性的定向作用，其实都是先入为主地将客观归责理论贴上了纯然客观的形式化标签，然后从自己立场上展开发难。目的行为论与因果行为论虽然立论基础有所差别，"却有一点是相同的，亦即它们二者都建立在存在论的根基之上"④。而随着机能主义犯罪论体系的建立以及学界支持，这一问题得以消解。以机能主义犯罪论构造取代物本逻辑结构体系为客观归责理论的主观渗透现象提供了法理支撑。一味地追求在犯罪论体系内部将各要素进行泾渭分明的体系性安排已被学界证实并非妥当，犯罪构造的首要任务"在于从刑事政策的角度出发合理地解决规范问题"⑤。如此，物本逻辑构建路径之下受到高度重视的犯罪论内部要素主、

---

① ［日］高桥则夫：《规范论和刑法解释论》，戴波、李世阳译，中国人民大学出版社 2011 年版，第 47 页。

② 参见何庆仁《特别认知者的刑法归责》，《中外法学》2015 年第 4 期。

③ 周漾沂：《从客观转向主观：对于刑法上结果归责理论的反省与重构》，《台大法学论丛》2014 年第 4 期。

④ ［德］克劳斯·罗克辛：《刑事政策与刑法体系》，蔡桂生译，中国人民大学出版社 2011 年版，第 67 页。

⑤ 陈璇：《论客观归责中危险的判断方法》，《中国法学》2011 年第 3 期。

客观性质分明的界分要求在机能主义犯罪论支持者看来似乎就不再具有什么实质意义，更重要的应在于犯罪论体系能否实现刑法引导国民行为的作用，能否实现法益保护的机能，而这些都有赖于刑法一般性预防性功能的实现。以机能主义犯罪论作为根基的客观归责理论的构建概莫能脱离这种体系要求而独善其身，诚如许内曼教授所言"结果的规范归责之目的在于，在行为规范和结果之间创设符合一般预防目的之关系"①。然而，不论是强调借助刑罚威吓实现心理强制作用的消极一般预防，抑或通过树立国民对刑法规范忠诚而实现积极一般预防，最终的作用基点都在于国民个体的规范意识，这无疑与行为人的主观认识内容存在直接联系。体现在特别认知问题上，即是当行为人对能够导致法益侵害风险升高的具体因素存在特别认知时，映射在刑法的积极预防功能上即是回避风险的升高。因此，如果承认机能主义犯罪论对于客观归责理论的基础性作用，那么受其所重视的刑法一般预防功能便将体系性地贯彻于客观归责理论之中，而这又为具有主观色彩的行为人特别认知预留了必要的作用空间。这不会颠覆客观归责的客观思维模式，更不是主观归责理论合理性的佐证，它只是机能主义犯罪论作为体系根基的一种具体的反映与必然的逻辑归结。

（二）风险判断标准的逻辑框架

机能主义犯罪论体系将评价规范与决定规范共同作为不法判定的实质根基，以积极的一般预防为实现手段。承接此种逻辑进路，理论研讨进程的推进就不应纠结于为何拥有客观品性的风险判定过程能够留存主观因素的作用空间，学理关注的重心与精力更应聚焦于解明主观因素的作用机理上。这不仅关乎着以折中立场为根基构建中立帮助行为刑事责任判定模式的合理性，更决定着微观的风险判定的准确性。

梳理反对在客观归责过程中考虑主观因素的观点，不论是作为理论宿敌的目的行为论者宣称的"客观归责理论提出的那些问题，最后其实都是主观故意的问题"②，还是主观归责论者宣称的"行为之客观面的意义是由主观面所赋予"③，批判的焦点都在于风险判定的客观性无法保持。

---

① Schunemann, Uber die objective Zurechnung, GA 1999（5），S. 207 ff. 转引自庄劲《客观归责还是主观归责？——条"过时"的结果归责之路的重拾》，《法学家》2015 年第 3 期。

② 何庆仁：《特别认知者的刑法归责》，《中外法学》2015 年第 4 期。

③ 周漾沂：《从客观转向主观：对于刑法上结果归责理论的反省与重构》，《台大法学论丛》2014 年第 4 期。

但将上述批判置于机能主义犯罪论体系之下，同时结合评价规范与决定规范二元的不法性判定基础，上述批判的立论基础与攻击靶向均有待商榷。弗里施（Frisch）的回应极具启发意义，其指出客观归责理论内部的主观因素并非能够直接对风险判定的客观过程产生影响，其只是提供了划定风险判定材料的边界。这样最终作为风险判定直接依据的仍然只是客观世界的事实性素材而非存在于行为人内心世界的主观性认识。如此而言，以"特别认知"问题所代表的行为人主观因素并非获得了直接进入风险判定的理论授权，只是以风险判定素材的检选标准间接地对风险判定发挥了影响。此时行为人特别认识到的事实与一般人已经认识到的事实就具有了相同的地位，共同描绘出风险判定素材的外部边界。当然，相比于单纯地将一般人认识作为风险判定的材料检选标准而言，结合行为人特别认知后的风险素材检选范围一定会有所扩张。这是否会置行为人于不利地位？就如部分学者批判的，"逃避刑罚的最容易和最有效的方法就是什么都不要会，也什么都不要知道"①。在批评者看来行为人因高于常人的认知能力而获得的对风险判定信息的充分把握不得成为一种负担，或是因此招致风险制造、升高的否定性评价。脱离客观归责的"特别认知"问题范围，笔者对批评者的上述观点深表赞同。但是此种观点并不能在此成为指责行为人"特别认知"作为风险判定素材检选标准合理性的依据。行为人认知能力的提高并非一定导出法益保护义务的增多，"能为"的事实性评价并不等同于"当为"的规范性判断。然而，特别认知并不是指行为人高于一般通常人的认知能力，而是实实在在的已为行为人所现实掌握的能够影响到法益侵害风险的客观信息。因此，认为在风险判定过程中考虑特别认知有违平等对待的观点有失妥当，"因为原则上所考虑的不是潜在的特别能力，而是现实的特别能力。起到决定性作用的，只能是作出决定的当时所具有的事实性认识"②。

第二节 作为类型中立帮助行为的客观归责模式构建

本书主张从折中立场出发构建作为类型中立帮助行为的刑事责任判定

---

① 何庆仁：《特别认知者的刑法归责》，《中外法学》2015 年第 4 期。
② ［德］乌尔希·金德霍伊泽尔：《犯罪构造中的主观构成要件》，蔡桂生译，载陈兴良主编《刑事法评论》（第 30 卷），北京大学出版社 2012 年版，第 197 页。

模式，但应对受到学界"广泛好评"的以罗克辛教授所代表的折中路径予以扬弃。折中立场虽然应以客观归责的风险升高为基础，但中立帮助者的"特别认知"应作为风险升高的内部参数发挥作用，并非为罗克辛教授倡导的以主观因素反向钳制客观风险判定的思维逻辑。在本书倡导的折中模式下，中立帮助者的"特别认知"仍然保留主观因素的内在性质，但却是以判断风险升高的材料检选标准发挥作用的。对于作为形态中立帮助行为刑事责任评价模式，具体判断条件的设置从正向判定与反向排除两个向度展开，并分别构建不同的下位规则。

一　正向判定：法益风险的制造与升高

有学者认为"任何与法益侵害结果具有因果关系的行为都必然在客观上升高了该结果出现的风险"①，如此理解似乎只要存在因果关系则当然得出风险升高的结论，那么风险升高的规范性思维将被因果关系的事实性判定所架空。风险升高并不是与因果关系的认定同时进行，风险本身也非由允许与不允许两个部分合并而成，而是因行为违反了规范背后类型化的允许性标准从而制造了不被允许的风险，或者使推升的风险逾越了类型性的允许程度。"提供中性行为者或多或少都增长了侵害法益的风险；在某些极端情形，提供者正是依附于这种风险，才能在竞争市场中赚进大把钞票并屹立不摇。"② 因此在折中立场之下，作为形态的中立帮助行为刑事责任模式的重心在于确定能否将风险的制造与升高归属于中立帮助行为本身。而这必须结合风险判断的资料选择、风险判断的主体确定、风险判断的时点确定、风险判定的核心确定四项下位规则联动进行。

（一）风险判断的资料选择

以客观归责理论为框架构建这种刑事责任评价模式，必须为中立帮助者"特别认知"谋求合理的作用路径。前文已述，机能主义犯罪论体系注重通过刑事政策的引入改变存在论基础上犯罪论体系的闭环构造，从而实现静态刑法规范与动态社会现实之间的双向互动。刑事政策此种互动桥梁的功能依赖于行为人主观认识因素的引入，并通过"决定规范"与"积极一般预防"予以实现。在此，笔者延续前文观点，认为中立帮助者

---

  ①　［德］乌尔斯·金德霍伊泽尔：《风险升高与风险降低》，陈璇译，《法律科学》2013 年第 4 期。

  ②　林钰雄：《新刑法总则》，中国人民大学出版社 2009 年版，第 362 页。

的主观认识应作为风险判断资料的检选标准发挥作用。单纯从客观面出发无法实现对行为性质的准确把握，而需要结合行为人的认识要素。[①] 因此从折中立场出发，风险升高的客观归责判定与帮助者的主观认知要素存在内部关联，后者只是对风险判定的一个参数，而非直接介入风险判定本身。这样，中立帮助者具有的特别认知与平行领域内的一般人认识取得了相同的地位，共同勾勒出风险制造、升高的判断材料范围。

有学者对将赋予行为人特别认知与一般人通常认知相同地位的做法表示质疑，理由是一般人标准在具体化过程中最终还是导向行为个人的标准。[②] 也即作为一般人认知内容的判断依据并非随机抽取的社会成员提供的认知样本，而是与被评价的归责主体具有平行领域关联关系的社会成员所组成的集合。如果为了实现一般人评价标准的精确化，就必须不断追求与被评价主体的紧密性，这样在批评者看来其实一般人评价标准最终也是行为人标准的另一种反映，只是名称不同而已。对于上述批判笔者认为有待商榷。诚然，一般人的认知内容需要与作为被评价主体的特定人进行平行关联，然后才能划定一般人的存在范围，进而得出一般人的认知内容。但是在这里批评者可能误解了两种评价主体所承载的风险判定材料的性质。一般人的存在范围只是通过特定行为人抽象后所拟制出的一个虚拟的评价主体，并据此划定为与之关联的风险判定材料范围。而行为人（中立帮助者自身）的特别认知内容并不是一种规范化的拟制，是为其所掌握的能够影响到风险制造、升高判定的事实信息。一般人认知具有拟制性，行为人特别认知具有现实性，这种认知内容的性质差异使得两者具有周延风险判定材料范围的效果。例如房屋出租人甲发现承租人乙在出租屋内暗自进行毒品制造活动，此后出租人仍然不闻不问继续提供房屋出租服务。此时从一般人的通常认识来看，乙所实施的仅是日常意义的承租行动，只有甲现实掌握了毒品制造的客观事实信息。如果仅将一般人可能认识到的事实情况作为风险判断材料的限定标准，将造成风险的不周延评价。因此，只有将一般人认识与行为人特别认知相联结，共同作为风险制造、升高的判断材料检选标准，才能避免单纯以一般人认知进行判断造成的评价误区。

[①] 参见李波《论制造法不容许的风险》，载《刑法论丛》（第1卷），法律出版社2014年版，第301页。

[②] 参见陈璇《论客观归责中危险的判断方法》，《中国法学》2011年第3期。

（二）风险判断的主体确定

风险判定素材范围的合理限定不仅关乎于此后风险升高机制的有效运作，更影响着中立帮助行为归责范围的松弛抑或紧缩。以"特别认知"所代表的主观认识因素从来都不是直接进入风险制造、升高的机制内部，而是通过风险材料的抓取并将其提供给风险判断主体发挥作用的。解决了判断风险升高的事实材料范围问题，承接此一环节需要进行的即是风险判断主体的确定。

对此问题，雅各布斯教授曾发表过看法，其认为应根据行为人隶属的特定领域进行客观的事前判断，对想象的客观的判断者的能力要求应该根据具体情形以及与风险有关的被保护法益来确定。① 笔者认为上述见解对于确定中立帮助行为风险判断主体具有借鉴价值。笔者始终承认客观归责理论中风险判断流程的客观品性，只是认为在判断材料的选取上需要借助具有主观性质的中立帮助者"特别认知"要素。并且此种主观要素并非直接影响风险升高的判定，而是作为事实材料的划定标准间接发挥作用。这样与风险升高判断机制的客观品性相契合，就应选取社会一般人作为判断主体。当然此种社会一般主体的确定需要与特定的中立帮助者具有关联关系，也即社会一般主体的选取并非随机组成，而是与作为被评价主体的特定中立帮助者的知识背景、专业能力、身体条件具有近似性的社会成员的集合。罗克辛教授也有类似看法，判断结论"取决于一个理智的观察者在行为前是否会认为相应的举止行为是有风险的或者是提高了风险的"② 。此处理智的观察者即是与行为人相联结的社会一般主体。但令人诧异的是其在此后的中立帮助行为归责模式构建中并未将这种观点贯彻到底。在罗氏构建的折中模式中，中立帮助者对正犯犯罪决意的认识程度已经具有了风险评价结论的先决意义。之后的"犯罪意义的关联性"判断以及"信赖原则"的适用考察只是确定的故意与不确定的故意两种归责形态之下归责条件的进一步细化，并未改变中立帮助者主观认知对于风险判定的先决作用。这种先主观后客观，或是以主观因素反向钳制风险升高客观判断的思维方式与客观归责体系存在抵牾。在此，应重申一般人认知与行为人特别认知只能作为风险判定材料的划定依据，而非罗克辛教授所

---

① 参见周维明《雅各布斯的客观归责理论研究》，《环球法律评论》2015 年第 1 期。

② ［德］克劳斯·罗克辛：《德国刑法学总论》（第一卷），王世洲译，法律出版社 2005 年版，第 249 页。

构筑的以主观因素反向钳制客观归责判定的路径设置。在解明了主观因素的作用机制之后，风险升高判定主体应确定为与行为人具有平行领域关联的社会一般人。从而形成风险判断素材的主观因素融入式考察以及风险判定标准的社会一般人立场的归责体系。

（三）风险判断的时点确定

如果说从行为人实施犯罪预备行为至最终犯罪既遂的过程就是一个法益侵害风险逐渐升高并最终演变为实害结果过程的话，那么在此风险递增过程中如何确定风险判断的具体时点，将直接决定风险升高规范结论的得出。对此问题，源于不同学者对风险本身的理解差异以及风险材料选择方法，又形成了事前节点与事后节点的观点分歧。事前节点的支持者认为风险是一种"前实害"状态，是法益侵害发生之前的未然形式，对于风险判定应避免立于事后视角基于实害结果逆推判定。因此主张立于事前的行为时借助风险判断材料的检选来对风险进行规范预判。"行为是否制造风险的判断是以'行为时'的事实为基础，从裁判时的第三人标准出发，判定行为对规范的违反程度以及法益侵害的可能性。"[1] 与之不同，事后节点的支持者则认为应从事后立场对风险进行回溯性考察。如主张利用客观归责理论进行中立帮助行为可罚性判定的黎宏教授指出，站在事后观察的立场上，若行为加大了正犯侵害法益的危险，即可确定存在实质性的影响。[2]

可以看出，风险判断时点的调整不仅改变了客观归责结论的得出，亦对风险判断材料的检选标准产生了一定影响。如果允许立于事后结果时点进行风险判断，那么将导致已然存在的可能对风险升高存在影响的信息都会被纳入判断材料范围之内。的确，事后立场的回溯性考察相较于事前判断而言，不论在判断材料的选择上抑或从法益保护的周延性考虑上来看都更为全面。一方面，从事前立场进行预测所依据的风险判断素材是以一般人与行为人的认知内容来划定的，这使其一定窄于立于事后时点对法益侵害整体流程全面把握后所掌握的材料范围；另一方面，相较于事后时点所掌握的风险素材而言，事前风险判定必然也是一种对法益侵害实态或危险状态的预判。而事后立场是依据已然存在的所有风险判定素材进行的回溯性考察，已经发生的即是必然发生的，尚未发生的终将不会发生。从风险

① 周光权：《行为无价值的中国展开》，法律出版社2015年版，第187页。
② 参见黎宏《刑法学总论》，法律出版社2016年版，第293页。

判定的结论角度而言，事后立场更为确定。然而事后时点的判定立场存在一个前提性悖论，也即对风险内涵的理解错位。"是否应当肯定将被考察的举止的危险性，关键在于一个被构想出来站在行为人立场上的观察者的事前评价。"① 可以看出，行为制造的风险是相较于实害结果而言的一种法益存在形态。此种性质差异使得二者在衍生流程上存在先后顺序，风险是法益实害的未然状态，而法益实害则是风险状态继续发展形成的最终结果。基于此种性质差异，法益风险判断必须在行为时的事前时点展开。最近学界也有观点在顾及风险性质的同时主张立于行为时以事后查明的所有客观事实为资料展开风险判断，② 以实现判断材料周延性。然而这种做法初衷虽好，但效果欠佳。因为判定时点差异已经前提性地决定了后续的判断标准与判断材料确定的不同，强行折中会造成风险判定机制的内在冲突而减损其合理性。诚如学界对此种做法的评价，"其实是一种相当错位的折中，是强行将两个不同时空的事实结合在一起"③。

（四）风险判断的核心确定

折中模式形成了将中立帮助行为风险判定的资料选择、主体确定，判定时点确定相结合的归责体系设置，并且这三项条件都指向了归责机制的核心——风险升高的归责判断，从而形成了"三位一体"的判定模式。中立帮助行为作为中立行为与参与行为的交集表现形态，承载着行业联结、组织协调的重要机能。为了限定合理的中立帮助行为处罚阈界，不能认为一旦推升了正犯行为的法益侵害风险即应进行刑事归责，合理的风险升高机制必须设置风险升高的程度。这也是即便单纯从行为客观面向展开归责体系构建的立场也没将风险升高作为中立帮助行为唯一归责条件的现实原因。

德国学者金德霍伊泽尔指出，若在行为实施时或实施前直接提供支持，明显提高了正犯实现构成要件的成功机会，即可认定为帮助犯。④ 此处的"明显提高"即是风险升高机制的程度限定。魏根特教授也认为

---

① Burgstaller Wiener Kommentar（WK）zum Strafgesetzbuch（hrsgg. vEForegger uFNowakowski），1979，§ 6 Rn 26, 65f. 转引自［德］布乔恩·伯克哈特《构成要件该当的举止与事前考察》，周子实译，载赵秉志、宋英辉主编《当代德国刑事法研究》（第1卷），法律出版社2017年版，第146页。

② 参见陈璇《论客观归责中危险的判断方法》，《中国法学》2011年第3期。

③ 何庆仁：《特别认知者的刑法归责》，《中外法学》2015年第4期。

④ 参见［德］乌尔希·金德霍伊泽尔《刑法总论教科书》，蔡桂生译，北京大学出版社2015年版，第455页。

"即便属于危险增加的参与行为，但危险还没有达到一定程度时，效果上还不能被评价为达到危险增加的程度，则不能将法益侵害结果归责于参与行为人"①。至此，如何设置风险升高的归责程度就成为风险升高判定的核心内容。在此，笔者支持罗克辛教授将风险升高限定在中立帮助行为与正犯行为之间存在"犯罪意义的关联"程度之上。当中立帮助行为"存在于使一种犯罪行为变成可能或者使之变得容易时，也就存在着一种在犯罪意义上的联系"②。然而有必要再次澄清的是，罗克辛教授标榜的折中模式虽然也将风险升高作为中立帮助行为刑事责任判定机制的核心，但却采用了以主观认知因素反向钳制客观风险判定的归责思路，这种风险判定机制因混淆了主观因素在风险升高客观归责流程中的具体作用而备受指责。在笔者构建的折中模式中，中立帮助者对正犯犯行计划的认知因素与社会一般人的认识内容只是风险升高的判断素材检选标准。因此在以行为时为判断时点，以社会一般人与中立帮助者实际掌握的事实信息为判断素材，以与中立帮助者具有平行关联的社会一般人进行风险升高的归责判定时，如果认为中立帮助行为推升了正犯的法益侵害风险并与正犯行为存在犯罪意义上的关联性，即可判定风险升高已经存在并且应归责于中立帮助者。例如，甲向五金店店主乙求购螺丝刀，并声称准备今晚去某仓库"大干一票"，乙知悉此一情况后仍将螺丝刀售卖于甲。在折中模式之下，乙对甲准备实施的盗窃行为存在特殊认知，在风险判定的材料选择上弥补了一般人的信息缺失。在行为时以社会一般人对螺丝刀售卖行为进行风险评价，应认为其已经明显提高了盗窃法益面临的现实风险，而与之后正犯的盗窃既遂行为存在紧密的犯罪意义关联。

二　反向排除：社会相当性与信赖原则之归责复检

考虑到中立帮助行为所承载的行业组织协调机能以及泛化存在的分布样态，对其构建严格的归责评价机制以缩限其处罚范围理应是学理研讨的主要方向。审视既有中立帮助行为归责模式，主观立场与客观立场均以缩限入罪口径为主，从而呈现出单层的刑事责任判定体系。折中立场之上虽

---

① Vgl. Thomas Weigend, Grenzen strafbarer Beihilfe, in Festschrift FÜr Haruo Nishihara zum 70. Geburtstag, S. 206ff. 转引自陈洪兵《中立行为的帮助》，法律出版社 2010 年版，第 225 页。

② ［德］克劳斯·罗克辛：《德国刑法学总论》（第二卷），王世洲译，法律出版社 2013 年版，第 157 页。

有观点主张援用信赖原则进行出罪考量，但基于归责体系的设置原因使其出罪机能并未得到充分实现。中立帮助行为"日常性""制式性"的社会化特征，本身就折射出对其存在"社会相当性"原理的适用余地。因此，基于缩限中立帮助行为刑事处罚范围的追求，笔者认为有必要在中立帮助行为刑事责任的正向归责向度之外，独立构建刑事责任的反向复检阶层，形成正向归责评价与反向归责排除的双层归责体系。在反向复检阶层内部，重心在于构建合理的社会相当性与信赖原则适用标准。

（一）社会相当性原则的适用标准构建

围绕社会相当性理论展开的中立帮助行为归责限制，学界已有思考。部分学者立于客观立场之上将社会相当性理论进行引入，形成了最初的"社会相当性说"，以及适用标准优化后的"职业相当性说"。一种理论的体系位置的解明与否不仅关乎其机能的发挥与否，也关乎其发挥的程度。然而目前围绕中立帮助行为展开的社会相当性讨论似乎都没有对此问题投以充分的关注。这也使其付出了代价，源于概念本身的模糊多义，无法限定出日常行为从可罚的帮助中排除的具体范围。① 因此在中立帮助行为刑事责任反向复检阶层，必须同时解决社会相当性理论的体系地位与适用标准问题。前者决定了社会相当性理论终究以何种形式运作，而后者则是运作路径的实践化反映，二者具有内在的逻辑关联。诚如学者所言："社会相当性理论就像一颗尚未加工的钻石，需要同时由概念的理论层面以及实际的现象层面两方面继续发展。"②

1. 作用路径：不法解释原理之机能发挥

关于社会相当性理论在犯罪论体系位置安排学界大致呈现出四种主要立场。构成要件阻却说认为"从社会伦理的观点来看，刑法上所允许的行为本身就被排除在构成要件符合性之外。"③ 诸如医疗行为、体育竞技行为、工业生产行为即便蕴含一定风险，并不为刑事归责所评价。违法性阻却说认为社会相当性理论内涵宽泛，考虑到其对违法性本质的解明意义应作为违法性阻却事由予以对待。另有学者认为："作为违法行为类型的

---

① 参见陈洪兵《中立的帮助行为论》，《中外法学》2008 年第 6 期。

② 蔡蕙芳：《P2P 网站经营者之作为帮助责任与中性业务行为理论之适用》，《东吴法律学报》2006 年第 18 卷第 2 期。

③ ［日］西原春夫：《犯罪实行行为论》，戴波、江溯译，北京大学出版社 2006 年版，第62 页。

构成要件是指与社会不相应的行为类型。"① 这样社会相当性理论就具有了"不法性"整体解释原理的作用。还有学者主张在逾越社会通念所承认的行为规范意义上把握构成要件，行为即便造成了构成要件的结果，但如果符合规范义务的要求就不得进入构成要件的评价范围。②

如果说目的行为论撼动了法益侵害纯然立于因果关系层面的事实性判定逻辑，那么社会相当性理论则进一步巩固了规范性思维对于违法性判定的实质地位。"对于不法的成立来说，法益侵害所起的作用就受到了行为本身的社会意义和伦理评价的牵制和限定。"③ 在肯定从存在论层面在法益侵害的事实性判定中融入规范性评价因素这一点上，客观归责理论与社会相当性理论具有共通旨趣。"只是在具体的侧重点上，社会相当性理论强调静态意义的行为性质或属性，客观归责理论则重视可否将不法结果归结于行为。"④ 此种考察重心的差异其实也征显出两种理论在刑事责任评价归属层面的不同作用。客观归责理论倾向于从正向视角进行结果对行为的归属判断，而社会相当性理论则侧重于从行为性质出发进行归责意义上的反向排除。联系违法性本质的研讨，经由客观归责理论运行流程导出的结论在一定意义上即是对于行为本身违法性的评价，这正好与社会相当性理论背后的行为无价值二元论的违法性评价功能相承接。可以看出客观归责理论与社会相当性理论在逻辑根基上具有一致性，是一个问题的两个面向。二者共同致力于限定行为不法之评价范围，只是在作用向度上存在差异。正是基于社会相当性的此种理论品格以及其与客观归责理论的内在契合，将其作为"不法"的解释原理，使其成为横跨于构成要件符合性与违法性之上共通的指导性评价规则就成为社会相当性理论的作用空间，"是在解释个体化的构成要件要素时作为规整原理而发挥作用"⑤。在此有必要强调的是，笔者并不赞同将社会相当性作为具体的构成要件阻却事由抑或违法性阻却事由，因为社会相当性的理论魅力在于其解释张力，但这

① 于改之：《社会相当性理论的体系地位以及在我国的适用》，《比较法研究》2007 年第 5 期。

② 参见 ［德］汉斯·海因里希·耶塞克、托马斯·魏根特《德国刑法教科书》，徐久生译，中国法制出版社 2001 年版，第 310—311 页。

③ 陈璇：《刑法中社会相当性理论研究》，法律出版社 2010 年版，第 49 页。

④ 曹波：《中立帮助行为刑事可罚性研究》，《国家检察官学院学报》2016 年第 6 期。

⑤ 于改之：《社会相当性理论的体系地位以及在我国的适用》，《比较法研究》2007 年第 5 期。

也在一定限度上削弱了构成要件定型性机能的明确化要求，也使其无法与具有精致成立标准的违法性阻却事由等置并论。然而上述瑕疵并不能遮挡其作为不法性解释原理所具有的实际价值。回归作为形态的中立帮助行为刑事责任评价机制，在经历正向的风险升高评价阶层之后，通过社会相当性理论进行具体行为不法性的反向复检，不仅彰显了其理论品格的不法矫正价值，而且疏通了其对于中立帮助行为归责判定机制的作用路径。从而承载起对风险升高机制初始结论的缩限评价功能，实现中立帮助行为刑事责任评价结论的妥适。

2. 实践标准：社会相当性理论适用条件之构建

利之所存，弊之所依。社会相当性理论在以其丰富的理论内涵所彰显的归责解释张力被学界关注的同时，概念本身的流动性、解释规则的随意性也使其受到了诸多质疑。与其说它是一种理论、一种评判标准，不如说只是一个美好而响亮的口号。① 因此，若要发挥社会相当性理论的归责缩限功能，在疏通其"不法"解释规则的作用通道之后，只有为其构建具体的适用标准，才能获得实践理性。

中立帮助行为作为中立行为与参与行为的交集表现形态，使其与典型的帮助犯参与类型存在差别。当然这种差别并不是绝对意义的，在对帮助行为进行参与归责之前，总是能将其还原为一种具体的或者近似的生活形态。例如甲为乙购买麻绳意在为乙将要进行的绑架行为提供工具。隔断随后的正犯行为，单纯的购买麻绳并予以提供完全具有日常生活的行为外观。因此中立帮助行为只有在"超过了一般社会观念所允许的程度，制造了难以被法律所容忍的风险时"②，才有进行帮助犯归责的必要性，这正是其实践化的表现。当然仅仅停留于"社会生活""日常行为"的言明仍显朴实，甚至粗疏。基于实践标准明确化的追求，近年来国内学者在对该理论进行本土化移植时也进行了诸多有益尝试。如有学者提出了"法益侵害性"与"行为样态"的双层判定准则，③ 有学者从法益侵害的轻微性、目的正当性、手段相当性、法益均衡性角度进行实践化推进。④ 比对

① 参见付玉明《论刑法中的中立帮助行为》，《法学杂志》2017 年第 10 期。

② 周光权：《刑法总论》，中国人民大学出版社 2016 年版，第 352 页。

③ 参见于改之《我国当前刑事立法中的犯罪化与非犯罪化——严重脱逸社会相当性理论之提倡》，《法学家》2007 年第 4 期。

④ 参见黄丁全《社会相当性理论研究》，载陈兴良主编《刑事法评论》（第 5 卷），中国政法大学出版社 2000 年版，第 329—330 页。

域外经验与本土化实践的做法，虽然思路各异但概莫超越"行为事实"与"规范参考"两个层面。社会相当性理论作为一种联结社会动态现实与静态法规范之间的桥梁，自应一端落脚于行为的事实性考察，一端落脚于规范的价值性评判。因此笔者在借鉴"行为事实"与"规范参考"思维方式的同时分别进行下位判定条件的细化，以期推动实践标准的明确化。

首先，行为通常性的事实判断。一类行为如果被特定时期、特定范围的社会主体所接受并将其视作一种习以为常的社会必要行为方式，那么此种行为即具有通常性。中立帮助行为的通常性也存在边界，这使得"通常性"判断对于"参与"归责具有一定的限制作用。也即如果依据社会相当性理论排除归责，必须承认中立帮助行为具有行为事实的通常性。对此可以借助行为规范的现实性与通识性进行判断。一方面，行为规范的现实性是指中立帮助行为是根据现实存在的规范标准展开。这种规范指南并非局限于法律、规范层面，也包括行业规则、通识习惯等表现形式。另一方面，行为规范的通识性是指前述的实在行为规范准则并非个别参与主体的自身标准，而是已经在参与主体所在领域获得通识性的、普遍性认可的行为准则。如果中立帮助行为虽然属于某一行业行为，但据以进行的行为已经严重违背行业惯例，那么不应认为具有通常性。譬如出租车司机在驾驶途中对于后座乘客的吸毒行为置之不理，此时承运行为已经不属于职业行为的合理范围之内，完全可以成立容留吸毒罪。

其次，行为适当性的价值判断。某一具体的社会参与行为即便具有事实层面的通常性特征，如果其并不为社会公众的共同价值标准所准允，尚不能认为具有社会相当性。这种社会公众价值准则必须有赖于整体法规范背后的价值理念予以析出。笔者对此提出两项条件以供参考，分别是行为时判定时点与裁判人员判定标准。行为时判定时点旨在将行为适当性的价值性评价时点定位于事前的行为时，因为只有立于事前视角才能准确还原行为当时的外在客观环境，从而与中立帮助行为刑事责任正向判定阶层内风险升高判定的事前视角保持一致。而裁判人员判定标准，旨在通过裁判人员最大限度地过滤与统一纷繁多样的公众认同标准。此处的裁判人员标准并不是以裁判人员的个体准则展开，而是根据同被裁判者具有平行领域的社会群体，以其限定据以裁判的基本价值观念，进而完成社会相当性评价。从而形成以中立帮助行为的事前时点为评价视角，以参与主体平行领域的一般人为判定标准的评价体系。只有同时满足行为通常性的事实性判断与行为适当性的价值判断，才能认为中立帮助行为具有社会相当性从而阻却正向归责评价向度的初始结论，发挥归责缩限意义上的理论机能。

（二）信赖原则的适用标准构建

信赖原则作为肇始于交通过失犯领域的一种责任阻却原理，源于其理论内涵的张力，特别是对于客观归责理论"被允许风险"的辅助判断作用而持续获得学界关注。"人们之所以认可容许的风险的成立，并不仅仅是因为行为者自己要采取必要的预防措施，而是只有相应交往圈的其他参加者依其调整自己的举止，它才为社会所容忍。"① 如果行为人的具体社会参与行为是基于对他人的合理信赖所进行，即便由此引发或推升了法益风险，也可因为信赖原则之适用而阻却归责。从这一角度讲，信赖原理对于客观归责的风险判定结论具有校验功能，有必要将其嵌入作为形态中立帮助行为刑事责任判定机制的反向排除阶层，通过与社会相当性理论的并行组合实现归责结论的二次检验。因此，如何构建信赖原则的适用条件即是研讨的重心。

作为中立帮助行为折中立场支持者的罗克辛教授也主张借助信赖原则缩限归责口径，但其却依据帮助者的罪过形态进行信赖原则适用可能的限定。也即在帮助者具有直接故意形态中否定适用可能，而在间接故意形态时肯定适用。笔者认为这种做法有待商榷。前文已述，罗克辛教授的折中立场存在主观要素反向钳制客观风险升高的逻辑缺陷。然而主观因素只能作为风险判定材料的检选标准发挥间接作用。因此以中立帮助者存在间接故意为前提肯定信赖原则的适用可能存在立论偏差。从共犯处罚根基角度观察，以因果共犯论基本立场上的纯粹惹起理论为判定依据，处罚参与行为的前提在于其通过正犯行为与法益侵害结果形成了事实层面的因果关联。传统共犯理论也正是有基于此，才形成对中立帮助行为进行全面归责的松弛入罪口径。然而这种以正犯法益侵害结果为回溯原点、以因果关系为回溯线索、以中立帮助者为归责终端的考察路径显然忽视了一个前提性事实：中立帮助行为与帮助犯归责类型之间的实质性差异。"日常性""制式性"特征使其与社会相当性理论、信赖原则存在理论暗合关系。一方面，上述特性决定了此类行为是一种反复进行、程序化运作的社会参与

① ［德］乌尔希·金德霍伊泽尔：《刑法总论教科书》，蔡桂生译，北京大学出版社2015年版，第455页。

行为，因此即便隐含通过正犯行为升高法益风险的潜在可能，也能有限度地为社会成员所容忍；另一方面，"日常性""制式性"也决定了中立帮助行为的作用对象是具有普遍性的社会参与主体，这使其对作为被帮助者的社会活动存在信赖的空间，也即中立帮助行为并非一定存在法益侵害的协助效果。从而也相应地缓解了中立帮助者对正犯行为的监视义务。从这一角度而言，社会相当性理论与信赖原则在中立帮助行为问题之下具有牵连关系，前者为后者提供了适用的前提与空间。也即当被帮助者之行为从帮助行为提供时点来看已经具有明显的法益侵害倾向，逾越了通常社会观念所能容忍之程度，此时如果中立帮助者仍然为其提供助力行为，即可否定信赖原则之适用可能。反之，如果从事前时点考察被帮助行为，其外在情状并非能够显示出法益侵害的潜在可能，此时对于中立帮助者仍然存在信赖原则的适用可能。即便之后正犯利用中立帮助行为造成了法益风险或实害结果，中立帮助者也可依据信赖原则阻却归责回溯。因此，信赖原则适用的正确限定因素并非故意形态，而是正犯行为法益侵害风险的现实可能。"若行为人已认识到危险是如此现实和迫切，日常或允许的风险将转化为禁止的风险，这时便无合理信赖的成立余地。"① 例如乘客要求出租车司机将自己运送到目的地，并告知司机自己此行的杀人计划，司机得知上述信息后仍将乘客按时送达。乘客的行为已经明显地表征出对于法益风险升高的紧迫形势，中立帮助者在对此信息充分掌握的情况下应否定信赖原则的适用可能。

第三节 作为形态中立帮助行为刑事责任 判定模式之可适性检验

作为形态中立帮助行为刑事责任判定模式的合理构建应具有理论层面与实践层面的综合优势。理论优势保证了归责体系内部条件的合理设置；实践优势则彰显为具体个案解决过程中的可适性。前文已述，以作为与不作为形态为分类前提的归责模式构建并不是对以参业分工为归责考察视角的弃置，只是改变了其在刑事责任判定过程中的顺位。使其从归责模式的构建前提后置为检视样本，从而保证了作为形态的刑事责任判定模式能够普适于所有行

---

① 庄劲：《客观归责还是主观归责——一条"过时"的结果归责思路之重拾》，《法学家》2015 年第 3 期。

业领域的中立帮助行为类型。为了避免陷入自说自话的论理境地，下文选用学界通行的作为行业分类归责模式构建前提的典型参业类型，从运输行业、销售行业、民事义务履行三个行业类型角度展开可适性验证。

一　运输领域内作为形态的中立帮助行为归责检视

现代社会生产、生活的稳定持续与高效运作离不开客运、物流体系的建立。作为社会交往开展的联结环节，如何在提高运输速率的同时尽可能地降低物流成本是物流业者主要思考的问题。基于行业属性使然，参业者承担的保证运输对象安全之义务范围相较于其对运输对象负有的监督义务更为宽泛。这在无形中增加了运输行为介入他人犯罪的潜在可能，使其面临刑事归责的司法考量。本书在此选取与日常生活较为紧密的出租车载乘行为作为研讨对象，进行具体刑事归责判定。

杨某系湘潭市一出租车司机。2015 年 1 月某日，王某、张某、赵某三人找到杨某要求将三人运送至湘潭县中路铺镇，在行车途中王某、张某、赵某并未言明此次出行的目的，但要求杨某留下联系方式以备日后用车联系。数日之后，此三人再次联系杨某要求其将三人运送至株洲市某处并载回湘潭市区。事后，王某告知杨某，其三人长期在湘潭市周边地区实施偷鸡行为，要求杨某对此事保密。此后，杨某又多次有偿载送三人往返于湘潭县茶恩寺、白石等地实施偷鸡行为多达 76 次。后案发，杨某亦被法院以盗窃罪之共犯予以刑事归责。①

本案出租车司机杨某的载承行为系日常生活中的运输行为，暂时将此种运输行为与乘客事后的偷鸡行为隔断考察，运输行为本身具有明显的"中立性""日常性"特征。然而司法机关将杨某运送行为作为盗窃罪之帮助犯予以处罚是否合理，是否是对中性运输行为的过度限制，有必要借助作为形态的中立帮助行为刑事责任判定模式进行考察。在此应将杨某的运输行为分为两个阶段分别考察，也即首次运输行为以及在得知乘客系实施盗窃活动之后的往返载送行为。第一阶段，杨某首次载送王某等三人时并不知道他们实施的系盗窃行为，因欠缺帮助犯成立之主观条件自无探讨刑事归责之必要。第二阶段也是刑事责任判定的重点，杨某在随后接送王某等三人行为时已经得到三人的告知，其为盗窃行为提供了必要的运输帮

---

① 本案例改编自真实案例，原案例事实见《明知乘客去偷鸡，出租车司机出车 76 次构成盗窃罪》，《湖南日报》2015 年 4 月 24 日第 4 版。

助。在对此一客观事实信息具有充分了解的情况下，杨某仍然提供运载服务，笔者认为此时将其运输行为认定为盗窃罪之帮助犯并非不妥。杨某在得知他人将要实施盗窃行为后仍然提供运输帮助，应属于作为形态中立帮助的刑事归责类型。在作为形态的中立帮助行为中，以杨某"明知"所代表的特殊认知对应的即是王某、张某、赵某三人将要实施盗窃行为的事实性信息。将其置于作为形态中立帮助行为刑事责任判定模式中进行考察，与此种事前"明知"相对应的所有客观信息均应被纳入风险升高判断材料的考察范围。此时立于同杨某具有平行社会领域的一般人角度进行判定，应认为杨某在得知即将提供的运输行为会被他人用于盗窃行为后仍然反复实施，此时中立帮助行为已经明显推升了盗窃行为的法益风险，与正犯实行行为存在犯罪意义的关联。从反向归责排除意义上对此行为的社会相当性与信赖原则进行适用可能性检验，应认为基于杨某对正犯盗窃决意的现实掌握已经排除了运输行为的"中立性"特征，难以认为仍然处于社会相当性的覆盖范围之内。而且，对于正犯犯罪决意的把握也移除了帮助者本人对正犯行为适法性的信赖空间。因此，从正向归责与反向复检两个向度分别考察，出租车司机杨某的承运行为升高了法益侵害的现实风险，且此运输行为不具有社会相当性与信赖原则之适用可能，对其予以帮助犯归责并无不妥。

二　商品销售领域内作为形态的中立帮助行为归责检视

商品销售行为在现代社会高度分工背景之下对于生产、生活正常运行发挥着重要的功能，甚至在一定意义上商品销售行为可以作为中立帮助行为的另一种表现形式。有基于此，设置合理的中立帮助行为刑事归责口径不仅直接关涉参业主体营业活动的实际范围，更在深层决定着国民活动自由领域的宽松抑或紧缩。

2014年12月某日，张某来到妻子童某所在宿舍准备与其共进午餐。后二人发生口角，张某将之前放置在宿舍的老鼠药投放在童某碗中便径自离去，童某食用午餐后中毒死亡。案发后经司法机关调查，张某投放的老鼠药是其两个月前购自高某经营的杂货摊，且张某在购买老鼠药时曾明确询问过高某一包老鼠药能否毒死一个人，高某承诺毒死一家人都不成问题。①

---

① 本案例改编自真实案例，原案例事实见《卖了两包"三步倒"老鼠药，不料成了杀人工具》，http://jx.zjol.com.cn/system/2015/07/24/020754702.shtml。

　　本案中张某用老鼠药毒杀其妻童某的行为构成故意杀人罪自无疑问，难题在于如何评价高某售卖老鼠药的行为。依据两高于 2003 年出台的《关于办理非法制造、买卖、运输、储存毒鼠强等禁用剧毒化学品刑事案件具体应用法律若干问题的解释》，高某售卖、储存的老鼠药因为含有被法律明确禁止的化学制剂且数量达到相关标准，被司法机关以"非法买卖、储存危险物质罪"追究刑事责任。然而与张某毒杀童某的行为一并进行考量，高某售卖老鼠药的行为也在客观上对故意杀人行为具有帮助作用，因此对于此种具有日常生活意义的商品售卖行为是否存在帮助犯的归责余地有必要慎重判断，问题的解决亦能为作为形态中立帮助行为刑事责任评价模式提供可适性的验证契机。之所以对高某售卖老鼠药于张某的行为存在帮助犯归责评价的可能，一方面，源自售卖鼠药行为在客观上的确与之后童某的死亡结果存在因果关系，这也构成了判断该售卖行为是否升高了正犯法益侵害风险的前提条件；另一方面，也是本案对于高某刑事归责判断的核心问题，即对于张某询问高某老鼠药能否毒杀他人这一事实，是否能够表明高某对于张某即将实施的投毒行为的内心决意存在充分把握。而这一判断直接决定着帮助者通过"特别认知"所划定的风险判断素材的检选范围，并最终影响风险升高归责结论的合理导出。依据本书构建的作为形态中立帮助行为刑事责任评价模式分析上述案情，笔者认为高某售卖老鼠药的行为并不成立故意杀人罪的帮助犯。从正向归责内部的风险升高机制分析售卖行为。以高某售卖鼠药的事前行为时为风险判断时点，从风险判定素材检选的范围来看，高某并未现实掌握张某即将使用鼠药毒杀童某的事实信息。即便张某在购买鼠药时曾明确询问高某该鼠药能否毒杀他人，但通过这一询问所能传递的事实信息并不包括高某对于他人将以鼠药实施杀人行为的客观事实具有充分掌握。将其还原至风险升高的判定机制中，也即风险升高材料的检选范围并不包括"鼠药将被用于杀人"这一风险判断材料。因此，立于售卖行为时点选取与商品出售者高某具有平行社会领域关联的一般售卖者作为风险升高的评价主体，应认为售卖鼠药的行为并未明显推升此后正犯实施杀人行为的现实风险，更无法将此后的毒杀结果归属评价于售卖行为。如此，在作为形态的中立帮助行为刑事责任评价模式中，因为正向归责阶层已经得出了否定风险升高的评价结论，所以无须进入反向复检阶层对此结论进行社会相当性与信赖原则适用可能性的二次校验。从而最终否定高某售卖鼠药的行为成立张某故意杀人罪的帮助犯。

三 履行民事义务领域内作为形态的中立帮助行为归责检视

梳理现实生活中中立帮助行为的存在领域，除了运输行为与商品交易行为之外，履行民事义务行为也是其主要的存在形式。此种形式下的中立帮助行为主要是指帮助者基于民事规范的要求向他人履行特定义务，但此义务履行又对权利人实施的正犯行为具有客观的帮助作用。可以看出，履行民事义务领域内的中立帮助行为的刑事归责问题不仅是一个刑事法视阈下的罪责判定问题，在其背后还更深层次地涉及如何理性处理刑、民交叉领域下行为本身的调整与责任定性问题。当然，后一问题是比中立帮助行为刑事责任判定更为宏大的课题，本书无意轻视合理的刑、民考察视角对于化解中立帮助行为归责问题具有的根本性作用，只是囿于思考范围以及基于凝聚研讨焦点的现实考量，仅在中立帮助行为刑事责任模式的构建问题下予以检讨。

甲系乙之好友，乙因生活所困曾向甲借款两万余元。后甲因实施故意伤害行为被司法机关追捕，走投无路的甲向乙索要欠款以作逃匿之用，并将自己正被司法机关追捕一事向乙透露。乙明知此一事实仍将欠款归还于甲。后甲被司法机关抓获，乙亦被司法机关以窝藏罪追究刑事责任。[①] 单纯从行为样态上对乙进行规范分析，其向甲归还欠款从而助其逃逸的行为的确符合窝藏罪构成要件所包摄的"明知是犯罪的人而为其提供隐藏处所、财物，帮助其逃匿"的现实情形。然而作为本案的特殊之处，也是引发学理争议的关键在于乙的财物提供行为并非单纯的对犯罪人逃匿资金的支持，而是同时具有履行民事借贷义务的规范意义。对于此种履行民事义务的同时造成法益侵害的情况如何予以刑责评价具有现实司法意义，例如有学者认为此时不将还款行为论以犯罪，将会助长一种新型作案手法的滋生。[②] 当然本案的另一个特殊之处在于乙向甲提供财物的行为所涉及的窝藏罪是一个事后帮助行为，且已被刑法分则进行了正犯化处理。笔者在此想表明的是，虽然在归责结论上乙的行为只是窝藏罪成立与否的正犯判定，但对于中立帮助行为的刑事责任判定这一更为上位的问题而言，本书

---

① 本案例改编自真实案例，原案例参见韩琳、刘民《向在逃犯还欠款是否构成窝藏罪》，《江苏法制报》2009年8月3日第6版。相似案例还见金首峰《向犯罪分子归还欠款助其逃逸的行为如何定性?》，《江苏法制报》2006年12月13日第3版。

② 参见孙万怀、郑梦玲《中立帮助行为》，《法学》2016年第1期。

所构建的作为形态的中立帮助行为刑事责任判定模式仍然可以发挥必要的检视功能。首先，立于刑事归责的正向判定阶层审视乙的行为，其在事前行为时点已经对归还欠款将产生帮助甲逃匿的事实情况存在特殊认知。将此种中立帮助者的主观认知还原至风险升高判定机制之中，也即在风险判定的素材检选范围内已经包括了"提供资金将会帮助甲逃避司法机关追查"的客观事实。将与债务人乙具有平行社会关联的一般人作为风险判断主体，应认为乙之还款行为推升了司法追诉程序正常进行所面临的现实风险。其次，进入刑责排除的反向复检阶层，乙的行为具有归还欠款清偿债务的性质，在同乙具有平行领域的一般人角度而言，此种债务清偿行为并未逾越国民通常的社会观念所允许之范围，"在双方事先存在民事债权债务关系时，应优先履行民事义务"①。因此应认为乙向甲归还欠款的行为即便升高了窝藏罪保护的正常司法秩序法益的现实风险，但并未超越社会相当性的允许范围，因此不应对乙进行窝藏罪归责。

---

① 陈洪兵：《论中立帮助行为的处罚边界》，《中国法学》2017 年第 1 期。

第五章

不作为类型的中立帮助行为
刑事责任模式构建

从规范性视角出发将中立帮助行为分解为作为与不作为两种形态，匹配构建不同的刑事责任判定模式，不仅可以避免单纯通过行业属性分类进行归责判断可能形成的评价疏漏，而且能够承继事实性考察视角下行业领域归责思路具有的验证价值。作为形态的中立帮助行为源于其现实样态，更容易从存在论层面进行事实经验的把握；而不作为形态的中立帮助行为作为一种事实性举动的"静止"形态，更应从规范性层面借助作为义务的体系构建进行可罚性判定。基于上述考虑，对于不作为形态的中立帮助行为之归责模式构建，合理的研讨方向应是通过"保证人地位"解明刑事归责依据。而这又与义务来源的构建标准、不作为形态中立帮助行为的参与性质界定等一系列问题相关联。

第一节　前提的确立：不作为参与行为性质之界定

相较于作为形态而言，不作为形态的中立帮助行为是一种存在论层面身体举止的"欠缺"。这使其刑事归责模式构建难以延续作为形态之下客观归责视角的风险升高判定路径。不作为形态的中立帮助行为兼具不作为犯与共犯参与归责的双重属性。共犯体系源于学说的纷繁对峙素有绝望之章的"美誉"，而不作为犯问题的引入更增添了化解难度。不作为参与行为究竟应评价为消极的作为形态还是不作为形态？其存在范围是否应限定于片面共犯之内？上述问题的产生虽然源自共犯教义体系内部的学理争议，但却关乎如何界定不作为形态中立帮助行为之参与性质以及与之匹配的刑事责任评价模式构建方式。因此，在对不作为形态中立帮助行为刑事责任判定模式的展开构建之前，有必要对研讨前提的不作为参与行为的性质与成立范围问题先行化解。

一　行为性质的界定：消极的实行行为抑或不作为之帮助

依据参与介入与主观明知的双位时点关系，中立帮助行为可以在事实层面上区隔出作为与不作为两种参与形态。此种事实层面上的作为形态与不作为形态为之后归责模型的建构提供了具体的归责样本。如果某一中立帮助行为在归责前提的类型界定上被界定为不作为形态，那么与之对应的归责框架自应在不作为犯归责范式之下展开。然而围绕不作为形态的中立帮助行为应以何种参与类型进行归责，学界并未达成共识。特别是将其与共犯参与类型问题联结考察后，使得答案更加扑朔迷离。绕过性质界定的前提性问题直接进入归责模式的构建研讨，无法保障合理结论的导出。

（一）作为形态与不作为形态的性质界定

对于事实层面的不作为参与性质界定问题，学界存在"消极的"作为正犯与不作为形态之帮助两种立场的对立。所谓"消极的"作为正犯是指将事实层面的不作为中立帮助行为借助"消极的作为"概念进行化解，从而绕开不作为犯的归责评价路径，实现对作为义务体系构建难题的间接回避。反对观点则认为事实层面的不作为参与行为既然在行为模态上已经提供了一种不作为的参与类型，那么自应置于不作为犯认定框架之下予以解决。此一争议伴随着信息技术对现代社会型塑效果而持续显现，并集中表现在网络中立服务行为的性质界定上。例如，网络平台的运营者在明知他人利用该信息平台传播淫秽信息的情况下，仍然对其继续提供平台服务。此时应将平台服务行为认定为"传播淫秽物品罪"的作为形态抑或不作为形态，并不仅是一个关于"传播行为"事实样态的界定问题，更是一个关乎应当如何进行归责模式的构建问题。

对此，主张依循"消极的作为"路径予以刑事归责判定的学者指出："传播淫秽物品罪罪状表述中的'传播'是一种构成要件行为，它是立法抽象提炼出的行为类型，而不是指具体、单一的动作，当然不限于播放或帮助播放。"[①] 这样通过稀释"传播行为"的构成要件类型性，从而能将

---

① 毛玲玲：《传播淫秽物品罪中"传播"行为的性质认定——"快播案"相关问题的刑事法理评析》，《东方法学》2016 年第 2 期。

不作为形态下的间接传播一并统摄于"传播淫秽物品罪"构成要件的射程范围之内，不作为形态的传播行为通过"消极的"作为形式传播得以确定。这种将不作为形态转化评价为更易在事实层面予以把握的作为形态的思考路径，获得了诸多学者的支持。如有学者将"传播"行为界分为"人际传播"与"大众传播"两种类型。后者是指只要特定信息通过个体实现了不特定受众之间的传递就成立传播行为。至于其究竟是作为形态抑或不作为形态对于刑事归责的确定来说已无争议的必要，因此"就可罚性角度来说，刑事意义上的网络传播还是要坚持大众传播的实质性标准，即传播的公众性"①。上述两种思考进路的终极目的都在于软化刑法构成要件的类型边界，实现将不作为形态转化评价为作为形态的刑事责任评价效果，进而回避不作为义务来源的构建难题。但问题的回避并非意味着问题的化解，忽视不作为形态的事实性特征使得此种归责转化暗藏逻辑隐忧。

与刑法分则具体罪名对应的构成要件是对特定行为类型的规范化明确。如果说刑法分则通过划定作为义务的实质内容已经使得真正不作为犯的类型边界获得了最大限度的明确，那么对于既未明确义务内容又未划定行为类型的不真正不作为犯而言，的确面临着罪刑法定原则的全面拷问。这也正是大陆法系学者围绕不真正不作为犯的义务来源问题从形式义务理论向实质义务理论展开学术跋涉的根本原因，并最终在实质义务来源的基本立场之上形成社会功能理论、结果原因控制理论、制度管辖理论、作为义务二元理论的学术争鸣格局。② 当然，笔者在此只想借此点明不作为犯与作为犯在规范结构上的实质差别。如此反观学界目前存在的将不作为形态的中立帮助行为通过消极的"作为"形态予以规范转化的努力，未免令人疑惑。有观点认为："以不作为犯罪理论来支持控罪将陷入'不作为义务来源'的理论泥沼。"③ 诚然，通过此种解释技术层面的规范转化，不真正不作为的参与形态将被作为形态的构成要件所涵摄，从而回避了不作为义务体系的理论难题。但这却是以忽视不作为形态与作为形态在事实

---

① 孙万怀：《慎终如始的民刑推演——网络服务提供行为的传播性质》，《政法论坛》2015年第1期。

② 王霖：《不纯正不作为犯实质义务来源的品格矫正——基于法益保护与规范维持贯通的思考》，《西部法学评论》2016年第4期。

③ 毛玲玲：《传播淫秽物品罪中"传播"行为的性质认定——"快播案"相关问题的刑事法理评析》，《东方法学》2016年第2期。

层面与规范层面的差异为代价的。虽然后者以其客观实在的行为外观更易通过事实经验予以把握，但是不真正不作为犯本身与其存在实质的差别，更需要通过作为义务体系的精细构建以弥补类型外观明确化的劣势。绕开此种差异，将不作为形态的参与行为解释为作为形态的实行类型无疑是一种避重就轻的思考方式，弱化了参与行为的构成要件类型化边界。诚如学者所言，消极的实行行为论"是非常危险的，会破坏刑法整体的体系结构，不能使用。不作为只能遵循不作为犯的归责路径，才不会造成刑罚权的恣意扩张"①。

（二）正犯行为与参与行为的性质界定

"消极"的实行行为归责路径在对不真正不作为犯进行作为犯类型转化的过程中还产生了一种附随效果，本应归属于不作为的帮助犯参与形态将在归责类型上被评价为正犯形态。这一现象在网络中立服务行为的刑事责任评价过程中最为明显。在被学理广泛研讨的快播案中，快播公司在明知用户通过播放软件上传并下载淫秽色情信息时并未及时断开网端链接、清除缓存，致使大量淫秽色情信息在网络空间传播，对此行为如何予以刑事规制引发了学理争议。有学者指出："就提供缓存服务行为而言，并不能就此认为快播公司实施了作为的传播行为，充其量只不过是他人传播的帮助行为，属于传播淫秽物品的共犯。"② 持此观点的学者更倾向以不作为的帮助犯类型予以归责评价，这样通过作为义务来源的实质缩限就可控制网络中立服务行为的入罪范围。即使平台提供者明知会员将利用平台进行犯罪活动，其也不负有事前、事后的防止义务。③ 与之相对，有学者指出："缓存行为明显属于陈列、传播淫秽物品的行为，是犯罪支配行为，也是典型的作为行为。"④ 因此以不作为方式实施的传播淫秽物品行为就被解释为作为犯形态。从而产生不作为形态向作为形态转化，帮助犯形态向正犯形态转化的双重效果。这种归责路径更容易满足分则构成要件的类型性规定，因降低了刑责归属评价的难度而渐获支持，"缓存淫秽影片的行为相当于'陈列'淫秽影片，陈列行为本身就属于传播淫秽物品的正

① 敬力嘉：《论拒不履行网络安全管理义务罪——以网络中介服务者的刑事责任为中心展开》，《政治与法律》2017年第1期。

② 陈兴良：《快播一审判决的刑法教义学评判》，《中外法学》2017年第1期。

③ 参见付玉明《论刑法中的中立帮助行为》，《法学杂志》2017年第10期。

④ 周光权：《犯罪支配还是义务违反 快播案定罪理由之探究》，《中外法学》2017年第1期。

犯行为"①。

将不作为形态的中立帮助行为理解为"消极的"实行行为，借助客观归责的法益风险评价机制还能实现处罚口径的紧缩效果。但将本属共犯参与类型的部分中立帮助行为在归责类型上进行正犯化转换，将使前述努力前功尽弃。然而这一归责路径的潜在危机与逻辑悖论虽然已为部分学者所注意，② 但并未引发学界警觉。一方面，"共犯正犯化"立法模式通过将狭义共犯转化为分则的正犯类型，使得刑法辐射范围间接扩大。原本距离法益实害较为遥远的帮助犯之帮助也将因为此种正犯化立法而进入可罚的参与归责范围之内。虽然迎合了风险社会刑法规制触角不断前置的刑事政策要求，但不断突破的共犯归责类型边界将产生更为棘手的理论危机。另一方面，部分本应置于不作为形态下予以考量的中立帮助行为，进行作为形态的正犯化转换之后完全逸脱了不真正不作为犯的缩限机制。义务来源构建问题将随着此种转化而被体系性消解，而且此种转化伴随着构成要件外部边界的突破而连带造成故意规制机能的丧失。诚如学者所言："在面对犯罪故意的证明困难时，会将'行政令改正后仍不履行'作为行为故意的推定，完成网络服务者的刑事归责。"③ 此种单纯围绕便利刑事归责入罪评价的思考范式，其内在弊端应该得到学界的充分反思。

二　成立范围的限定：片面帮助犯的缩限否定

对于不作为形态的中立帮助行为的存在空间，学界存在是否应将其在规范层面限定于片面帮助犯的立场争论。分解参与行为与法益侵害之间的此种因果关联，其应包括物理层面与心理层面的因果关系。欠缺心理因果关系只在物理层面"单方地予以加功的意义上"④ 是否成立共犯，即是片面共犯的问题。片面共犯问题向来对正犯、教唆犯、帮助犯均有理论辐射效力。源于教唆犯成立需要其对正犯存在犯意唤起作用，而帮助犯又可依

---

① 张明楷：《刑法学》（上），法律出版社 2016 年版，第 425 页。

② 对于近年来刑法修正案以及部分司法解释所运用的"共犯正犯化"归责模式，我国已有学者对之弊端撰文评析，详见阎二鹏《共犯行为正犯化及其反思》，《国家检察官学院学报》2013 年第 3 期；刘仁文、杨学文《帮助行为正犯化的网络语境——兼及对犯罪参与理论的省思》，《法律科学》2017 年第 3 期。

③ 皮勇、黄瑛：《论刑法中的"应当知道"——兼论刑法边界的扩张》，《法学评论》2012 年第 1 期。

④ ［日］山口厚：《刑法总论》，付立庆译，中国人民大学出版社 2011 年版，第 349 页。

据物理加功类型而独自成立，因此对于狭义共犯问题之下片面帮助犯是否存在成立空间的学理对立并非十分明显。此种结论趋同的学理现状使得不作为形态的帮助犯类型应否限于片面帮助犯的立场对立更加值得关注。

（一）片面帮助犯的学理缩限

肯定论者主张不作为的中立帮助行为应当在规范层面上限定在片面帮助犯的成立范围之内，这种观点在日本具有广泛市场，并且日渐获得国内学者支持。西田典之教授就指出："首先必须确认的是不作为的共犯，理论上只能是片面共犯。"[①] 国内也有学者持此立场，"在缺乏意思联络的场合，在作为者实施侵害行为而不作为者不予防止的情况下，作为者成立正犯而不作为者仅构成不作为的帮助犯"[②]。与之相对，否定论者则认为帮助犯源于其特殊的因果关系架构，即便不作为帮助行为同法益侵害结果只具有物理因果关系仍可进行刑责评价。如此而言，当然存在不作为片面帮助犯的成立空间，但这并非意味着不作为帮助犯只能以片面共犯形态存在。即便"在实践中，不作为的一方与作为的一方常常又缺乏犯意的联结"[③]，但此种客观层面的事实现象无法推导出不作为帮助犯一定应以片面帮助犯的归责形态存在。帮助行为不问其系积极之作为，或消极之不作为，均可成立从犯，一般之帮助行为固以积极之作为居多，也并非全然否却不作为帮助犯之成立。[④] 特别是对于"不作为的参与人与实行犯罪者缺乏意思联络的场合，该不作为的参与人也可成立片面的帮助犯"[⑤]。

（二）片面共犯缩限路径之否定

对于不作为帮助犯的成立空间是否应当限定在片面共犯的存在范围之内，此一争议并不只是片面共犯这一学理问题在帮助犯归责形态之下的简单延伸。伴随着中立帮助行为与不作为参与形态问题的嫁接，是否将不作为的帮助行为限定于片面共犯问题之下将在归责结论上导致正犯形态抑或共犯形态的归责差异。作为结论，笔者认为并非需要将不作为的帮助行为限定于片面共犯的成立范围之内。

---

① ［日］西田典之：《不作为的共犯》，王昭武译，《江海学刊》2006 年第 3 期。

② 陈家林：《不作为的共同正犯问题研究》，《暨南大学学报》2007 年第 5 期。

③ 袁彬：《论不作为片面共犯》，载赵秉志主编《刑法论丛》（第 13 卷），法律出版社 2008 年版，第 286 页。

④ 参见韩忠谟《刑法原理》，北京大学出版社 2009 年版，第 282 页。

⑤ 温登平：《以不作为参与他人的法益侵害行为的性质——兼及不作为的正犯与帮助犯的区分》，《法学家》2016 年第 4 期。

片面共犯缩限路径之所以能在日本获得诸多学者的支持，源于其司法实务以及教义学理均对共谋共同正犯理论持有积极接纳的态度。而这又与其学理层面不断推进的正犯、共犯区隔标准的实质化进程存在内在关联。在采纳区分制共犯立法体例的日本刑法典中，原本应依据限制正犯概念的理论模型将正犯限定为直接实施符合构成要件的行为，而共犯仅为介入正犯间接造成法益侵害的行为。但在处罚上却将教唆犯判处正犯的刑罚，赋予帮助犯比对正犯减轻处罚的空间。① 这其实是使参与类型同时承载起定罪与量刑的双重功能，但此种类型定位却引发了一定的困惑。也即若在共同犯罪中发挥主要作用但未直接实施实行行为的参与主体只能作为狭义共犯处罚，这会导致量刑失衡的景象。而在共谋共同正犯现象之下，事前存在犯罪通谋而并未直接参与犯罪实行之人可以根据实质正犯标准而作为正犯处罚。但是将存在犯意联络的不作为参与行为认定为与作为形态的正犯成立共谋共同正犯的做法，本身就是对限制正犯概念的不当突破。反观我国的共犯立法体例采纳了将参与行为的类型界定与刑罚裁量相区隔的双层区分标准。这样共犯行为在定罪层面被认定为正犯还是狭义共犯也并非必然对应着主犯、从犯的刑罚处罚。即便不作为的中立帮助行为被认定为帮助犯，也并非一定通过共谋共同正犯理论求得量刑均衡。忽视我国本土共犯体例的特有品格，依循域外做法进行片面共犯的范围限定无法保证共犯体系的契合，也会衍生出新的理论困惑。更何况在我国目前司法裁判实践思维中，并没有将共犯的双层区分标准有意识地进行贯彻，因此在行为被评价为正犯后很可能同时作为主犯予以连带处罚，造成刑罚裁量的不当升高。因此拒绝援用共谋共同正犯理论对片面共犯情形下的不作为参与进行正犯归责具有现实意义。

第二节　不作为中立帮助行为参与类型判断标准的检讨

在对中立帮助行为的基本行为性质予以明确之后，有必要对不作为中立帮助行为参与形态的类型界定予以研讨。也即不作为中立帮助行为在介

---

① 《日本刑法典》第 61 条规定，"教唆他人实行犯罪的，判处正犯的刑罚。"其第 63 条规定："从犯的刑罚，按照正犯的刑罚予以减轻。"参见《日本刑法典》，张明楷译，法律出版社 2006 年版。

入他人以作为方式进行的犯罪时，应以何种参与形态对其予以刑事归责。此一问题的答案不仅直接决定着不作为中立帮助行为刑事责任判断模式的内部条件设置，而且还将因为参与形态的归责差异影响到最终的可罚性范围划定。因此在构建不作为中立帮助行为义务来源体系之前有必要对参与行为的归责形态予以解明。

一　既有区分标准的反思

不作为中立帮助行为作为参与行为与不作为行为的并和形态，使其横跨共犯与不作为犯两个问题领域之内。而对于不作为参与行为的归责形态界定，学界向来争议不止，并呈现出以支配理论、社会功能关系理论、因果过程支配理论、义务犯理论为代表的立场分立。下文通过检视比较立场之间的学理优势与内在弊端，以期为后续的不作为中立帮助刑事责任判断模式提供基本的构建素材。

（一）犯罪支配立场：理论根基的暧昧犹豫

犯罪支配理论是在实质正犯概念基本立场之上衍生而出的一种学理观点。作为该理论的代表性学者，罗克辛教授认为正犯形态源于结构差异而存在支配犯、义务犯、亲手犯三种形态，并分别构建各自类型之下的正犯合致标准。在支配犯领域内，正犯是犯罪过程的核心人物，是控制犯罪并导致犯罪实现的人。在义务犯类型之下，"实现行为构成的中心位置的人，是那些违反特定的不是每个人都要履行的义务的人"[①]。亲手犯则是"那些亲手实现了行为构成的人"[②]。罗氏并未试图通过支配概念一统支配犯、义务犯、亲手犯类型的正犯判断标准。这样在支配犯类型之下，只有对整个犯罪事实流程存在支配性地位的人才能被认定为正犯，而在义务犯体系之下，义务内容的违反表明了正犯形态的成立，而无共犯参与的空间。"因为义务犯中犯罪行为的外部表现形式是不重要的，义务犯中的核心人物只能够是那些违反了构成要件之前的、刑法之外的特别义务的人。"[③] 将此种义务犯认定思路导入不作为中立帮助行为的归责形态界定

---

① ［德］克劳斯·罗克辛：《德国刑法总论》（第二卷），王世洲译，法律出版社 2003 年版，第 11 页。

② ［德］克劳斯·罗克辛：《德国刑法总论》（第二卷），王世洲译，法律出版社 2003 年版，第 11 页。

③ 何庆仁：《德国刑法学中的义务犯理论》，载陈兴良主编《刑事法评论》（第 24 卷），北京大学出版社 2009 年版，第 249 页。

问题之下，不作为中立帮助首先属于不作为形态，只能对其进行正犯归责而无法成立帮助犯。

作为犯罪支配理论的拥趸者，许乃曼教授采取了另一种判定思路。在其看来应尝试通过统一的判定模式完成正犯归责类型的界定，其将目光投掷于支配概念上。"目的行为论发展出来的行为支配概念，在此可以作为一个沟通作为与不作为的关键性桥梁。"① 可以看出，在适用支配概念进行作为形态的正犯性考察这一点上，许乃曼教授与罗克辛教授的看法是一致的。二者都认为正犯地位的获得并不是形式性构成要件的满足，也非单纯的行为对法益危害结果的事实性关联。正犯作为关键人物必须是在综合了客观要素与主观要素之后对犯罪流程具有规范性控制地位的人。不过，对于不作为犯，并不能如作为犯一般可以从支配性角度进行事实层面的经验性判断，因此纯粹在事实层面寻求"事实支配"无异于缘木求鱼，有必要进入规范层面对义务履行缺失进行支配性考察。因此许乃曼教授将判断关键定位于对"保证人地位"的支配性上。不作为的保证人"必须对整体实践进程的关键性部分具有现实的支配力，才能认定不作为与结果之间具有与作为犯相类似的联系"②。在构建了能将作为犯与不作为犯同时涵摄的上位概念之后，如何充实保证人地位的实质内涵就成为犯罪支配理论适用于不作为犯领域的最后一个屏障。其将支配性地位与实质义务来源进行嫁接考察，认为保证人地位由对陷入困境的法益支配与对关键的结果原因支配并行组成。③ 通过引入保证人地位的支配性判断，许氏保证了犯罪支配性理论的一体性。正如其在介绍该说具有的价值时所指出的，通过结果的原因性支配"就为作为与不作为的物本逻辑上的等同性找到了公式"④。这种观点也获得了日本学者的支持，"在不作为场合的正犯与共犯的区别就必须是和作为的场合两者的区别是一致的"⑤。

可以看出，虽然同为支配性理论的代表性学者，但在不作为正犯性的

① ［德］班德·许乃曼：《所谓不纯正不作为犯或者以不作为实施之犯罪》，载陈泽宪主编《刑事法前沿》（第 6 卷），中国人民大学出版社 2012 年版，第 161 页。

② ［德］班德·许乃曼：《所谓不纯正不作为犯或者以不作为实施之犯罪》，载陈泽宪主编《刑事法前沿》（第 6 卷），中国人民大学出版社 2012 年版，第 161—162 页。

③ 参见 ［德］许乃曼《论不真正不作为犯的保证人地位》，陈晰译，《刑法与刑事司法》（第 1 卷），法律出版社 2013 年版，第 69 页。

④ ［德］班德·许乃曼：《不纯正不作为犯及以不作为实施犯罪之形式》，载梁根林主编《当代刑法思潮论坛·刑法体系与犯罪构造》（第 1 卷），北京大学出版社 2016 年版，第 229 页。

⑤ ［日］山口厚：《刑法总论》，付立庆译，中国人民大学出版社 2011 年版，第 365 页。

判定上罗克辛与许乃曼教授存在路径差异。前者通过义务犯的体系构建，认为不作为参与行为只能以正犯归责。后者则通过犯罪支配理论统一作为与不作为参与形态下的正犯认定标准，从而走上一条折中道路，将实质义务来源的规范性立场与具有事实性品格的支配性理论相结合。然而不论罗克辛教授的义务犯进路还是许乃曼教授的体系性折中，都存在一定的理论困境。一方面，犯罪支配理论本身就存在适用标准模糊的缺陷。作为共犯区分标准实质化演进的体现，犯罪支配理论抛弃了从构成要件合致性角度进行的正犯性判断，以期通过综合法益侵害作用、客观的支配程度、主观认识的支配意思进行正犯成立与否的整体判断。然而支配程度本身就是仁者见仁的价值判断，相较于参与形态的形式客观标准而言，"存在概念不清的问题，具有过于抽象性、规范性和多义性"①。另一方面，许内曼教授虽然通过保证人地位的嫁接引入实现了支配性理论在正犯判定问题下的一体适用，但其对不作为参与形态的支配性判断是以机能二分说为蓝本构建的，本身就被学界诟病为只是对义务内容的分类阐释而非法理来源的实质解明。在未能根本地解决保证人地位问题之前，此种折中的合理性始终无法得到保证。

（二）社会功能关系立场：形式义务的思维残余

在社会关系理论立场看来，以不作为方式参与作为的正犯行为，对于参与行为性质的界定必须借助作为义务的实质内容进行判断。这种立于规范论立场之上的思考方式不仅是对不作为犯行为结构的准确把握，而且能够获得来自共犯处罚根基层面的法理支撑。在判断方法的具体设置上，其以不作为犯义务来源的机能二分说为基础，认为作为义务包括法益保护义务与危险源监督义务两种类型。前者包括紧密的生活关系、危险共同体、自愿承担保护义务、公务员或法人机关的身份，而后者则包括交往安全义务、监督第三人义务、违反义务的危险前行为、带入市场的产品行为。②当行为人之不作为违反了法益保护义务时，应将该不作为参与行为认定为正犯类型；而当其违反了危险源监督义务时则以帮助犯归责。此种判定方法最早由德国学者施罗德提出，此后又获得赫茨贝格等学者的发

---

① 温登平：《以不作为参与他人的法益侵害行为的性质——兼及不作为的正犯与帮助犯的区分》，《法学家》2016 年第 4 期。

② 参见许泽天《不纯正不作为犯的正犯判断标准》，《东吴法律学报》2015 年第 4 期。

扬。[①] 此后逐渐在日本得到推广，如松宫孝明教授指出，在以不作为的方式参与他人作为正犯的场合，如果不作为者负有阻止犯罪的义务，则其充其量只能成立帮助。然而在其对被害人或被害法益存在保证人地位的场合，则应作为正犯进行处罚。[②]

社会功能关系理论与因果共犯论具有一定的理论关联。机能二分说将义务来源划分为法益保护义务与危险源监督义务两种类型。前者旨在将特定社会关系结构中对法益具有保护职责的形态类型化。这种义务主体与法益实体之间的直接关系使得行为人不履行法益保护义务时将成立正犯形态。有别于法益保护义务类型，危险源监督类型之下的行为人与法益侵害之间通过"危险源"这一中介因素相联结。也即只有当行为人拒不履行危险控制义务时，法益侵害实态才能归属于行为人之上。将上述两种义务类型还原至因果共犯论的法益侵害流程层面，正好形成与直接因果关系、间接因果关系的对应形态。正是在此意义而言，违反法益保护义务的不作为参与应以正犯归责，而违反危险源监督义务的不作为参与应以帮助犯处罚。"正犯是通过实行行为直接的侵害法益，共犯则是通过加功于正犯的实行行为间接的侵害法益。将犯罪阻止义务作为不作为的帮助犯成立条件与共犯理论是一致的。"[③] 绕开存在论层面注重事实性把握的犯罪支配理论，回归作为义务来源层面进行不作为参与的性质界定，可谓是立足于规范论层面的有益尝试。然而社会关系理论本身存在着无法解套的理论困境。这种困境一方面来自理论根基的义务来源机能二分说的缺陷，另一方面来自社会关系理论的界分标准。

首先，社会功能关系理论反对将作为形态下的参与行为之性质界定照搬适用于不作为形态。"作为有原因力，不作为没有原因力。仅从存在论方面看，作为和不作为是 A 和非 A 的关系。"[④] 虽然犯罪支配理论融合了客观支配事实与主观支配意思两个方面，但是偏重事实性判断的技术路径仍然是其理论本色。这使其与注重进行规范性理解的不作为犯存在疏离。作为理论反思，社会功能关系理论通过义务来源提供不作为参与处罚根基

---

① 参见欧阳本祺《论不作为正犯与共犯的区分》，《中外法学》2015 年第 3 期。

② 参见［日］松宫孝明《刑法总论讲义》，钱叶六译，中国人民大学出版社 2013 年版，第 206 页。

③ 刘凌梅：《帮助犯研究》，武汉大学出版社 2003 年版，第 151 页。

④ ［日］日高义博：《不作为犯的理论》，王树平译，中国人民公安大学出版社 1992 年版，第 93 页。

的同时，一并解决不作为参与形态的界分。就此而言，社会关系理论把握了正确的研讨方向。然而其将义务来源求诸机能二分说的根基设置并非合理。正如学界对机能二分说的评价，"这种选择出来的特征虽然给予了各种义务不同的称呼，但是人们还是不能看出，这些义务是在哪些条件下产生的，并且是以哪些法律原因为基础的"①。其次，通过机能二分说构建不作为参与行为的共犯区分标准并非妥当。机能二分说重在对作为义务进行类型分隔，但其实质合理性无法得到充分的解明，因此仍被学者指责为尚未逃脱形式义务理论的固有缺陷。因为不论是法益保护义务抑或是危险源监督义务，其终极目的都在于实现法益的周延保护，也即二者在法益保护层面具有"同源性"。这无疑给社会关系理论的参与性质界分带来了逻辑困惑，因为即便负有危险源监督义务之人的义务背反也最终造成了法益保护阙如的效果。为何只对前者进行评价而忽视后者呢？社会功能关系理论无法进行有力的回应。诚如西田典之教授指出的："最终的问题还在于阻止结果发生的义务，因而根据义务由来的不同而试图区别作为义务程度的观点并无合理的根据。"②

（三）因果过程支配立场：义务来源的考察缺失

区别于前述从支配性立场、社会功能关系立场之上展开的不作为参与性质界定思路，日本刑法学界在围绕此一问题的研讨过程之中，逐渐形成了一种从因果关系角度进行正犯与共犯类型区隔的思考方式。西田典之教授明确指出："如果不作为者实施作为则本应确实地避免了结果发生之时，属于不作为的同时正犯，如果是有可能使得结果的发生更为困难，则属于不作为的帮助。"③ 此种将不作为参与性质与法益侵害因果流程相挂钩的思考进路与因果共犯论具有体系契合性。正犯与共犯的类型差异首先体现于处罚根基层面。也即正犯通过自己的实行行为充足了构成要件，反映在因果流程层面具有直接性；而共犯则是介入正犯行为间接造成了法益侵害的结果，具有因果关系的间接性。这种直接性与间接性并非单纯的事实性差异，也是正犯与共犯法益侵害作用力区别的一种客观外化。正犯源

---

① ［德］克劳斯·罗克辛：《德国刑法学总论》（第二卷），王世洲译，法律出版社2003年版，第540页。
② ［日］西田典之：《日本刑法总论》，王昭武、刘明祥译，法律出版社2013年版，第324页。
③ ［日］西田典之：《不作为的共犯》，王昭武译，《江海学刊》2006年第3期。

于因果流程的直接性具有侵害作用的重要性，而共犯仅具有辅助性。这种立足于因果流程视角展开的不作为参与性质界定思路在我国也获得部分学者的支持，若不作为者能够完全阻止法益侵害发生则成立不作为的正犯；若其只是让法益侵害变得困难则成立不作为的帮助犯。① 但是因果过程支配立场的上述优越性之所以能够存在，均有赖于一个研讨前提——作为犯与不作为犯的因果关系架构具有一致性，否则此后的一系列逻辑推导与结论得出的都是空中楼阁。然而对于将作为与不作为因果关系予以等同对待的合理性并未获得充分解明，这也使得后续的不作为参与类型标准构建招致了学界的多方批判。

首先，只有前提性地肯定了对于不作为犯的因果关系模型与作为犯之间并无本质差异，才可能在因果关系层面一并援用作为犯的判定方法。但是作为犯与不作为犯源于行为结构的事实性差异，使得二者在法益侵害的因果流程层面存在本质不同。作为犯源于其外化的行为模态使其因果关系更易于在物理层面进行经验性把握，但不作为犯作为一种消极的身体举动，"不作为都体现为听任其他条件所导致的法益侵害结果发生而不阻止、不介入的消极义务违反方式，因此在事实因果关系流程中，与作为表现的对结果的实然影响不同。"② 正是在此意义而言，作为犯的因果关系具有事实性，而不作为犯的因果关系具有拟制性。反观因果过程支配理论构建的界分标准，均着眼于行为对于避免结果发生的现实支配力。而这与前述犯罪支配立场并无实质性差别，对其批判一并适用。其次，在共犯处罚根据层面上虽然可以将不作为与法益侵害之间的因果关系进行拟制性判断，也即实施作为行为即可避免法益侵害发生，但是这又回到了作为义务来源的问题之上。因此不作为义务来源更应作为因果关系之前的问题先行解明。如此而言，相较于因果过程支配理论，罗克辛教授与雅各布斯教授的义务犯思路更有助于不作为参与形态问题的解决。因为二者均着眼于义务体系的先行构建，然后进行正犯与共犯归责标准的后续思考。只是罗克辛教授的思考进路存在将不作为犯全部置于义务犯体系之下考察的误区，而雅各布斯教授通过组织管辖与制度管辖进行支配犯与义务犯的归责划分思路更为合理。如此而言，因果关系支配理论跨过义务来源问题的探讨，

---

① 参见温登平《以不作为参与他人的法益侵害行为的性质——兼及不作为的正犯与帮助犯的区分》，《法学家》2016年第4期。

② 李川：《不作为因果关系的理论流变与研究进路》，《法律科学》2016年第1期。

直接从因果过程支配作用的角度展开参与类型的标准构建的做法有失合理。对于不作为中立帮助行为参与类型的界分标准，妥实的思考方向还应置于义务犯体系之下予以展开。

二 义务犯立场的修正与坚持："管辖领域"的区隔考察

不作为中立帮助行为横跨于参与行为归责与不作为犯两大问题领域之内，这使其参与形态的准确界定自应对二者予以同时关注，并呈现出前后有序的思考顺位。作为研讨之前提，不作为中立帮助行为具有不作为犯归责形态的行为底色，这使得义务来源的准确划定成为厘清参与类型问题的先决条件。而源于不作为参与行为规范架构的特殊性，参与类型的判定也体现出与义务来源性质之间的内在关联。如此而言，立于规范论视角之下进行的义务犯体系构建更能为不作为犯及其参与形态的界定提供合理的解明路径。正是源于此种思维方式与研讨方向的优越性，罗克辛教授与雅各布斯教授各自构建的义务犯体系获得了诸多学者的支持，并成为当今义务犯体系的两大发展方向。然而二者基于研讨基点与归责思路的差异，在义务犯体系的内部设置上又呈现出不同的框架安排。形成此种归责差异的原因何在，其成立依据又是否合理，答案的得出对于以之为蓝本构建的不作为中立帮助行为归责模式的合理性存在根本影响。因此有必要首先对二者的基本理论进行必要检省，以实现立场合理性之补正与坚持。

罗克辛教授虽为支配性理论的积极倡导者，但在参与行为的正犯性判定问题上，其并没有试图将此理论打造成一统江山的整合工具，而是通过对不作为形态特殊性的把握敏锐地发现了义务犯类型的存在空间。正如其在自己的教科书中阐释的："不作为犯罪是义务性犯罪，这就是说，其实行人身份的标准不在于行为控制，而在于违反了说明行为构成根据的阻止结果的义务。"[①] 不作为的正犯性判定并非依赖于行为支配性的判断，社会身份背后的义务性赋予才是其正犯性归属的终极标准。这样，支配性的理论适用范围在义务犯面前终究还是触碰到了边缘，义务性成为不作为正犯的决定性因素。例如父亲目睹妻子将自己刚出生的婴儿溺死而无动于衷，其当然应作为不作为杀人之正犯对待。但此种正犯性的获得并非源于对于杀人事件的整体性支配，而是其对幼儿生命法益所负有的保护义务。

---

① ［德］克劳斯·罗克辛：《德国刑法学总论》（第二卷），王世洲译，法律出版社 2003 年版，第 505 页。

因此，"义务犯的成立基础从逻辑上看优先于支配犯"①。既然不作为犯都隶属于义务犯的理论谱系，而义务犯本身的成立又直接表征出正犯性的确立，那么作为结论，以不作为方式进行的参与形态将彻底移除帮助犯的成立空间。以不作为进行的中立帮助行为只能进行正犯归责，而无帮助犯归责形态的探讨余地。

作为义务犯理论的另一分支，雅各布斯教授以其令人叹止的思辨能力将法社会学思维引入义务犯理论之中。卢曼的社会学理论为其义务犯体系提供了指引，"每个社会都需要根据其各自的复杂性程度为规范期望的充分多样性创建空间。社会会结构性地促进这一点，通过角色分化"②。雅各布斯教授对于上述社会系统与规范功能之间的关系深以为然。在其看来，单独的个体与其所处的环境并无差异。只有当个体被团体接纳时才具有"人格"，获得控制意识与行为的能力。而为了维护团体内部的秩序就必须制定联结、制约成员行为的框架，也即规范。而框架规范的组合最终促成了社会的诞生。③ 可以看出，在雅各布斯教授义务犯理论的逻辑基础上，个体只有被置于"社会角色"概念之下才具有规范意义。"社会约束的不是个体，而是人格体。个体只有被涵括到社会中才能成为真正意义上的人并在社会中扮演相应的角色。"④ 这不仅是特定社会系统为了保持系统内部的正常持续而进行的一种自我调适，也是特定社会系统机能发挥赖以存在的前提。正是基于上述思维进路，雅各布斯教授将决定社会角色的社会系统在刑法视阈之下进行转化，构建出"组织管辖"与"制度管辖"两个类型。二者的区隔建立不仅提供了不同的归责基础，而且成为行为正犯性判定的前提。在组织管辖之下，社会成员在自己可供支配的范围内行事而不得妨害他人的活动自由。与此对应的即是消极义务——不得伤害他人的法益，正犯性标准在于行为支配性的判断。在制度关系之下，社会本身源于团结需要与期待而机能性地赋予了社会角色一定的积极义务——协助他人摆脱危险，正犯性标准在于专属义务的违反。因此不作为犯就并非一定局限于义务犯之下，作为犯也并非局限于支配犯类型之下，只是源于

---

① 温登平：《以不作为参与他人的法益侵害行为的性质——兼及不作为的正犯与帮助犯的区分》，《法学家》2016 年第 4 期。

② ［德］尼克拉斯·卢曼：《法社会学》，宾凯、赵春燕译，上海世纪出版集团 2013 年版，第 100 页。

③ 何庆仁：《义务犯研究》，中国人民大学出版社 2010 年版，第 23 页。

④ 参见周维明《雅各布斯的客观归责理论研究》，《环球法律评论》2015 年第 1 期。

"管辖领域"的性质差异需要对不作为参与的共犯归责类型进行区别对待。雅各布斯教授为两种管辖类型构建了一系列下位规则。组织管辖包括危险源的保证人、前行为的保证人、因承担而产生的保证人、因组织管辖而负有阻止他人自残的保证人；制度管辖则包括源于亲子关系、夫妻关系、收养监护关系、国家强制关系的建立而生成的作为义务。[①]

可以看出，同样是重视机能主义刑法观的罗克辛教授与雅各布斯教授在不作为参与行为的性质界定问题上走上了不同的理论进路，并在义务犯体系内部将这种差异最大化。造成此种差异的根本原因在于二者在义务来源问题上存在认识偏差。罗克辛教授指出，为义务犯提供处罚根基的义务"在法律制度的不同领域中已经使自己得以具体化"[②]。这样义务犯体系之义务来源并非局限于刑法规范本身，毋宁是整体制定法体系背后的义务抽象化。这样义务来源就具有一种逸脱构成要件限制的开放性，义务犯"是那个损害了其所面临的前行为构成性义务，并且，以这种方式通过作为或者不作为对结果做出贡献的人"。这种将义务来源求之于其他法源的做法被学者批判为退回到了 19 世纪初期之前的刑事法律义务理论时期。[③] 相较而言，雅各布斯教授的构建思路则更胜一筹。既然是立基于机能主义刑法观立场之上进行义务犯体系构建，那么构建国民对规范的持续信赖以维持规范效力就应成为包括义务犯在内的整个刑事规范架构的最终目的。如此义务犯一切归责根基都来自"被制度所额外附加的积极义务，即要求规范接收者去和他人建设一个共同的世界"[④]。因为在其正犯体系之下，不需要"前社会地探寻行为概念，而是在社会中探寻行为概念"[⑤]。从而化解了罗克辛教授的义务犯体系面临的形式化义务来源危机。上述义务来源的不同定位进一步引发了二者对不作为犯参与界定标准的构建差异。罗克辛教授的义务犯体系始终将不真正不作为犯置于其中讨论。这种体系安排使得不作为参与性质前提性地受到了义务犯体系的制约，即只能

---

① 参见温登平《以不作为参与他人的法益侵害行为的性质——兼及不作为的正犯与帮助犯的区分》，《法学家》2016 年第 4 期。

② ［德］克劳斯·罗克辛：《德国刑法学总论》（第二卷），王世洲译，法律出版社 2003 年版，第 505 页。

③ 参见［德］许内曼《德国不作为犯学理的状况》，陈志辉译，载陈兴良主编《刑事法评论》（第 13 卷），中国政法大学出版社 2003 年版，第 391 页。

④ 何庆仁：《德国刑法学中的义务犯理论》，载陈兴良主编《刑事法评论》（第 24 卷），北京大学出版社 2009 年版，第 255 页。

⑤ ［德］雅科布斯：《行为 责任 刑法》，冯军，中国政法大学出版社 1997 年版，第 67 页。

对不作为参与以正犯归责。雅各布斯教授并未采用此种思路，而是将正犯性判断求之于组织管辖与制度管辖。不作为既可能落入支配犯领域，也可落入义务犯领域，只是随着归责基础的差异需要采取不同的正犯判定标准。可以看出，对于不作为参与形态的归责判定而言，雅各布斯教授的思路则更为合理。因为作为义务来源的确定只能化解不作为犯的处罚根据问题，进一步的参与行为性质界定则有赖于参与标准的确立。只有在解决了归责的根基之后才能进行正犯标准的进一步确立，从而匹配构建组织管辖、制度管辖内部的正犯确立标准。

三　不作为中立帮助行为参与形态考察

由于刑法分则构成要件均以作为犯为归责模型进行构建，不真正不作为犯之处罚向来需要在实质法理层面化解"类推适用"的学理质疑以满足罪刑法定原则之要求，而不作为参与类型界定问题无疑又增加了完成这一任务的难度。构建合理的不作为共犯类型界定标准，学界见仁见智。犯罪支配理论试图通过行为的支配性判断弥合不作为与作为犯罪在行为客观形态上的现象化差异；社会功能关系理论注重不作为犯义务来源的实质考察，以期析出不作为共犯的类型化标准；因果关系理论注重回溯至因果共犯论层面解明参与类型的界分；义务犯理论则通过正犯体系的重构实现不作为参与问题研讨向度的转向。梳理上述观点，几种理论虽然源于考察角度的差异形成了方向各异的思考进路，但基本上呈现出两个层面的思维对立。也即判断技术层面的支配性路径与义务犯路径的对立；法理层面的存在论思维与机能论思维的对立。此种对立也使得学界对于不作为参与类型的界定基本形成了原则正犯说与原则帮助犯说的两种立场。

（一）原则正犯说与原则帮助犯说的思维路径评析

"不作为在可能的条件下可以满足自己的行为构成，而与实行性的帮助没有关系。"[1] 这一观点明确地体现在罗克辛教授的义务犯体系下。"这种义务在法律制度的不同领域中已经使自己得以具体化，并且，对行为构

---

① ［德］克劳斯·罗克辛:《德国刑法学总论》(第二卷)，王世洲译，法律出版社 2003 年版，第 505 页。

成的结果受到影响的或者还仅仅不受阻碍的义务损害，是要以刑罚加以威胁的。"① 因此，当行为违背了其所负有的与社会角色相联结的义务内容时，就已经直接满足了独立的构成要件类型，成立正犯。可以看出如果基于此种逻辑进路继续推演，义务犯领域的划定其实已经架空了从存在论层面形成的事实性判定路径。也即在罗克辛教授的义务犯概念背后体现着其试图从存在论层面向规范论层面的思维转变。然而在进行义务犯类型领域的廓限之后，其并没有沿着机能性思维路径继续推进，而是将作为犯与不作为犯对应归入支配犯与义务犯领域。这样以不真正不作为参与作为正犯的，将因为属于义务犯领域而只能进行正犯归责。这种结论也体现在考夫曼那里，既然不真正不作为犯符合独立的命令性要件，就无法满足作为犯的构成要件，因此也没有成立共犯的余地。②

笔者认为根据归责原理的实质差异为不作为参与的判断区隔出支配犯与义务犯两个领域具有研讨方向的合理性。这意味着放弃了单纯从存在论层面进行的事实性考察，开始注重从规范论层面对不作为共犯现象进行归责类型的把握。然而罗克辛教授却同时在一个层面上进行两种思维模式的并立不免令人困惑。罗克辛教授虽然作为支配理论的拥趸者，但其仍然敏锐地发现了犯罪事实支配理论在正犯归责类型问题范域下的适用局限性。因为义务犯归责机制之下的正犯性并不取决于支配性判断而在于义务性违反。这已经体现罗克辛教授向义务犯背后机能论靠拢的思维倾向。但遗憾的是其并没有将此转型进行到底，在其构建的体系中能够明显地看出选择的犹豫性。也即虽然重视超越行为外观的现象判断，注重从机能主义视角之下重新解释不作为行为及其参与类型，但仍然无法毅然舍弃固有的作为与不作为的区隔模式，直接表现为将不作为犯完全归入义务犯领域，而将作为犯完全置于支配犯领域的体系安排。这样就导致在一个归责层面上同时存在物本逻辑论视角与机能性判断的逻辑混沌。其实罗克辛教授此种犹豫性也并非无法理解，同为德国机能主义犯罪论体系的缔造者，其始终同将规范效力维持作为终极目标的雅各布斯教授相区别。然而，承认义务犯归责领域就意味着应当在行为归责方向上坚持机能主义的思考进路，但这也意味着由其苦心经营的支配犯领域背后的体系根基面临倾覆之危。而若

---

① ［德］克劳斯·罗克辛：《德国刑法学总论》（第二卷），王世洲译，法律出版社2003年版，第80页。

② 参见［日］神山敏雄《不作为的共犯论》，成文堂1994年版，第424页。

坚持支配性判断的思维方向，则义务犯归责领域的存在合理性即存在疑问。正如学者评价此种做法，"罗克辛教授虽然创造性地构建了义务犯领域，却没有能够将义务犯的概念在规范化的道路上贯彻到底，以至于现在义务犯理论的命运也来到了一个十字路口"[①]。体系内部的逻辑困惑并不会安分地隐藏在背后，终究反映在具体问题的解释结论上。例如甲明知乙借用斧头准备砍杀丙仍然出借，甲成立作为形态下的帮助犯；而当甲看见乙拿走自己的斧头准备砍杀丙时而不制止，则成立不作为的正犯。在德国刑法既有的不作为犯与共犯的罪刑设置之下，将形成"不作为的参与要受到比作为形式的参与更重的刑罚"[②] 这样的处罚失衡现象。立于原则正犯说的立场审视不作为的中立帮助行为，当其参与作为形态的正犯时将因特定义务的背反而直接认定为正犯。这不仅有违中立帮助行为的现实样态，而且可能因为正犯类型的普遍适用而引发处罚加重的危险。

　　原则帮助犯说在日本具有通说地位。西田典之教授指出不作为首先需要违反作为义务，才能通过作为的正犯行为造成法益侵害的结果，因而"其原因力要弱，且只是发挥从属性作用"[③]。这种从共犯因果关系角度认定不作为参与归责形态的思考进路与因果共犯论具有契合性。通过肯定作为的正犯行为对于不作为参与因果关系的中介作用，从中引导出不作为参与行为法益侵害力的薄弱，从而在归责形态上评价为帮助犯。在日本原则帮助犯立场之所以能够获得广泛支持，一方面与学者更倾向于从共犯处罚根基角度对具体问题进行体系性思考有关，另一方面源于日本学界围绕共犯区分标准展开的学理论战中，实质的客观标准已经取得通说地位，且重要作用理论最受关注。如果保持一体的思考进路，在不作为参与的归责形态界定问题上通过因果关系的间接性考察，并将其折射于法益侵害作用的规范性判断上，自然可以导出不作为参与行为属于帮助犯归责类型。如果说放弃对参与行为构成要件的类型性考察，从法益侵害作用力、支配性角度进行正犯与共犯类型区隔是实质客观说的共同标签，那么原则帮助犯立场在赞成犯罪事实支配理论的学者那里也有一席之地。魏根特教授就指

　　① 何庆仁：《德国刑法学中的义务犯理论》，载陈兴良主编《刑事法评论》（第 24 卷），北京大学出版社 2009 年版，第 252 页。

　　② 耿佳宁：《不作为参与的评价与作为论根基的改变》，《当代法学》2015 年第 2 期。

　　③ ［日］西田典之：《日本刑法总论》，王昭武、刘明祥译，法律出版社 2013 年版，第 325 页。

出："除了那个以作为控制行为的正犯者外，未阻止犯罪的保证人的行为原则上只具有帮助犯的意义。"① 在此，有必要再次提及的是雅各布斯教授的义务犯理论对于不作为参与归责形态的影响，其并未采用罗克辛教授将不作为犯全部置于义务犯领域的体系安排，而是将正犯体系依据刑法机能性考察视角区隔出组织管辖与制度管辖两个归责领域。既然作为犯与不作为犯的分立并非借助对行为的现象性判断而进行的简单划分，那么不作为行为也就无法与义务犯形成对接关系。因此不作为犯参与源于"管辖领域"的差异就可能分别隶属于组织管辖或制度管辖两个领域，当分布于组织管辖领域时自然可能因未取得支配性地位而有成立不作为帮助犯之可能。这也验证了笔者在前文所阐释的，原则正犯说之立场隐忧并非源于义务犯归责领域的建立，而是其未能为不作为参与行为构建合理的共犯类型界定标准。

（二）原则帮助犯立场的坚持

通过前文原则正犯说与原则帮助犯说的学理爬梳，笔者认为原则帮助犯说更为合理。原则正犯说将不作为参与行为全部等同为义务犯类型进行归责，这使得义务违反不仅成为不作为犯之处罚前提，也同时负载起不作为参与归责类型界分之要求，然而在笔者看来这是"作为义务"难以完成的"体系重任"。除此之外，原则正犯说在采用机能性视角支持义务犯归责领域的同时，还试图将物本逻辑结构层面的作为与不作为形态的划分一并予以保留，逻辑体系的混杂成为具体问题阐释结论出现偏差的实质原因。与之比较，原则帮助犯避免了上述缺陷。首先，以因果共犯论解释不作为参与的属性使得原则帮助犯的结论导出更为合理。不作为参与行为介入作为正犯时，仍然无法改变参与行为侵害法益的间接性，这与共犯区分标准的实质客观理论形成体系对接，通过衡量法益侵害的弱化作用而进行帮助犯归责。其次，该说避免了原则正犯立场的处罚失衡问题。原则正犯说从不作为义务违反中直接导出参与类型的正犯形态，使得同一罪名之下什么都不做的人反而比积极提供帮助的人受到更重的处罚。最后，原则帮助犯立场实现了不作为参与类型的处罚前提与归责类型界分标准的分离。笔者认为不作为参与行为问题之核心虽然在于共犯类型之界定，但在处罚前提的判定上，其仍然与不作为犯问题具有一致性。也即不作为参与之处

---

① ［德］汉斯·海因里希·耶塞克、托马斯·魏根特：《德国刑法教科书》（下），徐久生译，中国法制出版社 2017 年版，第 946—947 页。

罚前提与归责类型的界分本应具有先后顺序，只有先行解决了与处罚前提对应的作为义务来源构建问题，才能对后续的参与行为归责类型问题展开讨论。而对不真正不作为之作为义务来源构建必须从机能性的角度进行限定，才能避免重陷原则正犯说的体系混杂误区。同时，需要根据不同的义务来源领域构建与之匹配的不作为参与类型区分标准，而这种思想正好在原则帮助犯说的思考方式中得到体现。在此应对原则帮助犯受到的部分学理质疑予以澄清，同时基于合理的批判进行必要的立场修正。

　　原则帮助犯在判定结论上仍为不作为参与形态之正犯归责留存了成立空间。学界就此多指责原则帮助犯说不能在"原则之外"精确地提供何时成立共同正犯、间接正犯的判定标准。笔者认为，此种批判的确具有合理性。目前支持原则帮助犯的学者大多从因果共犯论的角度寻求法理支持，但这种因果关系的间接性只能为不作为的参与行为成立帮助犯提供一个大致的处罚轮廓。既然承认不作为之参与有成立正犯之可能，就应该积极寻求区分正犯与共犯之边界的准确标准，停留于"原则性"的结论导出还难以使本说经受理性的思维考验。目前国内学者虽然已经关注到了不作为参与行为现象在共犯逻辑体系的特殊性，但源于论证思路的差异仍然存在援用作为形态共犯思路解决不作为参与的主张，或是构建契合不作为参与行为属性的共犯归责思路。而在这其中注意到义务犯领域的建立改变了共犯理论格局的学者并不多见。笔者虽然主张根据主观明知与参与介入的位置时点关系进行作为与不作为行为之区分，但这只是在事实层面提供了一个区分作为与不作为的判定模型。至于是否成立不作为犯？其参与作为的正犯应以何种共犯形态进行归责？还有赖于规范层面的义务来源构建以及与之匹配的共犯区分标准。从而在判定进程上形成从事实层面的不作为类型界定到规范层面义务来源构建的递进研究范式。因此，如何根据不同的归责机理框限出不同的作为义务类型，进而根据此种义务类型构建匹配的不作为共犯界定标准才是研讨的重心。笔者认为雅各布斯教授构建的义务犯体系背后的机能刑法观能够对此提供有益指引。通过对作为归责基础的"管辖领域"进行划分，进而匹配不作为参与类型的区分标准，不仅可以实现义务犯背后的机能主义思维在不作为犯共犯体系内的一致贯彻，也能为原则帮助犯说之"例外正犯"情况提供准确限定，实现处罚前提与参与类型的分离判断。不作为中立帮助行为问题的核心在于如何解明此种参与形式的共犯类型界定。在本章第一节的论述中，笔者已经否定通过"消极之实行行为"概念涵摄不作为中立帮助归责判断，避免陷入将不作为问题类推转化为作为问题的思维路径。因此下文将直接在不作为犯框架下展开中立帮助行为的可罚性考察，从而实现不作为中立帮助行为归责范围的进一步限定。

第三节　不作为中立帮助行为之刑事责任判定

原则帮助犯立场通过分离不作为犯处罚前提的义务来源构建问题与不作为参与类型的界定问题，避免了原则正犯说的体系混杂以及结论偏差。但原则帮助犯说只能为不作为参与的帮助犯归责类型提供一个"原则性"的大致范围，这意味着对不作为形态的中立帮助行为而言，仍然存在着成立正犯归责形态的学理空间。然而遗憾的是，目前支持原则帮助犯论理路径的学者大多试图将法益侵害因果关系层面的"间接性"导入共犯区分标准实质客观说立场上的"重要作用理论"抑或"支配理论"之中，进而将其评价为帮助犯参与类型。但此种做法仍然无法满足明确不作为参与归责形态的要求。其实不论支持"重要作用"理论的日本学者抑或主张"犯罪支配性"判断的德国学者，在对不作为参与形态进行判定之前都承认义务来源所具有的前提地位。而义务犯理论的兴起进一步表明了在机能主义刑法视角下义务来源有必要根据归责机理的差异进行区分构建。因此只有遵循从义务来源的体系构建向参与类型标准构建的递进研讨进路，才能合理解决不作为中立帮助行为的刑事责任判定问题。

一　义务来源的体系构建

对此问题，刑法学理在经过漫长的理论跋涉之后基本形成了从形式义务来源向实质义务来源转化的通识观念。然而实质义务来源主要是围绕不真正不作为正犯展开的。对于不作为参与形态而言，是否还能与单独正犯保持义务来源的一致性，学界存在争议。如果二者享有一体的义务来源，那么参与形态的归责差异就源于参与标准问题，因此有必要在对义务来源限定之后进行参与标准的匹配构建。

（一）义务来源的等置性

对于不真正不作为在成立共犯形态或正犯形态时是否应当适用共通的

作为义务来源，学界存在否定说与肯定说两种立场分立。否定说指出义务来源不仅为不真正不作为犯提供了处罚前提的实质法理依据，而且源于作为义务内容的性质差异可以对不真正不作为犯的参与归责类型产生了影响。此种思维在不作为犯共犯区分标准的义务来源二分说中得到了明确体现。中义胜教授指出，应根据作为义务的性质将"避免结果发生的直接性保障人义务"与"违反安全管理义务为中介的间接诱发结果发生的情形"区别开来。违反前者时标识了参与行为的正犯归责类型，而违反后者则可能成立帮助犯。① 相似的观点也在山中敬一教授那里得到体现，只是其用法益保护义务与危险源监督义务取代前述分类。笔者认为此种试图通过义务来源层面的性质划分连带解决不作为参与归责类型的思考路径并不合理，否定说其实是前文社会功能关系理论的另一种观念表达。然而如何准确界定法益保护义务与危险源监督义务本身就存在难题，因为在"法益保护"或"犯罪阻止"这一点上，两种义务类型都能追本溯源地归于其中，如同一个因疏于监督危险源而造成法益侵害的行为不能认为它并未违反法益保护义务。问题的根源在于，"这种选择出来的特征虽然给予了各种义务不同的称呼，但是人们还是不能看出，这些义务是在哪些条件下产生的"②。笔者认为对于不真正不作为犯参与行为的刑事责任判定问题，义务来源的划定与归责类型的确立本应先后有序，逐个解决。不作为形态中立帮助行为即便具有"中立性"的社会属性，仍然无法逸脱不真正不作为犯的体系范畴。在义务来源这一点上，不论单独的正犯形态抑或狭义的共犯形态均应保持一致，适用一元的义务体系。而那种将根据作为义务的形式性特征进行参与类型区隔的形式逻辑是不能成立的。③

（二）义务来源的限定标准

义务犯领域的划定改变了传统的正犯判定模式，犯罪事实的支配性判断在共犯体系之下触碰到了适用边缘。义务犯领域的建立背后体现了犯罪论体系与刑事方法论从存在论视角向机能主义的转型。如前文所述，罗克辛教授的正犯体系存在逻辑路线的混杂。其一方面试图为义务犯寻求社会

---

① 参见［日］中义胜《共犯论上的诸问题》，关西大学出版部1991年版，第329页。

② ［德］克劳斯·罗克辛：《德国刑法学总论》（第二卷），王世洲译，法律出版社2003年版，第540页。

③ 参见张伟《不作为的帮助犯研究》，《法学研究》2013年第2期。

化的合理根基，却又无法放弃存在论层面的作为与不作为的区分标准；另一方面此种体系构建走向的选择性迟疑使其将不作为全部置于义务犯体系中，不作为参与行为全部予以正犯归责。与之不同，雅各布斯教授则沿着机能化的思考进路持续进行，终将义务犯领域整合进正犯体系的构建之中。然而作为形态与不作为形态的参与行为毕竟在行为构造以及归责路径上存在差异，作为犯通过自身的行为造成了物理上的变动，对其因果关系更易于进行经验性的观察与判断，① 而不作为则只能在规范层面进行价值判断。这样不真正不作为犯义务来源的构建就应该沿着机能性视角持续推进，对此雅各布斯教授的归责"管辖理论"正好可以提供了一个可资借鉴的限定标准。

雅各布斯教授的机能主义刑法观具有明显的社会学色彩，在其犯罪原理体系中"所有概念都不过是规范性地确定管辖的层级概念。管辖——谁如何对什么负责?"② 自然成为体系构建的逻辑本源与核心。通过将卢曼的法社会学思维范式引入刑法的哲学性叙事体中，雅各布斯教授构建了具有自身特色的个体—人格体—规范—刑罚的刑事责任逻辑体系。在这一体系中，作为考察原点的个体并不具有社会性，"个体那里的秩序和人格体那里的秩序不仅是根据不同的图式发生的"，"个体这一概念把单个的生物作为单个的东西来整序；人格体这一概念则整序着社会"③。可以看出，在借助社会学视角型塑的机能主义刑法体系内部，个体只是其编织的整个机能主义刑法蓝图中的一个个细密针脚，而只有借助"规范"这一主线才能将无数针脚串联起来，进而错落有致地绘织成具有法社会学底色的机能主义犯罪论体系。因此，如果将机能主义犯罪论体系进行彻底贯彻，那么规范本身才是责任评价的根本指标。这样，如何填充规范本身的内容就成为此种社会秩序建立与持续的前提。在此与"管辖"这一逻辑体系原点相对应的"义务内容"就应运而生，并根据管辖领域的归责机理差异形成消极义务与积极义务之分。

在通过规范型塑的机能主义刑法体系内部，一切逻辑的终点都在于将

---

① 参见曾文科《论不作为的参与——以"管辖"为轴展开》，《研究生法学》2011年第6期。

② 何庆仁：《德国刑法学中的义务犯理论》，载陈兴良主编《刑事法评论》（第24卷），北京大学出版社2009年版，第254页。

③ ［德］雅科布斯：《规范·人格体·社会》，冯军译，法律出版社2001年版，第36—37页。

行为之责任归属于个体身上，而这种责任归属路径源于责任场域的不同而形成正犯类型的差异——组织管辖与制度管辖。在组织管辖内部，单个社会成员有意识地组织自己的行为，并在这一组织内部对行为引发的后果承担责任。因此对于行为人而言，法规范对其所具有的指引价值也仅在于要求其不能支配自己的行为去侵害他人的法益，反映在规范内容上即是"尊敬他人为人格体并避免破坏他人的组织范围"[1] 的消极义务。因此参与类型必须通过考察行为人在组织活动过程中的支配性方能确定。与之不同，在制度管辖内部，一个制度性的体系或社会关系总是被先行确立的。置于其中的社会成员为了使得这种关系能够存续并不被破坏，就必须承担起制度对其赋予的义务。"体制赋予了一部分市民以自己的行为增进体制内其他成员福利的积极义务。"[2] 因此，行为人如果怠于履行这种角色背后的义务内容就应当承担责任，"决定正犯性的管辖是通过违反一个制度上被确保的义务而确立"[3]。

可以看出，组织管辖重在消极义务的范围限定，行为正犯性的判定有赖于行为人组织活动的支配性评价。制度管辖重在积极义务的范围限定，行为正犯性的判定有赖于社会角色安排背后的义务性赋予。不作为犯作为一种行为方式，当然能够介入组织管辖或制度管辖之中。因此当不作为中立帮助行为介入上述领域时，如何对其进行正犯抑或共犯类型界定就必须依据对应管辖领域的责任判定机制来实现。

二　归责类型的划分

以机能主义视角构建不真正不作为犯之义务来源，尽管义务内容可能因为生成机制而有不同的表现方式，但终究需要回归至消极义务与积极义务两种原始样态上来。二者正好对应着不同的正犯性判定领域——组织管辖与制度管辖。因此当行为人以不作为方式实施中立帮助行为时，[4] 如何

---

① 何庆仁：《义务犯研究》，中国人民大学出版社 2010 年版，第 26 页。

② 耿佳宁：《不作为参与的评价与作为论根基的改变》，《当代法学》2015 年第 2 期。

③ 何庆仁：《德国刑法学中的义务犯理论》，载陈兴良主编《刑事法评论》（第 24 卷），北京大学出版社 2009 年版，第 254 页。

④ 当不作为的中立帮助行为符合分则的真正不作为犯罪名时，即以该罪名处罚。而若该中立帮助行为同时与正犯行为成立共犯关系，则可适用本书所构建的不作为中立帮助行为参与标准进行解决，只是在如何确定罪名时需要通过想象竞合原理进行择一重断。由于真正不作为犯的义务来源相对明确，本书在此部分重在构建不真正不作为犯之义务来源，所以仅以不真正不作为犯作为研讨目标展开讨论。

对其参与形态进行归责界定，必须在上述义务本源划定的不同归责领域内分别判断。基于研讨话语体系的一致性考虑，本书此处一并承继"组织管辖"与"制度管辖"两个领域表述，分别对以不作为方式实施的中立帮助行为进行可罚性判定。

（一）组织管辖内部的归责类型划分

在组织管辖领域内部，不作为行为之归责机理在于行为人通过组织自己的活动造成他人法益损害的结果。将此种归责机理反映在义务来源的性质上即是消极义务的表现，行为人不得实施有损他人法益状态之行为。可以看出，行为人通过组织活动的现实性而对特定范围内的客观事实具有支配力，因此在组织管辖内部行为人通过自己的行为侵害他人之法益即违反了消极义务。然而此种消极义务只是赋予行为可罚性的前提，而以不作为方式实施的中立帮助行为以何种共犯类型进行责任归属，必须根据对应的归责机理进行支配性判断。如果行为人违反了消极义务且造成了法益损害，通过考察整体案件事实认为行为人具有对法益侵害流程的现实支配地位，此时就应当以正犯形态进行责任判定。而如果行为人只处于辅助性地位，则应以帮助犯形态进行责任归属。结合组织管辖的归责机理以及义务生成原因的不同，组织管辖内部的作为义务类型来源可以分化为先行为产生的义务、危险源监督义务、自愿接受行为产生的义务、因组织管辖而应防止他人自残的保证人义务。[①] 因此行为人违反上述义务实施中立帮助行为时，其参与行为的共犯类型确定就需要通过支配性进行判断。例如承租人甲将房屋出租给乙，后发现乙在房屋内实施毒品制造行为。但甲却继续出租房屋使乙的制毒行为得以持续。在本案例中，甲将房屋承租给乙的行为从外观上看的确属于中性色彩的社会日常行为，但在甲已经发现乙使用房屋并非用于居住，而是为了掩饰其制毒行为而获得一个安定场所时，甲拒绝中止房屋租赁合同效力的不作为就已经违反了先行为产生的作为义务。此时甲因为自己"组织"的房屋租赁持续状态介入组织管辖的归责领域，通过综合整体事实认为甲并没能获得支配毒品制造行为的实际地位，只是通过提供房屋场所对乙的制毒行为发挥了辅助作用，因此对甲只能以帮助犯进行刑事归责。

---

① 参见许玉秀《当代刑法思潮》，中国民主法制出版社 2005 年版，第 592 页。

（二）制度管辖内部的正犯类型确定

制度管辖的归责机理源于特定的社会制度或社会关系，在此种制度之中行为人总是扮演着法规范赋予的固定社会角色。与此种角色相联系的即是"与他人建设一个共同的世界"的行为范式，而其背后即是作为制度管辖内核的积极义务——团结义务。受自由主义刑法观念的塑造，现代刑法不能以刑罚条文的方式去强力推行一种价值观念，即便此种价值观念是为了这个社会更好地运行，此种最低限度的抵制是防止泛道德化思维对刑事责任体系过分侵入的应有警惕。诚如梁根林教授所言："刑事立法政策在调整刑法与道德的关系状态，考量是否将特定道德诫命规范及其道德义务刑法化时，必须考虑由社会公共道德状况所决定的潜在的刑法威慑对象的范围以及由此产生的刑法适用的可能性。"[1] 而由制度管辖支撑的积极义务设立主旨即在于要求行为人积极地与他人去创建一个共同的世界，去维护一种良性的社会关系。这种社会关系既可能来自受国家强力设置的体制，也可能生成于特定的人际关系，包括家庭与生活共同体。但是无论义务来源存在何种差异，其共同特征都在于要求行为人以积极的活动去保护法益。由此可以看出积极义务比消极义务更具有干涉他人生活安排自由性的潜在倾向，因此积极义务的范围必须最大限度地予以缩限，仅应保持在基于社会共同体维序必需的制度之内或社会关系之内。有基于此，制度管辖的内部义务仅包括"亲子关系、收养及监护关系、夫妻间特别信赖关系以及国家的强制关系，例如教育和服兵役义务"[2]。源于制度管辖内部的刑事归责机理设定，当不作为方式的中立帮助行为违反了上述义务类型时将直接进行正犯归责，与他人成立共同正犯。例如甲在乡里为非作歹成性，其父乙早想大义灭亲将其杀死。一日甲与邻居丙因口角发生斗殴，丙使用刚从乙处借得的准备用于挑水的扁担殴打甲头部致其死亡，乙在旁边并未制止。在本案中，乙将扁担借给准备前去挑水的丙，此一借用行为作为日常生活行为并无归责考量的余地。但其后在他人使用扁担殴打自己儿子时，基于家庭成员间的救助义务，乙应对伤害行为予以制止。对其应当直接成立故意伤害致死的正犯形态。

---

① 梁根林：《刑事法网：扩张与缩限》，法律出版社 2005 年版，第 202 页。
② 许玉秀：《当代刑法思潮》，中国民主法制出版社 2005 年版，第 592 页。

第四节　不作为中立帮助行为刑事责任
判断模式之适用检验

不作为中立帮助行为的刑事责任判定模式的构建重心在于作为义务来源的范围限定，而以机能主义刑法观支撑的义务犯理论则为义务来源的规范化构建提供了有益的借鉴蓝本。通过引入"管辖领域"这一归责基础，并根据管辖范围的不同分别匹配不同的作为义务来源，从而形成组织管辖与制度管辖之下不同的不作为参与类型界定标准。前者以消极义务进行填充，对应的参与类型界定标准是犯罪支配性判定；后者以积极义务进行填充，对应的参与类型界定标准是义务违反的正犯性判定。通过管辖领域—义务内容—参与类型三个逐层递进的考察步骤，最终实现对不作为中立帮助行为的刑事责任判定。与作为形态中立帮助行为泛化存在的现实情境不同，以不作为方式实施的中立帮助行为的存在样本并不多见。这不仅源于中立帮助行为多以积极加功之现实样态予以完成，而且在于刑法罪状体系采取了以作为犯为主体，以不作为犯为补充的设置方式。在此前提之下，虽然作为与不作为形态的中立帮助行为其刑事责任判定模式在规范层面具有相同地位，但对后者的可适性更需选取具有典型代表性的样本予以验证，以免自说自话。

一　网络领域内不作为形态的中立帮助行为归责检视

随着网络信息技术从 1.0 时代向 2.0 时代的更替演进，信息技术对现代社会的型塑效果日益增强。生产、生活方式的"触网""触云"已成大势所趋，信息技术在引领现代社会的同时也使得网络犯罪治理成为无法回避的刑事难题。以网络空间为生成载体，传统犯罪的趋网络化以及借助网络载体衍生的新型犯罪给固有的刑事规制模式造成冲击。而在此过程中，网络技术中立服务行为发挥着基础性的支持作用。如何在保护法益免受犯罪行为戕害的同时，为网络技术服务行为明确合理的活动范围，这不仅是刑事教义学理必须直面之课题，亦是呵护信息技术创新推动社会进步的现实需要。作为学理回响与立法积极应对的产物，我国《刑法修正案九》增设了拒不履行网络安全管理义务罪以期对不作为形态的网络技术支持行为予以刑事规制，罪名的增补完善对于填堵刑事归责疏漏具有现实意义。

然而，因网络空间的开源性、网络主体的匿名性、参与方式的零散多样性使得既有罪状体系只能对具有典型的、真正不作为犯形态的网络帮助行为予以有效归责。而对于大量不真正不作为犯形式的中立帮助行为，其可罚性判定的准确与合理仍有赖于学理智识的不断深化。在此，笔者借助案例样本对本书构建的刑事责任判定模式之实践理性予以验证。

房某经营一家龙虾馆，为促进生意，其于 2014 年年底创建微信群将饭店常客加入其中以保持联系，并不时发送新菜品，群成员达到 220 人之多。此后个别成员偶尔在群里发送淫秽视频，而随着进群人数的增多，淫秽视频也日趋增多。2015 年年初，房某因忙生意将群主身份转让给崔某。崔某负责该群后将发布不实淫秽视频的人全部移除，使该群成为完全供成员交流淫秽视频的微信平台。后经公安机关侦查确证，房某担任群主期间对该群不管不问，群成员在群内发布淫秽视频共 346 个。在崔某担任群主后，崔某放任群内成员发布淫秽视频 79 个。①

在本案中，崔某的行为构成传播淫秽物品罪并无疑问，存有争议的是房某的行为。对于房某的行为又可依据其是否担任微信群主划分为两个阶段。第一阶段，房某创建微信群，放任他人在群内传播淫秽视频。第二阶段，房某退出微信群，由崔某接管该群。暂时搁置房某以何种参与形态进行刑事归责这一问题，由于在第二阶段房某已经退出该群而遮断了与此后群内传播淫秽物品行为之因果关系，并无刑事责任归属之可能。因此，判断房某行为的重心在于第一阶段的行为，即其放任群成员在群内传播淫秽视频的行为是否应予刑事归责。房某创建微信群以促进生意属于典型的日常中立行为。而作为微信群的直接创立者，其负有添加、组织、删除群成员的直接管理权限。此后其明知他人利用该群发送淫秽物品仍然予以放任，使得该微信群异变为供部分群内成员上传、下载、观看、传播淫秽视频的微信平台。在此过程中，作为该微信群组建者与维持者的房某在客观上具有协助参与的作用，并因其具有对微信群的直接管理以及创建微信群的先行为而负有制止淫秽物品传播之义务。房某对此放任的行为符合明知时点之后的参与持续这一特征，应归属为不作为形态的中立帮助行为类型。立于本书"违法相对"原理的思考向度之下，直接发送淫秽视频的群成员符合传播淫秽物品罪之构成要件，只因数量未达处罚标准而不具有

---

① 本案例改编自真实案例，原案例事实参见《微信群主失职，当心摊上大事》，《检察日报》2016 年 5 月 11 日第 8 版。

实质违法性。因此群主房某与直接发送视频的个别群成员之间仍可因构成要件之从属而成立共犯关系。而应以共犯内部的何种参与形态进行归责，则需要通过本书构建的不作为中立帮助行为之刑事责任判定模式予以考察。房某违反了"组织管辖"内部的先行行为义务，因其作为群主，具有管控微信群的现实支配权限而对淫秽物品传播行为具有支配性作用，应以传播淫秽物品之正犯行为进行归责。

二　运输领域内不作为形态的中立帮助行为归责检视

2009 年 12 月 31 日凌晨，李某凯驾驶已经载乘了李某臣的出租车，在温州火车站附近招揽乘客。受害少女小梅上车后要求前往新城汽车站。途中，李某臣向小梅提出性要求遭到拒绝，其便将小梅按倒在出租车后座，准备强行发生性关系。其间李某凯并未听从小梅的停车请求，使李某臣强奸得逞。事后小梅在新城汽车站附近下车，李某凯驾驶出租车载乘李某臣离开现场。[①]

在本案中，李某凯向李某臣与受害人小梅提供运载服务属于日常性质的中立帮助行为。但在其提供服务过程中，已经发现李某臣利用其提供的运载服务所形成的密闭空间实施强奸行为，并不停止此一中立服务行为最终导致他人遭受强奸的法益侵害后果。分析此案例可知，李某凯的运载行为根据正犯强奸行为的发生时点可以分为两个阶段，强奸行为之前的运载行为与强奸之后的运载行为。强奸之前的运载行为并无刑事责任评价的余地，重点在于对他人利用自己中立服务行为实施法益侵害的事实存在认知时仍然维持中立服务行为的刑事责任判定问题。对此，笔者认为李某凯拒绝终止服务行为，使得已经存在的中立帮助行为得以状态维持，从而为正犯李某臣的强奸行为提供了实力帮助，属于"明知时点"之后"参与持续"，应以不作为形态的中立帮助行为进行归责判定。对此，李某凯通过组织自己的驾驶行为从而形成了对他人法益的侵害结果，对其不阻止法益侵害发生之行为，应将先行为产生的作为义务情形置于组织管辖内部予以刑事责任判定。也即李某凯通过维持运载服务而制造了他人法益侵害得以继续的现实场域，其应承担由此种先前的运载行为所产生的消极义务——停止运载服务的义务。因此在组织管辖内部对李某凯的运载行为就应通过

---

① 本案例改编自真实案例，原案例事实参见《"冷漠的哥"坐视车内 15 岁少女被强暴获刑两年》，《四川法制报》2011 年 5 月 24 日第 1 版。

犯罪支配性的判断进行参与类型的归责评价。由于其并没有取得对整个犯罪事实进程的支配性地位，只是通过驾车行为使得正犯之强奸行为得以容易进行，因此应当对其以强奸罪之帮助犯处罚。

三　房屋租赁领域内不作为形态的中立帮助行为归责检视

房屋租赁行为作为典型的日常生活行为遍及我们身边。虽然我国对于房屋租赁行为出台了相关法律规定予以规制，[①] 但此类规定多以行政管理行为之遵守、民事合同之效力为规制对象，而对于在承租人利用租住房屋实施犯罪的情形下是否应一并追究出租人之刑事责任并无涉及。单纯于客观层面对出租行为进行分析，如果只因房屋出租行为对于承租人的犯罪行为具有因果关系就肯定参与作用，无疑将使中立帮助行为面临全面归责的风险。此时刑事学理层面的处罚缩限研讨就具有现实意义。在此，笔者选取房屋租赁领域的个案样本予以研讨，以期对本书构建的不作为形态中立帮助行为的刑事责任模式予以可适性验证。

2006 年 11 月份开始，严某、吴某夫妇将家里一间房屋以每月 1000 元的价格租给杨某。后该夫妇因偶然机会得知杨某租房是用作开设赌场，但为持续获取租金，夫妇二人不仅没有劝阻杨某停止使用租住房屋开设赌场，反而提出升高租金的要求，以每晚 300 元收取费用。后根据群众举报，公安机关突袭该赌场当场抓获杨某在内的参赌人员 70 多人，缴获部分赌资。法院审理认为，严某夫妇明知他人租赁房屋用以聚众赌博时还继续为其提供场所，构成开设赌场罪之共犯。[②]

切断出租房屋行为与此后开设赌场之间的关系，严某夫妇单纯出租房屋的行为属于典型的日常生活行为。基于行为与责任同时存在原则，严某夫妇在得知杨某利用承租房屋开设赌场之前也无刑事归责探讨之必要。但当二人明知杨某开设赌场的事实后，仍然维持租赁行为而使赌场获得持续性的客观援助，此时即存在刑事处罚探讨的可能。分析严某夫妇的行为符合明知时点之后的参与维持，应置于不作为形态中立帮助行为的刑事责任判定模式中进行归责检验。严某夫妇作为出租人，其提供的房屋对于赌场的维持运行具有现实的客观助力，此种提供房屋场所的先行行为也使其对

---

① 参见住房和城乡建设部于 2010 年颁行的《商品房屋租赁管理办法》。

② 本案例改编自真实案例，原案例事实参见《出租房开赌档，东房以赌博罪被判刑》，ht-tp：//www. southcn. com/news/dishi/huizhou/ttxw/200705110265. htm。

后续的赌场运行行为具有阻止义务。立于"制度管辖"的归责领域之内，先行行为产生的法益保护义务要求严某夫妇停止房屋租赁行为。此时严某夫妇维持房屋租赁属于不作为形态的中立帮助行为。对此行为应予何种参与类型进行刑事归责需要借助前文构建的刑事责任判定模式进行判断。分析案件整体事实，由于严某夫妇的房屋出租行为对于赌场开设、运行、维持并非具有支配性作用，因此应以开设赌场罪之帮助犯进行归责，与正犯杨某成立共同犯罪。

结　语

　　中立帮助行为在现代社会分工高度建立、行业壁垒日益森严的背景之下，承载着社会生产、生活组织与衔接的现实机能。这种中立性、制式性、日常性的行为模态也使其更容易偶然介入他人的犯罪行为，发挥法益侵害的参与助力，而且此种"介入"可能性将随着风险社会与网络社会的双重叠加而不断攀升。如何衡平法益保护与自由保障之价值天平，并在此前提之下合理限定中立帮助行为可罚与否的内部界限，不仅具有教义研讨的理论价值，亦是转型时期中国当下亟须破解的现实问题。

　　对于中立帮助行为的概念范畴以及与之对应的成立范围，学界存在争议。本书在支持异质化概念构建思维的立场前提之下，对目前教义学理以及立法模式中形成的规制路径予以检视。两个层面的路径设置均存在入罪与出罪向度上的现实困惑，而困惑的生成原因必须回溯至共犯理论基础的处罚根基层面予以解明。纯粹惹起说因贯彻因果共犯论的立场原义，还原共犯"违法相对"的判定原则，有助于消解中立帮助行为可罚性判定的理论障碍。作为逻辑的自然延伸，本书适用改良的因果关系引起理论分别判定中立帮助行为的物理、心理、物理—心理转化型因果关系。因果关系问题的合理解决将对中立帮助行为刑事责任判定模式的构建发挥着基础性作用。在目前缩限中立帮助行为处罚阈界的共识前提下，从构成要件阶层、违法性阶层延伸而出的主观立场、客观立场、折中立场均存有一定弊端。本书在对折中立场思维方向予以肯定的同时，对其内在缺陷予以补正。同时改变学界通行的以参业视角展开的刑事责任判定做法，回归规范架构层面对中立帮助行为进行作为形态与不作为形态的二元分隔，匹配构建与之对应的刑事责任判定模式。此种研究视角、规制路径的转化更有助于实现刑事责任判定模式的普适价值与实践理性。对于作为形态的中立帮助行为而言，研讨的重心在于构建合理的风险升高判定机制，本书从正向判定与反向复检两个阶层展开。正向阶层包括风险判定的资料选择、主体确定、时点确定、核心确定四项要件；反向复检阶层依靠社会相当性理论与信赖原则的适用标准构建对风险升高的初始结论进行二次检验，以实现处罚口径的合理缩限。对于不作为形态的中立帮助行为，研讨的重心在于构建合理的作为义务来源以及不作为参与行为的归责类型确定。本书以义务犯理论的"管辖领域"为构建蓝本，通过组织管辖与制度管辖的归责领域划分实现作为义务来源体系的合理限定，同时匹配构建与之对应的不作为参与类型界定标准，实现不作为形态中立帮助行为的处罚口径缩限。

　　转型时期的中国社会不仅需要呵护科技创新、行业发展所蕴含的社会牵引动力，也需要避免法益裸露于风险社会的保护真空之下，而这需要我们以理性的思维、谨慎的目光、合理的路径凝聚成破解问题的当代智慧。中立帮助行为的刑事责任判定问题作为法益保护与自由保障价值张力的对焦点，为此一社会课题的化解提供了刑法教义学理层面的研讨契机。本书希望通过浅薄的论述构建一种兼具普适价值与实践理性的中立帮助行为刑事责任判定模式，以期对问题的化解有所裨益。

参考文献

一 中文专著

［德］埃里克·希尔根多夫：《德国刑法学：从传统到现代》，江朔、黄笑岩译，北京大学出版社 2015 年版。

［德］埃里克·希尔根多夫、梁根林主编：《中德刑法学者的对话：罪刑法定与刑法解释》，北京大学出版社 2013 年版。

陈洪兵：《共犯论思考》，人民法院出版社 2009 年版。

陈洪兵：《中立行为的帮助》，法律出版社 2010 年版。

陈家林：《共同正犯研究》，武汉大学出版社 2004 年版。

陈家林：《外国刑法通论》，中国人民公安大学出版社 2009 年版。

陈伟强：《共同犯罪刑事责任研究》，清华大学出版社 2013 年版。

陈璇：《刑法中社会相当性理论研究》，法律出版社 2010 年版。

陈子平：《刑法总论》（下册），元照出版社 2006 年版。

［日］大谷实：《刑法总论》，黎宏译，中国人民大学出版社 2009 年版。

［日］大塚仁：《刑法概说（总论）》，冯军译，中国人民大学出版社 2003 年版。

［美］道格拉斯·胡萨克：《刑法哲学》，姜敏译，中国法制出版社 2015 年版。

邓子滨：《中国实质刑法观批判》，法律出版社 2017 年版。

［意］杜里奥·帕多瓦尼：《意大利刑法学原理》（注评版），陈忠林译，中国人民大学出版社 2004 年版。

［美］E. 博登海默：《法理学：法律哲学与法律方法》，邓正来译，

中国政法大学出版社 2004 年版。

　　［德］冈特·施特拉腾韦特、洛塔尔·库伦：《刑法总论 I ——犯罪论》，杨萌译，法律出版社 2006 年版。

　　［日］高桥则夫：《共犯体系和共犯理论》，冯军、毛乃纯译，中国人民大学出版社 2010 年版。

　　［日］高桥则夫：《规范论和刑法解释》，戴波、李世阳译，中国人民大学出版社 2011 年版。

　　韩忠谟：《刑法原理》，北京大学出版社 2009 年版。

　　［德］汉斯·海因里希·耶塞克、托马斯·魏根特：《德国刑法教科书》（下），徐久生译，中国法制出版社 2017 年版。

　　［德］汉斯·海因里希·耶塞克、托马斯·魏根特：《德国刑法教科书》，徐久生译，中国法制出版社 2001 年版。

　　［德］汉斯·韦尔策尔：《目的行为论导论》，陈璇译，中国人民大学出版社 2015 年版。

　　何庆仁：《义务犯研究》，中国人民大学出版社 2010 年版。

　　黄荣坚：《基础刑法学》（下），中国人民大学出版社 2009 年版。

　　黄荣坚：《基础刑法学》，元照出版社 2006 年版。

　　［德］京特·雅科布斯：《规范·人格体·社会——法哲学前思》，冯军译，法律出版社 2001 年版。

　　［德］卡尔·拉伦茨：《法学方法论》，陈爱娥译，商务印书馆 2003 年版。

　　柯耀成：《刑法的思与辩》，中国人民大学出版社 2008 年版。

　　［德］克劳斯·罗克辛：《德国刑法学总论》（第一卷），王世洲译，法律出版社 2005 年版。

　　［德］克劳斯·罗克辛：《德国刑法学总论》（第二卷），王世洲译，法律出版社 2013 年版。

　　［德］克劳斯·罗克辛：《刑事政策与刑法体系》，蔡桂生译，中国人民大学出版社 2011 年版。

　　劳东燕：《刑法基础的理论展开》，北京大学出版社 2008 年版。

　　黎宏：《日本刑法精义》，法律出版社 2008 年版。

　　黎宏：《刑法总论问题思考》，中国人民大学出版社 2007 年版。

　　黎宏：《刑法总论问题思考》，中国人民大学出版社 2016 年版。

梁根林：《刑事法网：扩张与缩限》，法律出版社 2005 年版。

梁根林主编：《当代刑法思潮论坛·刑法教义与价值判断》，北京大学出版社 2016 年版。

林东茂：《一个知识论上的刑法学思考》，中国人民大学出版社 2009 年版。

林维主编：《共犯论研究》，北京大学出版社 2014 年版。

林钰雄：《新刑法总则》，元照出版社 2011 年版。

林钰雄：《新刑法总则》，中国人民大学出版社 2009 年版。

刘凌梅：《帮助犯研究》，武汉大学出版社 2003 年版。

刘仁文：《网络时代的刑法》，社会科学文献出版社 2017 年版。

刘瑞瑞：《不作为犯研究》，广西师范大学出版社 2009 年版。

刘士心：《刑法中的行为理论研究》，人民出版社 2012 年版。

刘艳红：《实质刑法观》，中国人民大学出版社 2009 年版。

马克昌：《比较刑法原理——外国刑法学总论》，武汉大学出版社 2006 年版。

马克昌：《近代西方刑法学说史》，中国人民公安大学出版社 2008 年版。

马克昌、莫洪宪主编：《中日共同犯罪比较研究》，武汉大学出版社 2003 年版。

［德］米夏埃尔·帕夫利克：《人格体主体公民（刑罚的合法性研究）》，谭诠译，冯军审校，中国人民大学出版社 2011 年版。

［德］尼克拉斯·卢曼：《法社会学》，宾凯、赵春燕译，上海世纪出版集团 2013 年版。

［日］平野龙一：《刑法的基础》，黎宏译，中国政法大学出版社 2016 年版。

［日］前田雅英：《刑法总论讲义》，曾文科译，北京大学出版社 2017 年版。

［美］乔治·弗莱彻：《反思刑法》，邓子滨译，华夏出版社 2008 年版。

任海涛：《共同犯罪立法模式比较研究》，吉林大学出版社 2011 年版。

［日］日高义博：《不作为犯的理论》，王树平译，中国人民公安大学

出版社 1992 年版。

　　［日］日高义博：《违法性的基础理论》，张光云译，法律出版社 2015 年版。

　　［日］山口厚：《从新判例看刑法》，付立庆、刘隽译，中国人民大学出版社 2009 年版。

　　［日］山口厚：《刑法总论》（第二版），付立庆译，中国人民大学出版社 2011 年版。

　　［日］松宫孝明：《刑法总论讲义》（第四版补正版），钱叶六译，中国人民大学出版社 2013 年版。

　　［日］松原芳博：《刑法总论重要问题》，王昭武译，中国政法大学出版社 2014 年版。

　　童德华：《刑法中客观归属论的合理性研究》，法律出版社 2012 年版。

　　王钰：《德国刑法教义学上的客观处罚条件》，法律出版社 2016 年版。

　　［英］威廉姆·威尔逊：《刑法理论的核心问题》，谢望原等译，中国人民大学出版社 2015 年版。

　　［德］乌尔里希·齐白：《全球风险社会与信息社会中的刑法》，周遵友、江溯译，中国法律出版社 2012 年版。

　　［德］乌尔希·金德霍伊泽尔：《刑法总论教科书》，蔡桂生译，北京大学出版社 2015 年版。

　　［日］西田典之：《共犯理论的展开》，江朔、李世阳译，中国法制出版社 2017 年版。

　　［日］西田典之：《日本刑法总论》，王昭武、刘明祥译，法律出版社 2013 年版。

　　［日］西园春夫：《犯罪实行行为论》，戴波、江朔译，北京大学出版社 2006 年版。

　　许玉秀：《当代刑法思潮》，中国民主法制出版社 2005 年版。

　　许玉秀：《主观与客观之间——主观理论与客观归责》，法律出版社 2008 年版。

　　［德］雅科布斯：《行为 责任 刑法》，冯军译，中国政法大学出版社 1997 年版。

阎二鹏：《犯罪参与体系之比较研究与路径选择》，法律出版社 2014
年版。

阎二鹏：《共犯与身份》，中国检察出版社 2007 年版。

杨金彪：《共犯的处罚根据》，中国人民公安大学出版社 2008 年版。

［日］野村稔：《刑法总论》，全理齐、何力译，法律出版社 2001
年版。

［日］伊东研祐：《法益概念史研究》，秦一禾译，中国人民大学出版
社 2014 年版。

于志刚：《共同犯罪的网络异化研究》，中国方正出版社 2010 年版。

［德］约翰内斯·韦塞尔斯：《德国刑法总论》，李昌珂译，法律出版
社 2008 年版。

［日］曾根威彦：《刑法学基础》，黎宏译，法律出版社 2005 年版。

张明楷：《法益初论》，中国政法大学出版社 2010 年版。

张明楷：《外国刑法纲要》，清华大学出版社 2007 年版。

张明楷：《刑法学》（上），法律出版社 2016 年版。

张伟：《帮助犯研究》，中国政法大学出版社 2012 年版。

赵秉志、宋英辉主编：《当代德国刑法研究》（2016 年第 1 卷），法
律出版社 2016 年版。

赵秉志、宋英辉主编：《当代德国刑法研究》（2017 年第 1 卷），法
律出版社 2017 年版。

周光权：《犯罪论体系的改造》，中国法制出版社 2009 年版。

周光权：《刑法总论》，中国人民大学出版社 2016 年版。

周光权：《行为无价值论的中国展开》，法律出版社 2015 年版。

［日］佐伯仁志：《刑法总论的思之道·乐之道》，于佳佳译，中国政
法大学出版社 2017 年版。

二 中文论文

［德］班德·许乃曼：《所谓不纯正不作为犯或者以不作为实施之犯
罪》，载陈泽宪主编《刑事法前沿》（第六卷），中国人民大学出版社
2012 年版。

蔡桂生：《德国刑法学中构成要件理论的演变》，载陈兴良主编《刑
事法评论》（第 31 卷），北京大学出版社 2012 年版。

蔡慧芳：《P2P 网站经营者之作为帮助犯责任与中性业务行为理论之适用》，《东吴法律学报》2006 年第 1 期。

曹波：《中立帮助行为刑事可罚性研究》，《国家检察官学院学报》2016 年第 6 期。

车浩：《假定因果关系、结果避免可能性与客观归责》，《法学研究》2009 年第 5 期。

车浩：《谁应为互联网时代的中立行为买单?》，《中国法律评论》2015 年第 5 期。

陈洪兵：《共犯处罚根据论》，载陈兴良主编《刑事法评论》（第 23 卷），北京大学出版社 2008 年版，第 441 页。

陈洪兵：《论中立帮助行为的处罚边界》，《中国法学》2017 年第 1 期。

陈洪兵：《质疑经济犯罪司法解释共犯之规定——以中立行为的帮助理论为视角》，《北京交通大学学报》（社会科学版）2010 年第 3 期。

陈洪兵：《中立帮助行为论》，《中外法学》2008 年第 6 期。

陈家林：《不作为的共同正犯问题研究》，《暨南大学学报》2007 年第 5 期。

陈伟：《中立帮助行为探微》，《中国刑事法杂志》2010 年第 5 期。

陈伟强：《共犯制度：域外考探与本土构造》，《云南社会科学》2017 年第 3 期。

陈兴良：《从归因到归责：客观归责理论研究》，《法学研究》2006 年第 2 期。

陈兴良：《快播一审判决的刑法教义学评判》，《中外法学》2017 年第 1 期。

陈璇：《德国刑法学中的结果无价值与行为无价值二元论及其启示》，《法学评论》2011 年第 5 期。

陈璇：《论客观归责中危险的判断方法》，《中国法学》2011 年第 3 期。

陈昱竹：《从"白马非马"看同一律的运用》，《毕节学院学报》2012 年第 5 期。

方鹏：《论出租车载乘行为成立不作为犯和帮助犯的条件》，载陈兴良主编《刑事法判解》（第 13 卷），人民法院出版社 2013 年版。

付玉明：《论刑法中的中立帮助行为》，《法学杂志》2017 年第 10 期。

葛立刚：《网络服务商不作为刑事责任的边界》，《西南政法大学学报》2016 年第 6 期。

耿佳宁：《不作为参与的评价与作为论根基的改变》，《当代法学》2015 年第 2 期。

古承宗：《中性职业行为与可罚的帮助》，《月旦法学教室》2015 年第 12 期。

古瑞华：《论不作为共犯中的"作为义务"》，《湖南社会科学》2017 年第 2 期。

何庆仁：《德国刑法学中的义务犯理论》，载陈兴良主编《刑事法评论》（第 24 卷），北京大学出版社 2009 年版。

何庆仁：《论必要共犯的可罚性》，《法学家》2017 年第 4 期。

何庆仁：《特别认知者的刑法归责》，《中外法学》2015 年第 4 期。

黄丁全：《社会相当性理论研究》，载陈兴良主编《刑事法评论》（第 5 卷），中国政法大学出版社 2000 年版。

黄明儒、王振华：《我国犯罪参与体系归属单一制的立法依据论》，《法学杂志》2017 年第 12 期。

敬力嘉：《论拒不履行网络安全管理义务罪——以网络中介服务者的刑事责任为中心展开》，《政治与法律》2017 年第 1 期。

敬力嘉：《信息网络安全管理义务的刑法教义学展开》，《东方法学》2017 年第 5 期。

［德］克劳斯·罗克辛：《德国刑法中的共犯理论》，劳东燕、王钢译，载陈兴良主编《刑事法评论》（第 27 卷），北京大学出版社 2010 年版。

［德］克劳斯·罗克辛：《刑法的任务不是法益保护吗?》，樊文译，载陈兴良主编《刑事法评论》（第 19 卷），北京大学出版社 2006 年版。

劳东燕：《风险分配与刑法归责：因果关系理论的反思》，《政法论坛》2010 年第 6 期。

劳东燕：《刑法中的客观不法与主观不法——由故意的体系地位说起》，《比较法研究》2014 年第 4 期。

黎宏：《结果无价值论之展开》，《法学研究》2008 年第 5 期。

黎宏：《论中立的诈骗帮助行为之定性》，《法律科学》2012 年第 6 期。

李波：《论制造法不容许的风险》，载赵秉志主编《刑法论丛》（第 1 卷），法律出版社 2014 年版。

李灿：《风险社会背景下中立帮助行为可罚性探讨》，《东南大学学报》（哲学社会科学版）2016 年第 12 期。

李川：《不作为因果关系的理论流变与研究进路》，《法律科学》2016 年第 1 期。

李怀胜：《中性业务行为的意义、标准及立场选择》，《河南司法警官职业学院学报》2010 年第 4 期。

刘玲梅：《德国刑法中帮助因果关系问题的理论与实践》，《河南师范大学学报》2003 年第 2 期。

刘仁文、杨学文：《帮助行为正犯化的网络语境——兼及对犯罪参与理论的省思》，《法律科学》2017 年第 3 期。

刘瑞瑞：《德日不作为帮助犯犯罪构成的争议》，《社会科学辑刊》2011 年第 2 期。

刘士心：《不纯正不作为犯的共犯》，《国家检察官学院学报》2009 年第 4 期。

刘宪权：《论信息网络技术滥用行为的刑事责任——〈刑法修正案（九）相关条款的理解与适用〉》，《政法论坛》2015 年第 6 期。

刘艳红：《客观归责理论：质疑与反思》，《中外法学》2011 年第 6 期。

刘艳红：《网络帮助行为正犯化之批判》，《法商研究》2016 年第 3 期。

刘艳红：《网络中立帮助行为可罚性的流变及批判——以德日的理论和实务为比较研究》，《法学评论》2016 年第 5 期。

刘钰：《中立帮助行为刍议》，《鄂州大学学报》2014 年第 8 期。

柳中卫：《中国共同犯罪立法模式的归属与选择——"双层递进式"共犯立法模式的提倡》，《政法论丛》2017 年第 2 期。

马荣春：《中立帮助行为及其过当》，《东方法学》2017 年第 2 期。

毛玲玲：《传播淫秽物品罪中"传播"行为的性质认定——"快播案"相关问题的刑事法理评析》，《东方法学》2016 年第 2 期。

欧阳本琪：《论不作为正犯与共犯的区分》，《中外法学》2015 年第 3 期。

皮勇、黄瑛：《论刑法中的"应当知道"——兼论刑法边界的扩张》，《法学评论》2012 年第 1 期。

秦雪娜：《共犯处罚根据的全新定位——改良的纯粹惹起说之提倡》，《环球法律评论》2015 年第 5 期。

邱帅萍：《明知型共犯立法反思——以骗购外汇罪为视角》，《政治与法律》2017 年第 5 期。

［日］十河太郎：《论共同正犯的抽象的事实错误》，王昭武译，《江海学刊》2014 年第 5 期。

孙万怀：《慎终如始的民刑推演——网络服务提供行为的传播性质》，《政法论坛》2015 年第 1 期。

孙万怀、郑梦凌：《中立的帮助行为》，《法学》2016 年第 1 期。

涂龙科：《网络内容管理义务与网络服务提供者的刑事责任》，《法学评论》2016 年第 3 期。

王兵兵：《"共犯正犯化"立法质疑——以帮助信息网络犯罪活动罪的增设为视角》，《苏州大学学报》（法学版）2017 年第 1 期。

王钢：《法外空间及其范围——侧重刑法的考察》，《中外法学》2015 年第 6 期。

王霖：《不纯正不作为犯实质义务来源的品格矫正——基于法益保护与规范维持贯通的思考》，《西部法学评论》2016 年第 4 期。

王霖：《网络犯罪参与行为刑事责任模式的教义学塑造》，《政治与法律》2016 年第 9 期。

王昭武：《教唆犯从属性之坚持与展开》，载赵秉志主编《刑法论丛》（第 15 卷），法律出版社 2008 年版。

王昭武：《论共犯的最小从属性说——日本共犯从属性理论的发展与借鉴》，《法学》2007 年第 11 期。

温登平：《论帮助犯的因果关系》，《甘肃政法学院学报》2015 年第 6 期。

温登平：《以不作为参与他人的法益侵害行为的性质——兼及不作为的正犯与帮助犯的区分》，《法学家》2016 年第 4 期。

［德］沃斯·金德霍伊泽尔：《故意犯的客观和主观归责》，樊文译，

载陈兴良主编《刑事法评论》（第 23 卷），北京大学出版社 2008 年版。

[德] 乌尔斯·金德霍伊泽尔：《风险升高与风险降低》，陈璇译，《法律科学》2013 年第 4 期。

[德] 乌尔希·金德霍伊泽尔：《犯罪构造中的主观构成要件》，蔡桂生译，载陈兴良主编《刑事法评论》（第 30 卷），北京大学出版社 2012 年版。

[日] 西田典之：《不作为的共犯》，王昭武译，《江海学刊》2006 年第 3 期。

[德] 许内曼：《德国不作为犯学理的状况》，陈志辉译，载陈兴良主编《刑事法评论》（第 13 卷），中国政法大学出版社 2003 年版。

[德] 许内曼：《论不真正不作为犯的保证人地位》，陈晰译，载李晓明主编《刑法与刑事司法》（第 1 卷），法律出版社 2013 年版，第 69 页。

许玉秀：《检视刑法共犯章修正草案》，《月旦法学杂志》2003 年第 1 期。

许泽天：《不纯正不作为犯的正犯判断标准》，《东吴法律学报》2015 年第 4 期。

阎二鹏：《从属性观念下共犯形态论之阶层考察——兼议构成要件符合形态论之提倡》，《法学论坛》2013 年第 4 期。

阎二鹏：《法教义学视角下帮助行为正犯化省思》，《社会科学辑刊》2016 年第 4 期。

阎二鹏：《共犯本质论：基于"个人责任"的反思性检讨》，载赵秉志主编《刑法论丛》（第 19 卷），法律出版社 2009 年版。

阎二鹏：《共犯教义学中的德日经验与中国现实——正犯与主犯教义学功能厘清下的思考》，《法律科学》2017 年第 5 期。

阎二鹏：《共犯行为正犯化及其反思》，《国家检察官学院学报》2013 年第 3 期。

阎二鹏、吴飞飞：《帮助犯因果关系探讨——以共犯处罚根据论为视角》，《法治研究》2012 年第 8 期。

杨金彪：《共犯的处罚根据论——以引起说内部的理论对立为中心》，载陈兴良主编《刑事法评论》（第 19 卷），北京大学出版社 2007 年版。

杨晓培：《网络技术中立行为的刑事责任范围》，《东南学术》2017 年第 2 期。

于冲：《帮助行为正犯化的类型研究与入罪化思路》,《政法论坛》2016 年第 4 期。

于冲：《网络犯罪帮助行为正犯化的规范解读与理论省思》,《中国刑事法杂志》2017 年第 1 期。

于改之：《社会相当性理论的机能》,《武汉大学学报》（哲学社会科学版）2007 年第 5 期。

于改之：《社会相当性理论的体系地位以及在我国的适用》,《比较法研究》2007 年第 5 期。

于改之：《我国当前刑事立法中的犯罪化与非犯罪化——严重脱逸社会相当性理论之提倡》,《法学家》2007 年第 4 期。

于改之、蒋太珂：《刑事立法：在目的和手段之间——以〈刑法修正案（九）〉为中心》,《现代法学》2016 年第 3 期。

于志刚：《共犯行为正犯化的立法探索与理论梳理——以"帮助信息网络犯罪活动罪"立法定位为角度的分析》,《法律科学》2017 年第 3 期。

于志刚：《网络犯罪与中国刑法应对》,《中国社会科学》2010 年第 3 期。

于志刚、李源粒：《大数据时代数据犯罪的类型化与制裁路径》,《政治与法律》2016 年第 9 期。

袁彬：《论不作为片面共犯》,载赵秉志主编《刑法论丛》（第 13 卷），法律出版社 2008 年版。

曾文科：《论不作为的参与——以"管辖"为轴展开》,《研究生法学》2011 年第 6 期。

张开骏：《共犯从属性的体系建构》,《清华法学》2013 年第 6 期。

张开骏：《共犯从属性立场的进一步贯彻》,《苏州大学学报》（法学版）2016 年第 1 期。

张明楷：《共犯的本质——"共同"的含义》,《政治与法律》2017 年第 4 期。

张明楷：《共犯对正犯故意的从属性之否定》,《政法论坛》2010 年第 5 期。

张明楷：《共同犯罪的认定方法》,《法学研究》2014 年第 3 期。

张伟：《"正犯后正犯"与犯罪参与理论研究》,《法学家》2015 年第

5 期。

　　张伟：《不作为的帮助犯研究》，《法学研究》2013 年第 2 期。

　　张伟：《试论帮助犯的因果关系》，《海峡法学》2010 年第 2 期。

　　张伟：《中立帮助行为探微》，《中国刑事法杂志》2010 年第 5 期。

　　张永强：《共犯转化的法教义学分析》，《法学》2017 年第 6 期。

　　周光权：《犯罪支配还是义务违反　快播案定罪理由之探究》，《中外法学》2017 年第 1 期。

　　周光权：《教唆、帮助自杀行为的定性——"法外空间说的展开"》，《中外法学》2014 年第 5 期。

　　周光权：《客观归责理论的方法论意义》，《中外法学》2012 年第 2 期。

　　周维明：《雅各布斯客观归责理论研究》，《环球法律评论》2015 年第 1 期。

　　周啸天：《正犯与主犯关系辨正》，《法学》2016 年第 6 期。

　　周啸天：《最小从属性说的提倡：以对合法行为的利用为中心》，《法律科学》2015 年第 6 期。

　　周漾沂：《从客观转向主观：对于刑法上结果归责理论的反省与重构》，《台大法学论丛》2014 年第 4 期。

　　庄劲：《客观归责还是主观归责？——一条"过时"的结果归责之路的重拾》，《法学家》2015 年第 3 期。

三　外文专著

　　［日］大越义久：《共犯的处罚根据》，青林书院新社 1981 年版。

　　［日］立石二六：《刑法总论 30 讲》，成文堂 2007 年版。

　　［日］平野龙一：《刑法总论Ⅱ》，有斐阁 1975 年版。

　　［日］齐藤信治：《刑法总论》，有斐阁 1998 年版。

　　［日］前田雅英：《刑法总论讲义》（第四版），东京大学出版会 2006 年版。

　　［日］浅田和茂：《刑法总论》（补正版），成文堂 2007 年版。

　　［日］山中敬一：《刑法中的因果关系和归属》，成文堂 1996 年版。

　　［日］山中敬一：《刑法总论》（第二版），成文堂 2008 年版。

　　［日］神山敏雄：《不作为的共犯论》，成文堂 1994 年版。

［日］夏目文雄、上野达彦：《犯罪概说》，敬文堂 1992 年版。

［日］野村稔：《刑法总论》（补订版），成文堂 1998 年版。

［日］中义胜：《共犯论上的诸问题》，关西大学出版部 1991 年版。

D. Li, *Value Theory*: *A Research into Subjectivity Berlin*, Springer, 2012.

Grunther Jakobs, Strafercht, Allgeneiner Teil: Die Grundlagen und die Zurechnungslehre, Walter de Gruyter, 1993.

Harro Otto, Grundkurs Strafercht: Allgemeine Strafrechtslehre, de Gruyter, 2004.

Robert A. Gorman, Jane C. Ginsburg, *Cases and Materials*, 7th ed., Foundation Press, 2006.

四　外文论文

［日］丰田兼彦：《中立行为的帮助与共犯的处罚根据——关于共犯论与客观归属论交替领域的考察》，载《神山敏雄先生古稀祝寿论文集》（第 1 卷），成文堂 2006 年版。

［日］曲田统：《日常的行为与从犯——以德国的议论为素材》，《法学新报》第 111 卷第 2・3 号（2004）。

［日］山口厚：《共犯论的现状与课题》，《法学教室》2002 年第 11 期。

［日］山中敬一：《中立的行為による幇助の可罰性》，《関西大学法学論集》第 56 卷第 1 号（2006）。

［日］十河太郎：《共犯从属性概念的再构成》，《同志社法学》2004 年第 56 卷第 4 号。

［日］西貝吉晃：《中立的行為による幇助における現代的課》，《東京大学法科大学院ローレビュー》2010 年第 5 卷。

［日］小岛秀夫：《中立的行為による幇助——故意帰属の観点から》，《日本刑法学会刑法雑誌》第 50 卷第 1 号。

Tomas Weigend, Grenzen strafbarer Beihilfe, in Festschrift für Haruo Nishihara, 1998.

五　学位论文

古瑞华：《不作为共犯研究》，博士学位论文，武汉大学，2015 年。

黄宗旻：《帮助行为成立之研究——以行为类型论为核心》，博士学位论文，台湾大学法律学院法律学研究所，2016 年。

赖正直：《机能主义刑法理论研究》，博士学位论文，武汉大学，2014 年。

王鑫磊：《帮助犯研究》，博士学位论文，吉林大学，2014 年。

张巍：《涉网络犯罪相关行为刑法规制研究》，博士学位论文，华东政法大学，2014 年。

后　记

　　本书是在我的博士学位论文基础上完善而成，中立帮助行为的刑事归责问题是共犯研究领域的热点之一。书稿的形成代表了本人对这一问题有限的研究与总结性表达，更寄托了向一直以来为我提供学术支持的恩师、家人的致敬。面对眼前的书稿，不禁回想起在海南大学法学院的那段求学时光，更感恩于带领我进入共犯研究领域的恩师阎二鹏教授。

　　海南的四季总是在海风、阳光、雨水中循环往复，海南的热并不令我焦躁，反而让人有一种蓬勃向上的活力，犹如海大校园里常年盛开着的三角梅，红彤如火，生机盎然。我于2015年夏季有幸拜于恩师门下攻读刑法学博士学位。作为恩师的开门弟子，那时的自己除了心怀对博士研究生活的憧憬之外，也困惑于应该如何在浩瀚的刑法殿堂中寻找自己的研究方向。带着此种困惑，我曾找恩师交流并希望他能给我答案，心里暗想如此不仅可以缩小研究范围，更可以避免在浩繁的刑法知识中无目的地漫游，从而节省自己的时间与精力。可以看出，向老师"要"选题，"要"研究方向，与其说是向其求教，莫若说是自己的偷懒心理在作祟。然而，恩师并没有给我想要的答案，而是鼓励我跟随自己的兴趣去阅读、去思考、去发现问题，并尝试着将思考落笔为论文。无限风光在险峰，现在看来，恩师拒绝我的索取实则是惠赠我更为宽广的研究空间与更为自主的创作可能。因为，当一个学生在尚未对刑法学的理论结构与各部分对应的知识形成深入的领悟之前，单纯为了服务于撰写学位论文而匆忙划定一个研究领域，这无异于"故步自封"，犹如在自己尚未领略到刑法知识瑰宝的魅力之前，就已经给自己人为地设定一个雷池，而不敢逾越半步。也是在恩师的导引与鼓励下，我尝试着用其教授的"以写带学"的方式去思考、去提升自己，进而在此过程中寻找自己的学术兴趣。

当然，写作的过程是痛苦的，此种痛苦不仅在于构思安排一篇论文的论证路径，更在于文献阅读与分析中往往又会遇到新的问题。这样一来，形式上一篇文章貌似旨在解决一个甚或两个问题，但如果试图得出一个可靠的结论，则必然要去思考更多的问题。这时，我才领悟到老师的用意，不是坐而论道、闭门造车，而是通过写作的过程去拓宽知识领域。而与之伴生的对众多问题的思考不仅加深了自己对于刑法理论的理解，而且在此过程中也让自己发现了学术兴趣所在。兴趣才是最好的老师，也正是依循老师授予的此种研究方法，我发现了刑法共犯理论研究的魅力与乐趣，耕耘于此，收获成果。实所谓，"授之以鱼，不如授之以渔"。此外，恩师不仅在宏观上注重对学生研学方法的指导，也关注于研究细节的把握。犹记得恩师曾喊我去他的办公室，逐字逐句告诉我应该如何表述才能让论文更显合理，更可能刊登发表，这些都令我受益终身。恩师重视学术，也热爱生活。学术虽然有趣但非生活的全部，读博闲暇之余最快乐的时光莫过于和恩师以及师兄、师弟聚餐聊天，在海甸岛五西路的露天酒吧中一起畅饮啤酒，一起观看世界杯。这些细小而又平凡的时光现在看来是那么的美好。

不论行至多远，家总是我们起航的原点。在此，我要感谢一直以来给予我支持与鼓励的爱妻丁颖君女士。2018年博士毕业离开海口，只身来到贵阳。虽然这里曾是我本科求学的地方，但再回故地，却熟悉又陌生。犹记得刚到贵阳工作时的孤寂落寞，不过现在看来幸福终究还是眷顾于我的。在这里我与爱妻相识，组建家庭。每当我在工作、科研遇挫时，她总会给予我宽慰与鼓励。我们的家庭虽然不大，却是我在这个莫大世界里的温暖港湾，足够我勇敢地面对未来。感谢她在生活中对我的包容与关爱，能够感受到爱的人也会去全力爱护他人。在未来的日子里，我要努力去建设我们的家庭，让她感受到美好。现在爱妻正在澳门攻读博士学位，我预祝她能收获自己的成功！

此外，也要感谢我的父亲、母亲，感谢他们给予我的帮助，让我更能专注于自己的兴趣所在，惟愿他们健康、幸福。

最后，我要感谢帮助本书不断完善成型的责任编辑梁剑琴老师。梁老师待人宽和、工作严谨。梁老师高度负责的态度让我受益匪浅，是她的督促驱散了我的慵懒，也让本书能够尽快出版。

一部好的学术作品一定是经过深入思考后的文字表达，而将抽象的思考转化为现实文字的过程，离不开毅力的支撑，更有赖于扎实的学术积累与良好的学术素养。以此标准审视本书，其留存着诸多未竟的研究与有待深化的议题。对于此种缺憾，只能留待以后再作补充。好的作品，应该总是下一部。

王霖

2022 年 5 月 2 日于筑城贵阳